感　谢

教育部人文社会科学研究青年基金项目"产业链离散背景下中国技术转移的时空格局、协同机制与空间效应研究"（20YJCZH123）资助

湖南省教育厅资助科研项目优秀青年项目"产业链离散化背景下技术溢出的时空格局、演化机制与我国区域协调发展路径研究"（19B387）资助

白马湖优秀出版物出版资助

应用经济学应用特色学科（湘教通〔2018〕469号）资助

本书是教育部人文社会科学研究青年基金项目"产业链离散背景下中国技术转移的时空格局、协同机制与空间效应研究"（20YJCZH123）的最终研究成果

产业转移背景下中国技术转移的时空格局与空间效应研究

欧阳秋珍　陈昭　胡晓丹 ◎ 著

中国财经出版传媒集团

经济科学出版社

Economic Science Press

图书在版编目（CIP）数据

产业转移背景下中国技术转移的时空格局与空间效应
研究/欧阳秋珍，陈昭，胡晓丹著．－－北京：经济科
学出版社，2022. 11
ISBN 978－7－5218－4341－5

Ⅰ. ①产…　Ⅱ. ①欧…②陈…③胡…　Ⅲ. ①技术转
移－研究－中国　Ⅳ. ①F124. 3

中国版本图书馆 CIP 数据核字（2022）第 221192 号

责任编辑：周国强
责任校对：刘　娅
责任印制：张佳裕

产业转移背景下中国技术转移的时空格局与空间效应研究

欧阳秋珍　陈　昭　胡晓丹　著

经济科学出版社出版、发行　新华书店经销

社址：北京市海淀区阜成路甲 28 号　邮编：100142

总编部电话：010－88191217　发行部电话：010－88191522

网址：www. esp. com. cn

电子邮箱：esp@ esp. com. cn

天猫网店：经济科学出版社旗舰店

网址：http：//jjkxcbs. tmall. com

固安华明印业有限公司印装

710×1000　16 开　16. 75 印张　280000 字

2022 年 11 月第 1 版　2022 年 11 月第 1 次印刷

ISBN 978－7－5218－4341－5　定价：98. 00 元

（图书出现印装问题，本社负责调换。电话：010－88191581）

（版权所有　侵权必究　打击盗版　举报热线：010－88191661

QQ：2242791300　营销中心电话：010－88191537

电子邮箱：dbts@ esp. com. cn）

前　言

　　基于中国产业发展空间集聚呈现"极度东倾""地区发展差异显著"与国内分工深化等的现实背景以及产业空间集聚过度造成的过度竞争等现状，东部产业集聚区的一些敏捷企业（包括外商投资企业、内资企业）将产业链或生产链的不同功能环节跨区域转移以谋求最大利益，由此便形成了以产业链空间分布离散演化为主要特征的产业转移新迹象。当企业跨区域进行生产要素再配置时，也会将其科技信息、技术成果等移植或推广到产业链节点企业，这便给承接地企业带来产品示范与模仿、技术交流与技术合作等机会。特别是，产业链空间扩散客观上不断加强了区域间联系，如加以正确引导，实现产业链和创新链的高效对接与共赢互动，并在异质性大国内构筑起不同区域的适配性创新机制和跨区域技术追赶接力模式，就会成为推动区域协调发展与建设创新型国家的重要动力。而这正是以往创新驱动与区域协调发展研究的空白，也是本书研究的切入点。

"创新驱动""协调发展"是当今中国社会广为关注的两个重要关键词，更是"十四五"规划和 2035 年远景目标纲要的建议提出的"创新、协调、绿色、开放、共享'五大发展'理念"的核心内容和中共十九大报告中新时代坚持和发展中国特色社会主义基本方略的重要内容。自我国经济进入新常态和国家实施供给侧结构性改革以来，创新已成为各行各业工作的重心，技术创新更是所有创新的核心。技术转移作为技术创新的核心环节之一，已演变为一国框架内不同区域间促进知识流动、提升创新水平和增强核心竞争力的必由途径。充分发挥官产学研等各方的作用，努力探索与完善技术转移体系的有效运行机制，对于落实当前我国创新型国家战略目标具有重要的现实意义。

基于产业链离散背景下价值链、创新链跨国延伸带来的机遇与挑战，以及必须正视的中国产业空间集聚"极度东倾"与"地区发展差异显著"的严峻国情，本书以国际产业转移在我国的主要承接地、我国国内产业转移主要转出地和转入地为研究对象，以产业转移时涌现出企业跨区域扩张和产业转移期望以及由此演绎的产业链空间离散化迹象为切入口，结合"创新驱动，协调发展"的理念，从多层面探究"国内外产业转移引致的技术转移的时空演化踪迹—测度产业转移、技术转移与区域经济协调发展的耦合协调度—分析技术转移网络体系与协同演化状态、构建技术转移体系协同运行机制—测度技术转移的多重效应包括空间效应、成果转化效应分析—建立区间技术追赶接力模式、促进区域协同发展、建设技术创新型国家"的内在逻辑联系；进而为如何正确引导产业链扩散，从而实现产业链和创新链的高效对接与共赢互动，以及如何构筑跨区域技术追赶接力协作模式，从而推动区域协调发展与提高区域协同创新能力提供理论支撑。

本书建立了系统框架对产业转移背景下中国技术转移的时空格局、协同机制与空间效应进行了研究。本书使用了文献研究法、实地调研法、理论推演法、实证研究法等方法。首先，介绍了本书的理论基础，整理与评述本书相关的文献综述；接着，运用相关数据库测度与我国有关的国内外产业转移和国内外技术转移的时空演化踪迹，确定产业链离散的时空格局与主要承接省份位置测度、技术要素流动的时空演化踪迹，揭开产业转移时技术转移时空格局的"黑箱"；再对产业转移背景下技术转移促进区域协调发展的机制进行分析；结合耦合协调理论探究技术转移机会窗口敏捷甄别与技术追赶空间定位、节点"无缝"衔接；借鉴协同演化理论，建立技术转移系统演变协同度模型，选取技术转移系统序参量，测度技术转移系统内各子系统序参量有序度、各子系统有序度及系统协同演化状态，构建技术转移系统协同运行机制；在国内外产业转移的大背景下，分别从国际、国内和国内外三大角度实证研究技术转移的多重效应，包括技术创新效应、人力资本效应等，并分区域进行了分析，为我国区域最终实现协调发展提供参考；借鉴空间杜宾模型、莫兰指数等方法，实证分析技术转移对人力资本、TFP 和经济增长的空间效应分析，不仅分析被解释变量的空间关联程度，而且在三大权重下对空间效应进行分解，分解为直接效应、间接效应和总效用，不但进行全国总体分析，还分区域进行了分析，甚至还对是否考虑产业转移进行比较分析，目的是测度产业链离散化背景下技术转移的空间效应与区域协调格局演变；利用省级面板数据，采用多种实证方法分析数字金融、产业转移与技术转移对区域科技成果转化的影响，并分区域进行分析，为我国区域科技成果转化协调共进提供参考；最后总结前文，据此提出高效对接产业转移，实现中国技术进步乃至中国异质性大国区域协调发展的建议。

在当前深入实施创新驱动发展战略和区域协调发展战略背景下，希望本书能为我国建设创新型国家和促进区域协调发展提供参考。

目　录

第一章

导　论

第一节　研究背景与研究意义

一、研究背景

（一）中国创新水平逐步提高，但仍与部分发达国家存在差距

中国的研发投入和产出越来越高。根据历年的《中国科技统计年鉴》，中国的全国研究与试验发展（R&D）经费内部支出从 1995 年的 348.69 亿元增至 2020 年的 24393.11 亿元，增加了 60 多倍；全国研究与试验发展（R&D）人员全时当量也从 1995 年的 75.17 万人/年增加到 2020 年的 523.45 万人/年，增长了约 6 倍；国内

专利授权数从 1995 年的 41881 件增至 2020 年的 3520901 件；重大科技成果 2020 年达到了 76521 项；科技进步贡献率① 2015~2020 年达到了 60.2%。

不可否认，我国创新投入与产出与部分发达国家仍旧存在差距。根据《中国科技统计年鉴》，2019 年，中国的全国研究与试验发展（R&D）经费及占国内生产总值的比重为 2.24%，韩国为 4.64%，新加坡为 3.49%，瑞典为 3.39%，日本为 3.2%，德国为 3.19%，美国为 3.07% 等，我国排名第十二位；从 ESI 论文数量来看，年限跨度从 2011 年 1 月~2021 年 9 月 9 日，美国第一，为 4379730 篇，中国第二，为 3465661 篇，但是中国的引用率不是很高，论文引用率分别是美国 19.99 次/篇和中国 13.16 次/篇。但是中国有些指标世界排名第一，例如，从研究与试验发展人员来看，中国从事研究与试验发展活动人员 2019 年为 523.45 万人，远远高于其他国家；根据 PCT 专利申请量按来源国统计的国际比较，2020 年，中国最多，为 68764 件，美国第二，为 58730 件，日本第三，为 50559 件。根据世界知识产权组织（WIPO）及其他合作组织和机构发布的全球创新指数（Global Innovation Index），在排名前三十的国家仍然以传统的欧洲发达国家为主，中国也取得了进入榜单后的最好名次（第十二位），是唯一进入前二十的发展中国家。中国的优势在于"知识和技术输出""商业成熟度""创意输出"。

（二）中国三大区域创新水平存在不平衡

从研发投入来看，2020 年，东部地区的研究与试验发展（R&D）人员占全国 65.76%，中部地区占 20.67%，西部地区占 13.57%；2020 年，东部、中部和西部地区研究与试验发展（R&D）经费内部支出各占 67.71%、19.12% 和 13.17%。从科技成果来看，2020 年，专利申请受理数东部地区占比为 70.45%，中部地区为 18.09%，西部地区只有 11.46%。从技术市场成交金额来看，我国的技术市场主要集中在东部地区，东部地区 2011~2020 年技术市场成交额均值占比达到了 66.87%，其次是中部地区，西部地区最少，

---

① "科技进步贡献率"是指广义技术进步对经济增长的贡献份额，它反映在经济增长中投资、劳动和科技三大要素作用的相对关系。其基本含义是扣除了资本和劳动后科技等因素对经济增长的贡献份额。

中部、西部地区合起来只有东部地区的一半。① 由此可见，无论是创新投入还是产出，东部地区在中国处于技术创新的主导地位。

（三）国内外产业转移带来的技术转移为中国乃至国内区域技术追赶带来新机遇

随着经济全球化的发展和国际分工体系的深化，作为全球价值链（global value chain，GVC）中若干专业化生产环节的在位生产者，中国的技术创新除了依靠自主研发外，还可以充分利用异质性大国内不同地区的资源优势、现地产业发展需求和广阔的腹地市场发展国内价值链（national value chain，NVC），延长 GVC 在国内的环节，通过构建集群对集群的竞争、链条对链条的竞争和网络对网络的竞争，实现 NVC 与 GVC 之间的共赢互动与高效对接，（产业链节点企业）吸收"领头雁"企业跨国或跨区域进行生产要素再配置时产生的技术转移，最终实现技术创新。特别是，国内东南沿海领头企业通过基于技术（知识）关联主导的跨区域扩张和生产要素空间流动与再配置及其由此形成的产业链空间演化趋势，客观上已经使得区域间的联系不断加强，并可望带动全球价值链与全球创新链（global innovation chains，GIC）在国内的延伸环节（刘志彪，2015），促进国内其他欠发达地区的发展，实现区域经济协调发展。

与此同时，自我国经济进入新常态和国家实施供给侧结构性改革以来，创新已成为各行各业工作的重心，技术创新更是所有创新的核心。基于中国国内产业发展空间集聚呈现"极度东倾"、地区发展差异显著与国内分工深化等的现实背景以及产业空间集聚过度造成的过度竞争等现状，东部产业集聚区的一些敏捷企业将产业链或生产链的不同功能环节跨区域转移以谋求最大利益，由此便形成了产业链空间分布离散演化新迹象。当企业跨区域进行生产要素再配置时，也会将其科技信息、技术成果等移植或推广到产业链节点企业，这便给承接地企业带来了产品示范与模仿、技术交流与技术合作等机会。特别是，产业链空间扩散客观上不断加强了区域间联系，如加以正确

———————

① 根据国家统计局数据计算。

引导，实现产业链和创新链的高效对接与共赢互动，并在异质性大国内构筑起不同区域的适配性创新机制和跨区域技术追赶接力模式，就会成为推动区域协调发展与建设创新型国家的重要动力。

本书正是基于国际产业转移和国内产业转移背景下研究技术转移，为中国区域技术追赶带来新机遇。

前三次国际产业转移，发展中国家受益有限。第四次国际产业转移（20世纪八九十年代）发展中国家成为最大的受益方，"世界工厂"也是在此次产业转移中实现再一次的变迁。而发生在 2008 年金融危机以后的第五次国际产业转移更是为发展中国家带来了更大机遇与挑战。美国仍是外商直接投资最大接收国，紧随其后的是中国，中国引进外商直接投资波动幅度不大，基本上是呈现逐步上升趋势，由 2008 年的 1083.12 亿美元增至 2020 年的 1493.42 亿美元，2008 年的金融危机和 2020 年的新冠肺炎疫情影响并没有使其显著下降，尤其是 2020 年的外商直接投资规模快赶上美国，同比增长率超过 6%①。说明我国承接国际产业转移的规模仍在不断扩大，在世界地位举足轻重。外商直接投资规模的增加为我国利用其带来的技术转移提供了机会。

中国转型时期东、中、西部地区经济发展呈现出明显的"二元结构"特征，其中，产业发展差距是东、中、西部区域不平衡的重要体现。中、西部地区开发的关键是产业开发，产业开发的主体是企业。因此，利用区域间客观存在的产业梯度，通过招商引资方式承接东部地区产业转移成为中、西部地区培育优势产业的一种制度安排。从第四次国际产业转移开始，中国国内产业转移就在循序渐进地发生改变。从一开始东部地区的劳动密集型产业向中、西部地区转移，到西部大开发战略和中部崛起战略的实施，再到近年来凭借被高度重视的区际协调发展战略，我国境内产业转移的深度、广度、高度都得到了大幅提升。就不同地区的生产总值来看，中、西部地区的增速在 2019 年甚至已经赶超东部地区。国内产业转移的同时也会带来技术、资金和人才的转移，客观上为中、西部地区技术追赶带来了机遇，为区域协调发展打下了基础。

---

① 联合国贸发会议 FDI 数据库和《世界投资报告（2021）》。

二、研究意义

创新驱动、协调发展是当今中国社会广为关注的两个重要关键词，更是"十四五"规划和 2035 年远景目标的建议提出的"创新、协调、绿色、开放、共享'五大发展'理念"的核心内容和思想灵魂。自我国经济进入新常态和国家实施供给侧结构性改革以来，创新已成为各行各业工作的重心，技术创新更是所有创新的核心。

技术转移作为技术创新的核心环节之一，已演变为一国框架内不同区域间促进知识流动、提升创新水平和增强核心竞争力的必由途径。充分发挥官产学研等各方的作用，努力探索与完善技术转移体系的有效运行机制，对于落实当前我国创新型国家战略目标具有重要的现实意义。

基于产业链离散背景下价值链、创新链跨国延伸带来的机遇与挑战以及必须正视的中国产业空间集聚"极度东倾"与地区发展差异显著的严峻国情，本书以我国产业转移主要转出地和转入地为研究对象，以产业转移时涌现出企业跨区域扩张和产业转移期望，以及由此演绎的产业链空间离散化迹象为切入口，结合"创新驱动，协调发展"的理念，从多层面探究"国内外产业转移引致的技术转移的时空演化踪迹—测度产业转移、技术转移与区域经济协调发展的耦合协调度—分析技术转移网络体系与协同演化状态、构建技术转移体系协同运行机制—测度技术转移的多重效应包括空间效应、成果转化效应分析—建立区间技术追赶接力模式、促进区域协同发展、建设技术创新型国家"的内在逻辑联系。进而对如何正确引导产业链扩散，实现产业链和创新链的高效对接与共赢互动，构筑跨区域技术追赶接力协作模式，推动区域协调发展与提高区域协同创新能力提供理论支撑。

三、研究目标

第一，通过分析国内产业链离散的时空格局，测度技术转移的空间演化踪迹，识别技术转移机会窗口，依靠技术关联"无缝"对接产业链，建立产业链空间离散化过程中技术转移与企业适应性创新效率改进的长效机制，落实我国创新驱动战略。

第二，构建技术转移体系的协同运行机制，实现技术转移体系的 4 个子系统的无缝衔接，最终形成一种有序的技术转移体系协同运行机制，为承接地有效利用转移的技术提供实现路径，推进技术要素的供给侧结构性改革。

第三，通过测度技术转移的空间效应与区域协调格局的演变特征，提出中国异质性大国区间技术追赶接力与技术驱动区域协调发展的建议，提高区域协同创新能力和实现区域协调发展。

第二节　基本思路和结构框架

一、基本思路

本书首先构建了产业转移视角下技术转移空间关联的理论分析框架；接着，运用相关数据库测度产业转移和技术转移的时空演化踪迹；并对产业转移背景下技术转移促进区域协调发展的机制进行分析；再根据技术转移的空间演化踪迹，结合耦合协调理论探究技术转移机会窗口敏捷甄别与技术追赶空间定位、节点"无缝"衔接；再构建技术转移体系，分析技术转移体系的协同演化状态，构建协同运行机制；对产业转移背景下技术转移的多重效应进行实证分析；并从空间关联的角度进行实证研究；还实证分析了如何利用数字普惠金融、产业转移与技术转移联合推动区域科技成果转化；最后运用分析和归纳法提出异质性大国区间技术追赶接力与技术驱动区域协调发展的建议。

二、结构框架

本书的研究一共分为十章，研究内容如下：

第一章为导论。包括本书的研究背景与研究意义、研究的基本思路与主要内容、主要研究方法和创新等。

第二章是相关理论与文献综述。首先，本书需要界定产业链离散与产业转移、技术转移、技术进步等几个重要的概念；然后，简述了新经济地理理论、技术转移理论、新经济增长理论、产业转移理论等，为后文研究打下理论基础；最后，从基于新经济地理理论的产业空间扩散－集聚与技术转移研究，基于技术转移理论的技术转移内涵、技术转移模式与技术转移机制研究，基于新经济增长理论的技术转移、技术进步与经济增长研究，基于产业转移理论地域分工、区域一体化与区域协调发展研究四个角度进行了国内外文献综述，确定需要进一步研究的问题。

第三章是产业转移背景下中国技术转移的空间特征与演化动向分析。本书运用统计图表，首先分析中国承接国际产业转移的空间特征与演化动向分析；接着分析中国区际产业转移的空间特征与演化动向；最后在产业转移背景下对来自国外的技术转移、来自国内的技术转移的空间特征与演化动向进行分析，确定产业链离散的时空格局与主要承接省份位置测度、技术要素流动的时空演化踪迹，揭开产业转移时技术转移时空格局的"黑箱"。

第四章是产业转移背景下技术转移促进区域协调发展的机制分析。首先分析了产业链关联、产业转移与技术转移三者的关系；接着对产业转移背景下技术转移促进区域协调发展进行机制分析，包括产业转移对承接地自主创新投入和产出的影响机制，技术转移推动产业承接地落后产业转型升级机制，技术转移可以发挥承接地后发优势进行技术追赶的机制，通过技术转移实现技术上的跨越，最终实现区域协调发展的机制等，并进行技术转移效应模型分析。

第五章是产业转移、技术转移与区域经济协调发展的耦合协调关系分析。

借鉴耦合协调理论，构建产业转移体系指标、技术转移体系指标与区域经济协调发展指标，测度三大体系的耦合协调度，探索技术要素与产业链的耦合问题，识别技术转移机会窗口，进行技术追赶空间定位，实现节点"无缝"衔接。

第六章是产业转移背景下中国技术转移系统的协同演化状态与协同运行机制建立。借鉴协同演化理论，建立技术转移系统演变协同度模型，选取技术转移系统序参量，测度技术转移系统内各子系统序参量有序度、各子系统有序度及系统协同演化状态，构建技术转移系统协同运行机制。

第七章是产业转移背景下技术转移的多重效应分析。这一章属于计量实证研究。在国内外产业转移的大背景下，该章分别从国际、国内和国内外三大角度研究技术转移的多重效应，包括技术创新效应、人力资本效应等，并分区域进行了分析，为我国区域最终实现协调发展提供参考。

第八章是考虑空间关联性后国内外技术转移的空间效应分析。借鉴空间杜宾模型、莫兰指数等方法，实证分析技术转移对人力资本、全要素生产率和经济增长的空间效应分析，不仅分析被解释变量的空间关联程度，而且在三大权重下对空间效应进行分解，分解为直接效应、间接效应和总效用。不但进行全国总体分析，还分区域进行了分析，甚至还对是否考虑产业转移进行比较分析，目的是测度产业链离散化背景下技术转移的空间效应与区域协调格局演变。

第九章是利用数字普惠金融、产业转移与技术转移联合推动区域科技成果转化。产业转移、技术转移带来技术水平提升的同时，我们也希望能促进科技成果转化。这一章利用省级面板数据采用多种实证方法分析数字金融、产业转移与技术转移对区域科技成果转的影响，并分区域进行分析，为我国区域科技成果转化协调共进提供参考。

第十章是中国异质性大国区间技术追赶接力及其区域协调发展的建议。总结前文，据此提出高效对接产业转移，实现中国技术进步乃至中国异质性大国区域协调发展的建议。

本书的研究框架如图 1-1 所示。

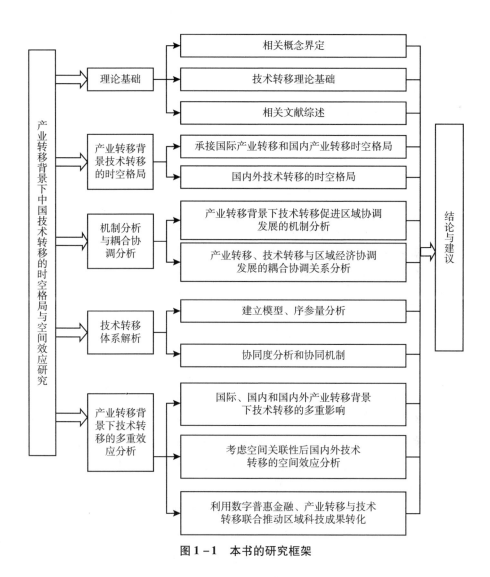

图 1-1　本书的研究框架

第三节　主要研究方法和创新点

一、主要研究方法

根据不同方法的适用范围和我国获取技术转移的特点，本书拟使用的研究方法主要有：

（1）文献研究法。为了构建全球生产网络中多渠道技术转移空间逻辑的理论分析框架，本书需要对空间经济学、产业转移理论、新经济增长理论等相关理论体系进行回顾梳理，提炼关键问题。

（2）分析法和归纳法。对技术转移的时空格局等内容，先根据数据分析特征，然后归纳和总结一般规律。

（3）调查研究法。在企业访谈与调查的基础上厘清产业链空间离散演化的动因、过程与绩效。

（4）统计分析方法与计量经济学方法相结合。对于采集到的样本数据进行技术转移多重效应的分类检验时，一方面，用统计分析方法进行统计描述，另一方面，使用动态非稳定面板 GMM、空间计量方法、门槛效应等计量方法进行实证分析等。

二、主要创新点

（1）研究视角创新。将"创新驱动、协调发展"这两个"分属不同研究领域"的问题纳入有机统一的分析框架。通过研究国外与中国、中国区际之间产业链的延伸与对接、创新链的延伸与对接，最终实现中国技术进步和区域间协调发展，丰富了现有的研究，对新经济增长理论、新经济地理理论与产业转移理论的融合也有推动作用。

（2）研究内容的创新。构建了系统的研究框架对产业转移背景下技术转移的效应进行分析。第一，运用相关数据库测度产业转移和技术转移的时空演化踪迹；第二，借鉴耦合协调理论探究产业转移、技术转移与区域经济协调发展的耦合协调关系；第三，借鉴协同理论，分析了技术转移体系的协同演化状态，构建协同运行机制；第四，从多个角度运用多种实证方法研究产业转移背景下技术转移的多重效应等，例如：利用静态面板和动态面板分析对技术进步的影响，利用空间杜宾模型分析对人力资本提升的影响，利用门槛效应、中介效应模型分析对科技成果转化的影响，等等。

第二章

相关理论与文献综述

本章主要对重要概念、相关理论进行归纳总结，为本书研究打下理论基础；再对相关国内外研究进行文献综述，进一步提炼本书研究的关键问题。

第一节　几个重要概念的界定

本书涉及的重要概念较多，有必要对重要的概念进行界定。

一、产业链离散与产业转移

产业链的含义有狭义与广义之分。产业链狭义的内涵是指具体的生产制造环节，包含从原材料到终端产品制造的各生产部门的完整链条。广义产业链在狭义产业链基础上，向上下游进行了拓展延伸，其中产业链向上游延伸指的是产业链进入了基础产业环节与技术研发环节，向下游拓展则进入了市场拓展环节。

通常来说，欠发达国家或者地区技术水平较低、资金缺乏，但是某些资源相对丰富、劳动力较多，可以从事产业链的上游链环。发达国家或地区技术水平较高、资金丰富，但是资源缺乏、劳动力较少，产业链的下游链环一般布局在发达地区。因此，由于区域资源、技术的差异，一条完整的产业链会分布在不同地区，甚至不同国家，导致产业链出现离散。

产业链在不同国家、不同地区离散便会形成产业转移。产业转移的范围更广，不仅包括产业链不同环节的空间离散，还包括产业链条的整体转移等。

产业转移是指产业在不同地区或者国家间流动的一种经济演化过程（关爱萍，2015），包括时间和空间两个维度的动态变化过程。根据新经济地理学理论，产业转移则是产业空间结构的自组织动态演化过程中的一个关键环节，是中心区域产业扩散过程的表现。

根据产业转移的方向不同，产业转移可以分为行业内产业转移和行业间产业转移；根据产业转移的地域范围，产业转移可以分为国际产业转移和国内产业转移。本书主要研究的是国际产业转移和国内区际产业转移。

二、技术转移

目前技术转移还没有统一的定义，国内外学者从不同的角度进行了大量论述。概括起来，主要包括两种含义：第一种认为，技术转移是指技术从一种背景到另一种背景的运动，主要用来描述技术从发达国家向不发达国家的运动；第二种认为，技术转移是指技术从研究实验室向市场的运动，即技术被商业化开发的过程（许云和李家洲，2015）。本书主要指第一种含义，也适当研究第二种含义。

技术转移包含三种知识移动：第一种是有形知识体系的移动，如存在于产品、设备零部件以及生产企业中的知识的转移；第二种是所谓的无形知识体系的移动，即专有技术、专利等知识的移动过程；第三种是存在于国家、地区、企业组织以及个体之间的那种宏观和微观的信息的流动。

按其转移方向，一般可分为地理空间位置上的双向传播和不同实践领域的单向扩散两大类；按转移方式，可分为有偿转移和无偿转移；按转移的范围，可分为国际转移和国内转移。本书主要研究技术国际转移和国内转移。

此外，技术转移还可以分为横向技术转移和纵向技术转移。横向是指在不同背景之间的水平运动，具体指跨区域空间流动。纵向技术转移是指技术自身深化发展全过程，包括技术开发、技术传播、技术应用等环节。本书主要分析横向技术转移，纵向技术转移主要在第六章分析。

三、技术溢出

马歇尔（Marshall）1890 年在《经济学原理》中首先提出溢出的概念，他将溢出等同于外部性。鲍莫尔（Baumol，1952）指出技术或知识溢出是指随着工业规模的扩大，一家厂商的生产会影响同一个产业中的其他厂商，但这种影响并不能通过价格变动得到补偿。可见，学者对溢出的定义强调的是技术或知识的外部特征。

技术溢出包括国际技术溢出、国内技术溢出、行业间或行业内技术溢出等形式。由于国际技术溢出构成了发展经济学中"后发优势"的核心，是发展中国家赶超发达国家的重要手段。我国作为最大的发展中国家，欲实现快速的工业化和可持续的经济增长，就必须以最低廉的成本来获取技术进步。因此，本书主要研究的是国际技术溢出。如无特殊说明，本书的技术溢出指的是国际技术溢出。

根据布罗思托姆和库科（Blomstrm and Kokko，1999）的研究，技术溢出是指跨国公司在海外直接投资的同时，有意无意地引起东道国的技术进步和创新，这种溢出效应本质上是一种外部经济，跨国公司并没在这个溢出过程有所收益或者补偿，甚至竞争对手因为得益于这种溢出效应而提升了综合实力，反而给跨国公司带来更严峻的竞争局面。国际技术溢出不仅来自跨国公司，还来自进出口贸易等渠道。因此，本书的定义是：国际技术溢出（technology spillover）是经济外在性的一种表现，指外国的研究与实验发展资本通过各种渠道的非自愿性扩散，这种扩散促进了当地技术和生产力水平的提高，而外国却无法从本国的支付中获得全部补偿。

国际技术溢出具有如下特征：第一，外部性，这是技术溢出的本质特征，可由定义得知；第二，互动性，即必须至少有两方参与到这个过程中，溢出的发生和最终的效果是由输出和输入两方共同决定的；第三，隐含性，由于技术溢出具有外部性，它并不由各经济主体市场交易完成，无具体交易记录，因此技术溢出的程度很难定量描述；第四，不确定性，由于技术溢出受溢出主体特征、溢出环境等因素的影响，使得国际技术溢出结论存在分歧，溢出效果不确定。

四、技术进步

在认识自然和改造自然的过程中，人类不断积累的经验与总结便是技术。对于这种经验和总结的界定，不同学者存在狭义和广义之分。从狭义上看，技术主要指人类的劳动经验、获得的知识与操作技巧等；从广义上看，技术不仅包含狭义上的范畴，而且还包括了生产的工艺过程、作业程序和管理方法等。

相应地，技术进步也有狭义的技术进步和广义的技术进步之分。狭义的技术进步是指在硬技术应用方面所取得的科技创新，例如，采用新材料与新能源，改进旧工艺与应用新工艺、提高劳动者的技能、提高原有产品的质量性能与开发新产品等（钟学义和陈平，2008）；广义的技术进步则不仅包括上述的"硬"性技术进步的范畴，而且还包括政策、制度、社会等"软"性技术进步，例如，改革经济体制和政治体制、优化组织与管理方法和资源配置等，即广义的技术进步是把经济增长过程中不能够被资本和劳动力增加所解释的部分都统称为技术进步。本书将技术进步界定为狭义的技术进步。

五、与技术转移相关的几个容易混淆的概念

技术转让是从法律的角度进行界定的，它强调的是技术权力的出让，通常是指技术拥有方通过出售、赠予或援助等方式将其技术使用权或所有权出让给技术接受方的过程。

技术转移包括有偿的技术转让、特许经营和无偿的技术捐赠等，但都是有意识的技术扩散，参与双方是一种主动的行为。

技术溢出是无意识的技术扩散。技术溢出可以实现向多个技术接受者的扩散。它是市场失灵、经济外部性的表现，是由知识技术具有的非竞争性和部分排他性引起的。

技术扩散是指先进的技术通过技术势差向外散发，包括无意识的技术溢出和有意识的技术转移。技术扩散强调技术从创新者到不同使用者的移动，是技术成果传播与应用的主要途径。其特点为：第一，可以是点对点，也可以是点对多；第二，可以通过市场或非市场的方式来实现；第三，可以是有意识的也可以是无意识的。

技术创新是从经济增长的角度进行界定的，它是创新与技术经济的结合。技术创新既可能是建立在科学的新发展基础上，创造一种新产品、引入新生产方法等；也可能是以新的商业方式处理某种产品，进而提高其生产效率等。技术创新是创新主体以自己为主，投入人力、物力等，实现技术方面的创新。

技术进步指技术水平提升。无论是技术扩散还是技术创新，都是为了实现技术进步，提高原有的技术水平，提高生产力。

上述概念之间的关系可以用图 2 - 1 表示。

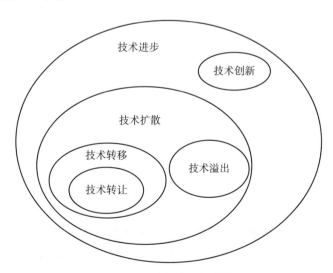

图 2 - 1　几个概念之间的关系

第二节　相关理论基础

改革开放以来，中国经济一直保持持续快速的增长趋势。随着经济总量的增加，这种增长趋势能否继续长期保持，我国国内各个区域是否都能实现协调发展，这是我国政府和学者最为关心的问题。在当今世界，知识和技术在经济发展中的作用日益凸显，科技力量已成为决定一国综合国力和国际竞争力的最重要因素之一。科教兴国战略的提出表明中国已认识到技术进步和科技创新是缩短与发达国家的差距、实现经济持续增长的必由之路。与此同时，随着全球经济一体化发展，产业分工越来越细、产业链离散趋势加剧和产业大规模转移。产业转移过程中带来的技术转移如何影响承接地技术进步？承接地如何利用技术转移实现技术追赶？如何构建产业转移背景下技术转移体系等？这正是本书所要解决的问题。本书的分析基于四个理论前提：一是产业空间转移能够带来技术转移；二是技术转移系统各个子系统内部和子系统间能够协同发展；三是技术进步是经济增长的根本源泉；四是一国或地区可以通过产业转移带来的技术转移进行技术追赶，最终实现区域协调发展。下面本书将简要介绍相关理论。

一、新经济地理理论

2008 年，美国经济学家保罗·克鲁格曼（Paul Krugman）获得诺贝尔经济学奖。克鲁格曼获奖，是由于他在贸易模式和经济活动区位研究上的开创性工作。他将先前完全互不关联的国际贸易和经济地理这两个研究领域实现了前所未有的整合，在主流经济学领域，开创了"新经济地理学"（称为"新地理经济学"或许更为确切）的研究潮流。

新经济地理学又名空间经济学，以边际收益递增、不完全竞争与路径依赖为基础，拓展分析经济活动的空间集聚与全球化等经济现象，借此开创了"新经济地理学"。

新经济地理学所研究的主要内容大体可以分为两个方面：经济活动的空间集聚和区域增长集聚的动力（苗长虹等，2011）。关于新经济地理理论的具体内容，研究者可以参考相关书籍。本书是以新经济地理理论中的经济活动的空间集聚为基础进行研究。

二、技术转移理论

按照研究角度的不同，把技术转移理论分为两大类：一类是横向技术转移理论；另一类是纵向技术转移理论。下面本书分别简单介绍这两种理论。

（一）横向技术转移理论简介

概括起来，横向技术转移理论主要包括以下几种理论：

（1）法国社会学家塔尔德（Tarde）1904年提出了"S形扩散理论"。这是最早的技术扩散理论模型。该理论认为技术"扩散"是一种模仿过程，随着时间推移，技术扩散行为将存在两种相反的作用力，一个是乐于"扩散"的力量，另一个是反对"扩散"的力量。两者导致扩散过程呈现S形曲线。

（2）技术差距理论。该理论认为国际技术转移的前提条件是世界各国之间的技术差距。美国学者波斯纳（Posner）和胡佛鲍尔（Hufbauer）是该理论的代表人物。他们认为国家间存在的技术差距导致技术转移的产生与发展。

（3）技术生命周期理论。日本学者斋藤优提出了技术生命周期理论。他把跨国公司国际生产经营战略归纳为三种形式：一是运用创新技术在本国生产产品并对外出口；二是国际直接投资，在国外运用该项技术进行生产并就地销售；三是直接进行技术转移。从表面上看，三者相互独立、互不相关，但实质上却存在着内在联系，有一定的规律周期。

（二）纵向技术转移理论简介

研究纵向技术转移的理论相对较少，主要包括以下几种理论：

（1）区域创新理论。主要代表性学者有库克（Cook，1996）、多洛勒（Doloreux，2003）、劳森和罗伦兹（Lawson and Lorenz，1999）等，他们研究了区域创新的概念、环境、系统组织结构、创新能力等问题，形成了区域创新理论体系。

（2）网络组织理论。网络是各种行为主体之间交换资源、传递资源活动时建立的各种关系的总和。这些关系不仅包括基于共同的社会文化背景和共同信任基础上结成的非正式关系，也包括发生在市场交易或知识、技术等创造过程中的正式合作关系，这些关系构成了网络。

（3）空间扩散理论。一项创新的产生使得创新者与其周围的空间里产生"位势差"。为了消除这种差异，一种平衡力量就会促使创新者向外扩散和传播，或者周围地区为消除差异而进行学习、模仿和借鉴。

三、新古典经济增长理论

经济增长问题一直是经济学关注的核心问题之一。现代经济增长理论始于 20 世纪 50 年代后期兴起的新古典经济增长理论，它以资本积累为核心，以资本收益递减规律为基本假设，为经济增长问题的研究提供了基本的分析框架，包括了索洛－斯旺（Solow-Swan）模型和拉姆齐－卡斯－库普曼斯（Ramsay-Cass-Koopmans）模型。新古典经济增长理论在 20 世纪 60 年代和 80 年代中期一直在经济增长的研究中占据主导地位。然而，随着时间的推移，新古典经济增长理论也暴露出了一些不足和缺陷。首先，理论方面新古典经济增长理论假定经济中的生产函数具有规模报酬不变的性质，这一假定在多数情况下与事实不符。其次，新古典经济增长理论假定技术进步率和劳动增长率是外生给定的，模型本身无法解释劳动力增长率和技术进步率，增长率的外生化是新古典经济增长理论最大的缺陷。新古典经济增长理论还认为，不同国家的经济增长具有趋同性，即有着相同技术和人口增长率的国家最终会接近于相同的稳态增长率。而事实表明，各国之间在增长率上存在较大差异。新古典经济增长模型不能解释决定长期增长的技术进步是如何产生的，也就不能真正解决一国长期经济增长的问题。

在此背景下，20 世纪 80 年代产生的内生增长理论，为重新阐释"经济增长之谜"提供了新的途径和方法。以罗默（Romer）和卢卡斯（Lucas）等为代表的新增长理论将技术内生化,认为由研发投入、"干中学"、人力资本等内生因素决定的技术进步是经济增长的最终源泉。他们认为技术在被用于生产的过程中会产生两种效应:个体效应——生产出特定的新产品;普遍效应——生产出一般经验。形成了一般知识资本,并被用于开发其他的新产品,正是因为如此,技术进步才会成为经济增长的动力。新增长理论还认为,如果对外贸易可以刺激一国的创新活动,那就能够促进该国的经济增长。在对外开放的条件下,一国技术进步不仅取决于自身的研究与实验发展存量,还受到通过国际贸易、对外投资、人口迁移等渠道传递的国外研究与实验发展活动的影响。

根据内生增长模型所依据的基本假设条件的不同,可分为完全竞争假设下的内生经济增长问题和垄断竞争假设下的内生经济增长问题。即内生增长理论的发展大致可以划分为两个阶段:

第一阶段,主要在完全竞争假设下考察经济长期增长率的决定。完全竞争假设下的内生增长问题主要讨论技术知识的内生化以及如何在模型中体现技术知识的问题,认为经济长期增长的驱动力在于内生化的技术知识或人力资本存量的积累,从不同侧面讨论了技术进步与经济行为的关系。

阿罗(Arrow,1962)最早用知识外部性解释了"技术溢出"对经济增长的作用。阿罗(Arrow,1962)认为,技术是从学习过程中获得的,而学习来自实践经验以及生产投资活动。他假定技术进步或生产效率提高是资本积累的副产品,即投资具有溢出效应,不仅进行投资的厂商可以通过积累生产经验提高生产率,其他厂商也可以通过"学习"提高生产率。阿罗(Arrow,1962)将技术进步看成是由经济系统(即投资)决定的内生变量。罗默(Romer,1986)沿着阿罗(Arrow,1962)的思路,提出了知识溢出模型,强调知识的外部性以及由此而来的递增报酬是经济持续增长的主要源泉。他认为知识不同于资本、劳动等普通生产要素之处在于具有溢出效应,他强调知识的外部性以及由此而来的递增报酬是经济持续增长的主要源泉。这使得任何厂商所生产的知识都能提高全社会的生产率,资本的边际生产率不会因固定生产要素(劳动)的存在而递减,内生的技术进步是经济增长的动力。卢卡斯(Lucas,1988)用人力资本来解释经济长期增长问题和国家间增长的差异。卢卡斯（Lucas，1988）的建模思想和罗默（Romer，1986）稍有不同。他的增长模型以人力资本为核心，假定人力资本是人们在生产过程中"边干边学"的结果，把资本划分为物质资本和人力资本两种。卢卡斯认为，两国之间经济增长的差异主要在于各国生产商品时投入人力资本的大小，由于人力资本积累具有边际收益递减的内部效应，一国的人力资本存量不可能无限扩大，又由于其积累具有外部溢出效应，其增量与存量成正比，这导致人力资本存量增长率高的国家其经济增长率也高，同时人力资本存量的差异也限制了落后国家物质资本的流入和经济增长。从这点上讲，发展中国家应扩大经济的开放度，通过吸收新技术和人力资本，间接培养本国自己的人力资本，从而加速国民经济的增长。

内生经济增长理论意在赋予技术一个完全内生化的解释。具体地说，一国经济长期增长是由一系列内生变量决定的，以技术进步形式反映出来的人力资本积累、研究与实验发展等因素都能够内生于经济系统。内生经济增长理论给人们两种深刻的启示：其一，新兴的经济是以创意而不是以实物为基础的，因此社会需要不同的制度安排与价格确定系统，以充分保证这些创意得到有效的配置；其二，对知识探索研究与开发应用的领域非常广阔，因此社会专业化报酬递增，进而为国民经济的无限增长提供了现实可能。

第二阶段，从20世纪90年代开始，经济增长理论研究者把研究与实验发展理论与不完全竞争假设整合进增长框架中。

罗默（Romer，1990）等人从中间产品品种增加来分析经济增长。罗默首先将D-S生产函数引入增长理论研究中，以说明垄断竞争条件下技术进步对经济增长的影响，在此基础上构建了一个用知识积累和人力资本积累解释经济增长的模型（知识驱动模型）。罗默的知识驱动模型包括三个部门：研究部门、中间产品部门和最终产品部门。研究部门使用人力资本和总知识存量进行新产品设计，一个研究厂商的新知识可以为所有其他研究厂商免费使用，因此，对于研究厂商而言，知识具有非排他性；中间产品部门向研究厂商购买生产新产品的专利权，利用新产品设计和其他投入品生产出中间产品，对于中间厂商而言，新知识具有排他性；最终产品部门利用中间厂商、人力资本和劳动生产消费品，产品多样化对消费品生产者而言是一种外部经济。在罗默的知识驱动模型中，收益递增是由知识积累引起的，知识具有两种外部性：一是知识积累提高了研究厂商的生产率，降低了研究厂商的生产成本；二是产品多样化提高了消费品生产者的生产率，使最终产品的生产呈规模收益递增。知识溢出效应的存在是经济实现持续增长的必要条件，当经济中不存在知识溢出效应时，劳动工资率的提高将使研究成本增加，经济增长将不能持续。罗默认为，经济的均衡增长率取决于研究部门的技术水平、制造部门的总资本收益率、消费者的偏好以及经济规模，而一国的人力资本存量而非人口规模是反映经济规模的合适变量，人力资本多的国家将获得更高的经济增长。

格罗斯曼和赫尔普曼（Grossman and Helpman，1991）从消费品品种增加来分析经济增长，考察了消费品品种增加型技术进步对经济增长的影响。假定经济存在研究部门和消费品生产部门，研究部门研制新型消费品，消费品生产者购买研究部门的新设计后，在收益不变的生产技术条件下生产出新型消费品。格罗斯曼－赫尔普曼模型假定消费者偏好多样化消费，消费品品种的增加虽然并不导致单个消费品生产者的收益增加，却引起代表性消费者瞬时效用的增加。因此，消费品品种的增加产生两种外部性：新设计所蕴含的知识促使研究部门的成本降低和生产率的提高，消费多样化使消费者的满足程度提高。在知识具有上述两种外部性情况下，经济可以实现内生增长。

在这些模型中，技术进步被认为是有目的的研究与实验发展活动的结果，而且这种活动获得了某种形式的事后垄断力量作为回报。在该框架下，增长率和研究与实验发展活动基本数量不再趋于帕累托最优，长期增长率依赖于政府行为，例如，税收、法律和秩序的维护、基础设施服务的提供、知识产权的保护以及国际贸易、国际金融和经济的其他方面的管制。模型根据对技术进步的不同理解，分为产品种类增加型内生增长模型、产品质量升级型内生增长模型和专业化加深型内生增长模型。这三类模型的提出，标志着经济增长理论进入了一个新的发展阶段。

四、产业转移理论

产业转移最早是由一些发达国家将其劳动密集型或已丧失优势的产业转移到发展中国家。经济学家从 20 世纪初开始对产业转移的动因及影响因素进行研究，并形成了相关理论，比较具有代表性的理论如下：雷蒙德·弗农（Raymond Vernon）1966 年通过划分产品的生命周期，提出了生命周期理论，认为产品生命周期的变动引起了产品生产地的变化，进而导致产业在不同国家或地区间进行转移。在此基础上，克鲁默（Krumme）和海特（Hayor）在 1975 年创立了区域发展梯度理论，后又有不少学者进行了补充解释，从而形成了较完整的梯度转移理论，即产业按照劳动密集型产业、资本密集型产业、技术密集型产业的顺序依次进行转移和升级。经济学家邓宁（Dunning，1976）提出的国际生产折中产业转移理论认为，企业进行产业转移或跨国投资时应具备内部化优势、区位优势和所有权优势等。日本经济学家小岛清（Kiyoshi Kojima）在 1978 年对日本对外投资进行研究后，得出对外投资应首先投资那些即将或已经处于比较劣势的产业，该理论称为边际产业转移理论。1978 年美国经济学家刘易斯（Lewis）从人口自然增长率的角度出发，提出了劳动密集型转移理论，认为随着发达国家人口增长率的下降，非熟练劳动力的减少和劳动力成本的上涨使部分发达国家将其劳动密集型产业转移至发展中国家。

五、技术追赶理论

根据美国学者波纳斯（Posner）的技术差距模型，各国之间的国际贸易在很大程度上是以技术差距作为基础来进行的。技术领先的国家出口技术密集型的产品，技术落后的国家则进口技术密集型产品。然而，随着各国之间对外投资、国际贸易、专利转让或技术合作的发展，创新国家的领先技术逐渐转移到国外模仿国，模仿国掌握技术后利用其劳动成本优势生产这种产品并且减少进口。最终领先技术会被模仿国掌握，两国之间的技术差距缩小，他们之间的国际贸易也会随着技术差距的消失而终止。该模型意味着技术落后的国家可以利用国际贸易、外商投资、技术引进等方式获取和模仿国外技术，在较高的起点上更快地推进其工业化进程，从而节省科研费用和时间，最终将实现向发达国家的技术收敛（林毅夫和张鹏飞，2005）。尤其是在技术创新频率高、技术轨迹很难预测的行业，后发企业可以利用外部技术的"机会窗口"实现路径创造式的技术追赶（唐春晖和唐要家，2006）。

第三节　国内外研究综述

产业链离散导致产业转移，国内外产业转移带来技术转移。对技术转移模式和机制研究有利于促进落后地区技术追赶，技术合理转移带来地区经济增长，最终实现区域协调发展。迄今为止，有关产业链离散、技术转移与技术进步的国内外研究主要集中在以下几个方面：

一、基于新经济地理理论的产业空间扩散——集聚与技术转移研究

较早研究产业集聚与技术扩散的是马歇尔（Marshall），但早期的研究忽略了空间因素与经济的联系。以克鲁格曼（Krugman）和藤田昌久（Masahisa Fujita）为代表的新经济地理学派对产业的市场空间结构，特别是产业空间聚集与扩散给予了特别的关注。大多数研究认为，产业空间扩散产生的技术转移可以推动承接地企业的知识学习和技术进步，为承接地打开"区位机会窗口"（Blomström et al，1983；王先柱等，2013）；然而也有研究发现，产业转移的技术转移效应并不确定，而是取决于产业内外与区域内外的影响因素（Kokko et al.，1996；何兴强等，2014；谢建国等，2014）；存在争论主要是因为不同实证区域的因素条件存在差异，应充分考虑案例区特质并设定严格的约束条件（潘少奇等，2015）。产业空间扩散产生的新的产业集聚是否产生技术转移呢？产业集聚主要是产生了技术溢出方式的技术转移。克鲁格曼

（Krugman，1991）认为在集聚地区，从业人员的社会交往可以有效促进知识技术在不同企业的员工之间流通，从而提高整体技术水平；鲍德温（Baldwin et al.，2001）也提出经济集聚的技术外溢会降低集聚地区的创新成本。汪建成（2017）认为产业集聚、外商直接投资溢出及其互动对企业创新升级有积极作用。随后学者们广泛关注产业集聚如何产生技术溢出，即溢出机制。迪朗东和普加（Duranton and Puga，2001，2004）提出了"技术池"；萨拉赫（Sarach，2015）指出产业集聚通过共享、学习、匹配等微观机制促进了企业生产率的提高；刘友金（2002）从集群创新网络系统、蔡宁等（2005）从学习交流、谢里和张敬斌（2016）从知识员工的流动等方面分析了产业集聚时技术溢出的机制。

二、基于技术转移理论的技术转移内涵、技术转移模式与技术转移机制研究

一般认为最早界定技术转移概念的是美国学者布鲁克斯（Blucurs，1945）。他指出技术转移是科学和技术通过人类活动被传播的过程，并把技术转移分为垂直和水平两种。以后学者们对技术转移内涵的研究逐步展开，比较典型的是小林达也的"知识转移分配说"、科莫达（Komoda）的"能力转移说"、格利诺（Glinow）和蒂加登（Teagarden）的"环节转移说"、徐耀宗（1991）的"区域转移说"以及张士运（2014）"组织转移说"等。

了解了技术转移的内涵后，学者们开始关注技术转移的模式。许云等（2017）从技术转移的主体、阿梅斯和科恩德（Amesse and Cohendet，2001）根据不同的转移环境、范小虎与方华（2001）从资源观点、和金生与白瑶（2005）以所转移技术的本质为切入点、安同良等（2011）将国际与国内技术转移综合考虑、柳卸林等（2012）从技术转移的方式角度等角度来研究技术转移的模式。

那么，技术转移的机制是什么呢？有学者研究了技术转移系统（汪良兵等，2014；邢飞飞和辛金颖，2018），还有学者构建了基于产品创新链的技术转移体系分析模型（靳宗振等，2021）。

三、基于新经济增长理论的技术转移、技术进步与经济增长研究

技术转移对于经济增长最直接的贡献是通过创意的扩散、知识的溢出（转移）、技术诀窍的转移、研究与开发的协作、技术转让、技术帮助以及技术许可与协作等具体形式（Urban，2018），将智化技术转化为推动经济增长的能力，促进需求与资源关系的相互协调。伊顿和图姆（Eaton and Kortum，1996）、科和赫尔普曼（Coe and Helpman，1995）、邢斐和张建华（2009）、冯锋和李天放（2011）、尚涛和郑良海（2013）、范兆斌（2015）等学者的研究发现技术转移对社会经济发展的影响和作用是显性和正向的，技术转移促进了资源的优化配置，使有限资源得到了最大限度的应用，进而推动了社会经济的发展。然而也有学者得出不一致的结论，例如，梁华和张宗益（2011）对国内技术转移、罗思平和于永达（2012）对外国直接投资与贸易等国际技术转移方式、邢斐和宋毅（2015）对外商直接投资方式带来的技术转移、赵志耘和杨朝峰（2013）与彭峰和李燕萍（2015）对国外技术引进、余元春等（2017）等对产学研技术转移等的研究发现，这些途径的技术转移或者产生了负作用，或者积极作用不显著。于是，学者们开始转向研究影响技术转移效应的因素，例如，知识产权保护、产业差异等外部因素（文豪和陈中峰，2017）；企业所有制特征与组织资源等企业内部因素（隋俊等，2015）；企业内部资源投入与地区经济发展水平等内外因素的结合（秦德智等，2017），甚至是技术差距（Phene et al.，2005；倪晓觎，2008）。

四、基于产业转移理论地域分工、区域一体化与区域协调发展研究

产业转移与产业集聚是一对"孪生兄弟"，产业集聚过程本身就表现出产业转移的踪迹，因此，有关产业转移、地域分工、区域一体化与区域协调发展研究的产业转移理论一直以来就是学术界关注的热门话题，许多学者对

此进行验证。小沢（Ozawa，1993）验证日本许多产业的发展符合该模式。卡明斯（Cumings，1984）对20世纪60~80年代东亚经济内部产业分工与转移的动态关系进行了解释。弗农（Vernon）在1966年和小岛清（Kojima）在1978年将雁阵模式与产品生命周期相结合进行探讨将比较优势从国际贸易领域延伸到对外直接投资，并引入动态的区位条件分析，据此提出发达国家向发展中国家转移产业在于企业为了顺应产品生命周期的变化，回避某些产品在生产上的劣势。小岛清则在比较优势理论的基础上提出了"边际产业转移扩张理论"，投资国要将自己处于比较劣势的产业（称之为边际产业）转移出去（陈强等，2016；叶娇和赵云鹏，2016；张跃等，2018）。小沢和卡斯特略（Ozawa and Castello，2001）引入了跨国公司和直接投资因素，从而使"雁阵模式"发生了变化，认为跨国公司可以在产品生命周期一开始就在国外投资生产，无须通过出口开发东道国市场。然而上述产业转移理论，关注、聚焦的关系对象在于国与国之间。毋庸置疑，比较优势的变化路径及其特征在大国经济与小国经济间存在明显的差异。小国经济的特征在于资源禀赋结构与产业结构的匹配性（许和连等，2012，2013；沙文兵和李莹；2018），一旦比较优势发生变化，经济整体即进入新的发展阶段；而大国经济的特征是地区之间存在显著的异质性。蔡昉等（2009）把独立经济体之间的产业转移和承接称之为"小国雁阵模式"，而一个经济体内部地区之间的产业转移与承接称为"大国雁阵模式"。"雁阵模式"的产业转移产生于比较优势的动态变化，这种变化促使产业结构在空间和层级上发生相应调整（唐根年等，2015；张跃，2018）。这就为大国经济体内部的区域梯度转移奠定了基础。

鉴于异质性大国的基本国情，有关产业转移与产业集聚、地域分工及跨区域群体投资、区域协调发展等关系研究在中国国内似乎更受学者和政府部门的关注。20世纪90年代就有国内学者借鉴小岛清"边际产业扩张论"和"跨国公司理论"，提出国际性产业转移与相关国家之间"产业整合"有着密切的关系，实际上已隐含着产业空间集聚、扩散与产业链空间演化之间的相关关系。陈建军（2005）对浙江企业的跨区域转移现象进行实证研究，将这种跨区域转移视为促进区域经济一体化和地域分工的重要动力，进而论证了中国国内区域经济发展存在先后递进的"雁阵形态"。徐维祥（2005，2010）基于产业集群的跨区域群体投资研究则将产业空间集聚、扩散与企业跨区域扩张与区域整合，合成一个系统性理论分析框架，但侧重点更多关注于区域间的经济关联。蔡昉（2009）率先从"刘易斯转折点"和"人口红利"角度进行了研究，并提出我国的劳动力供给正面临着"刘易斯转折点"的到来，验证了"雁阵模式"在我国境内的始现。石敏俊等（2013）研究表明中国制造业分布格局呈现出新的动向，以2004~2005年为转折点，食品轻纺行业为主的部分制造业部门开始从沿海省份向中西部省份转移。唐根年等（2015）采用重心测定方法直观反映中国二位数制造产业重心变迁轨迹，结果表明观察期内28个二位数制造产业发生不同程度的转移迹象。陶新宇等（2017）指出中国经济增长呈现出倒U形，东、中、西部城市分别处于倒U形曲线的不同阶段，形成一个"大国雁阵模式"。但另有不少学者的研究结果并非都支持这一观点，例如：陈建军（2007）构建了区域产业竞争力系数，并测算和评估了20世纪90年代以来上海和周边地区的制造业产业转移的动态趋势，认为制造业转移只存在于长三角区域内部，并没有向周边转移；刘红光等（2011）利用区域间投入产出模型建立了定量测算区域间产业转移的方法，并结合中国区域间投入产出表测算了中国1997~2007年区域间产业转移，结果发现中国产业转移具有明显北上特征，而产业向中西部地区转移的趋势并不明显；刘友金和王冰（2013）从新经济地理学角度切入，在中心–外围理论模型基础上进行拓展，引入要素资源禀赋系数作为参数，对模型进行数值模拟，据此认为以沿海产业向中西部地区转移为主要特征的新一轮产业转移的前景并不乐观，国内学者们预测发生的大规模劳动密集型产业向中西部地区转移的现象并没有如期出现。

除了空间经济关联以外是否还存在其他诸如技术关联机制驱动着产业空间分布演化？应该怎样架构一个完整的理论分析体系用来解释全球化、地方化视野下的产业空间分布特征的共性与个性？上述一系列疑问说明迄今为止的产业转移理论还有进一步拓展的空间。

第四节 小 结

国内外学者先从理论与实证两个方面研究了产业转移背景下技术转移是否存在以及技术转移会产生何种影响，再探讨技术转移的模式和机制，然后分析技术转移对技术进步、经济增长产生了怎样的影响，最后探寻产业转移背景下技术转移存在差异的原因以及如何最有效地获取产业转移背景下的技术转移实现区域协调发展，并提出相应的解决对策。相关的研究层层深入，但是还存在以下进一步值得研究的方向：

大部分学者对技术转移的内涵模式与技术转移机制进行了研究，但是很少有学者将产业转移、产业链衔接和技术转移联系起来，研究产业链离散化背景下技术转移的运行机制。新经济增长理论用技术进步解释经济增长时需分析产业链离散产生的技术转移的多层结构是什么？怎样建立适配性协同创新机制获得更多技术转移？能否整合各经济要素，构筑协同发展模式，利用东部产业转移契机实现跨区域技术追赶等。技术转移是一个动态过程，该动态过程含有技术研发、吸收、扩散等多个环节，而各环节又是含有多要素的复杂系统，需要构建技术转移体系来甄别技术转移的主体、途径、技术种类、技术转移机制与技术转移体系内各子系统的有序度、协同演化水平与发展趋势，以及通过其子系统序参量的管理，对技术转移体系的协同运行机制进行构建；新经济地理理论在空间集聚研究领域建立了系统的理论分析框架，但是相关研究显得很零散，缺乏系统的理论分析框架，而且还需更多的实证应用成果支撑，特别是需要站在欠发达地区的角度进行研究。所有这些问题尚有进一步研究的空间。

第三章

产业转移背景下中国技术转移的空间特征与演化动向分析

第一节 中国承接国际产业转移的空间特征与演化动向分析

一、国际产业转移的主要方式

在新常态时期里，中国若能抓住全球新技术革命带来的机遇，这对我国成功跨越中等收入陷阱有着关键性的作用。根据技术差距理论，技术落后国可以从"先发国家"引进各种技术，通过模仿和消化吸收从而取得技术性后发优势。对于技术落后国来说，为了追赶"先发国家"，就必须要有更快的发展速度，"模仿－创新"无疑是明智的选择（欧阳峣和汤凌霄，2017；陈昭和张嘉欣，2020）。国际产业转移作为国际技术流的重要载体，所产生技术转移的效应是我国获取国外先进技术的重要渠道之一。国际产业转移方式主要可分为国际贸易、国际投资以及跨国外包。从改革开放几十年的成就可以看出，国际贸易在我国一直是推动产业形成的重要方式。近年来我国加快"引进来、走出去"政策实施，国际投资已成为中国参与国际产业转移的主要途径。根据联合国贸发数据库（UNCTAD），2020 年我国外商直接投资（FDI）流入 1493.42 亿美元，仅次于美国。我国传统优势产业如纺织服装、原材料工业、装备工业等，一方面加快了国内的布局优化，另一方面也加快"走出去"步伐。从 2004 ~ 2020 年，我国对外直接投资大幅提升，从 54.98 亿美元上升到 1329.40 亿美元。此外根据联合国贸发数据库（UNCTAD）的数据，我国 2020 年对外直接投资（OFDI）全球第一。随着国际分工的不断深化，外包在我国参与国际产业转移中发挥着日益重要的作用。2020 年中国企业承接服务外包合同额已达 17022.7 亿元人民币，同比增长 8.4%，创下历史新高。可见我国参与的国际产业转移在不断向纵深发展，研究产业转移的技术转移如何影响我国生产力水平具有深刻的现实意义和重要的理论价值。

由此可见，国际产业转移的主要方式包括 FDI、OFDI、进口、出口、跨国外包等。

二、国际产业转移的现状与中国在全球产业链中的地位

第一次国际产业转移（18 世纪末 ~ 19 世纪上半叶）的浪潮催生了新兴工业帝国。因为第一次工业革命而成为"世界工厂"的英国开始向美国转移产业。第二次国际产业转移（20 世纪 50 年代）使得日本与联邦德国得到迅速的发展，"世界工厂"实现了第二次变迁。第三次国际产业转移（20 世纪六七十年代）促使了产业的梯次转移和结构的形成，日本与联邦德国大规模地将产业转向东亚地区，这也是新加坡、韩国，以及中国香港、中国台湾地区的经济发展得以迅速崛起的主要原因。而这些国家和地区在承接产业转移

的同时，也将自身的部分劳动密集型产业转向东盟。第四次国际产业转移（20世纪八九十年代）中发展中国家成为最大的受益方，"世界工厂"也是在此次产业转移中实现再一次的变迁。而发生在2008年金融危机以后的第五次国际产业转移更是为发展中国家带来了更大机遇与挑战。接下来分析第五次国际产业转移的现状与中国在全球产业链中的地位。

（一）各国或地区 FDI 流入情况和中国的排名

根据《世界投资报告（2021）》，新冠肺炎疫情严重影响了全球 FDI 流动。2020年，全球 FDI 流量下降了35%，降至1万亿美元，远低于10年前全球金融危机后的最低点（2009年的1239092.9745百万美元）。其中，发展中国家的工业绿地投资（同比下降42%）和新基础设施建设项目投资（同比下降14%）受到的打击尤为严重。这是自2005年以来的最低水平，比2009年全球金融危机后的谷底低了近20%，但是发展中国家的 FDI 总体下降较少。

为应对新冠肺炎疫情，世界各地实行的封锁政策减缓了现有投资项目的进度，经济衰退的预期促使跨国公司重新评估新项目。FDI 的下降幅度明显大于国内生产总值和贸易的下降幅度。发达经济体和转型经济体 FDI 大幅下降，两者都下降了58%。在发展中经济体，这一比例下降了8%，降幅较小，主要由于流入亚洲的资本较有韧性（增长4%）。因此，发展中经济体占全球 FDI 的2/3，比2019年占比（50%左右）有所上升。

根据图3-1所示，发达国家或地区的 FDI 是主体，但是2016年之后呈现下降趋势，2020年已经少于发展中国家了，只有3285.30亿美元，占世界32.89%。发展中国家的 FDI 基本上呈现上升趋势，由2004年的2712.98亿美元增加至2020年的6703.52亿美元，2020年超过发达国家或地区，占世界 FDI 的67.11%。在发展中国家，高收入发展中国家的 FDI 远高于中等收入发展中国家和低收入发展中国家的 FDI。

根据联合国贸发会议 FDI 数据库中2020年 FDI 的数据进行排序，FDI 流入前十的国家或地区见表3-1。

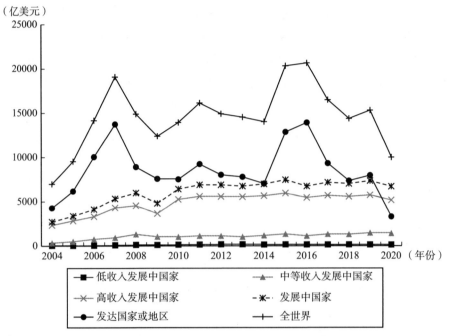

图 3 - 1　2004 ~ 2020 年 FDI 流入（全球及各经济体组别）

资料来源：联合国贸发会议 FDI 数据库和《世界投资报告（2021）》。

表 3 - 1 　　　　　　　　　　2004 ~ 2020 年排名前十的国家或地区

FDI 流入（2020 年的排序）　　　　　　　　单位：亿美元

年份	美国	中国	中国香港	新加坡	印度	卢森堡	英属维尔京群岛	德国	爱尔兰	墨西哥
2004	1358.26	606.30	291.54	223.25	57.78	51.80	283.10	-101.92	-106.08	250.32
2005	1047.73	724.06	340.58	177.48	76.22	46.45	-71.43	474.50	-316.89	260.56
2006	2371.36	727.15	418.11	374.80	203.28	322.20	120.29	556.55	-55.42	212.48
2007	2159.52	835.21	584.03	426.09	253.50	-296.79	371.63	802.12	247.07	324.82
2008	3063.66	1083.12	583.15	118.10	471.02	71.17	525.54	81.27	-164.53	295.30
2009	1436.04	940.65	555.35	185.32	356.34	272.55	422.13	238.06	257.15	178.54
2010	1980.49	1147.34	705.41	574.60	274.17	391.29	423.87	656.43	428.04	271.40

续表

年份	美国	中国	中国香港	新加坡	印度	卢森堡	英属维尔京群岛	德国	爱尔兰	墨西哥
2011	2298.62	1239.85	965.81	398.90	361.90	88.43	507.88	675.14	235.45	255.74
2012	1990.34	1210.73	701.80	601.03	241.96	254.97	611.22	281.81	488.83	217.41
2013	2013.93	1239.11	742.94	566.72	281.99	160.08	1048.05	127.77	506.09	482.17
2014	2017.33	1285.02	1130.38	732.87	345.82	188.93	404.62	-32.04	482.48	304.50
2015	4676.25	1355.77	1743.53	597.00	440.64	125.00	667.13	305.41	2178.69	354.37
2016	4594.19	1337.11	1173.87	702.21	444.81	319.00	490.23	156.33	394.14	310.69
2017	2952.96	1363.15	1106.85	846.71	399.04	-68.15	396.10	486.41	528.35	342.00
2018	2234.01	1383.05	1042.46	759.69	421.56	-167.57	343.90	620.73	-160.96	337.30
2019	2614.12	1412.25	737.14	1141.62	505.58	147.92	391.03	540.63	811.04	340.97
2020	1563.21	1493.42	1192.29	905.62	640.62	621.45	396.20	356.51	334.24	290.79

资料来源：联合国贸发会议 FDI 数据库和《世界投资报告（2021）》。

美国仍是 FDI 最大接收国，2004~2020 年 FDI 流入变化较大，2015 年最多，为 4676.25 亿美元，2020 年降至 1563.21 亿美元。紧随其后的是中国，中国引进 FDI 波动幅度不大，基本上是呈现逐步上升趋势，由 2004 年的 606.30 亿美元增至 2020 年的 1493.42 亿美元，2008 年的金融危机和 2020 年的新冠肺炎疫情影响并没有使其显著下降，尤其是 2020 年的 FDI 规模快赶上美国，同比增长率超过 6%。说明我国承接国际产业转移的规模仍在不断扩大，在世界地位举足轻重。

（二）各国或地区 OFDI 情况和中国的排名

根据联合国贸发会议 OFDI 数据库中 2020 年 OFDI 的数据进行排序，OFDI 前十的国家或地区见表 3-2。原本美国的 OFDI 遥遥领先于其他国家或地区，但是 2018 年出现了负投资，2019~2020 年的 OFDI 未突破 100 亿美元。日本和中国的 OFDI 的规模接近，但是 2020 年日本 OFDI 减少了将近一半，导致 2020 年低于中国。

表 3 - 2　　　　　　　　2004～2020 年排名前十的国家或地区 OFDI

流入（2020 年的排序）　　　　　　　单位：亿美元

年份	中国	卢森堡	日本	中国香港	美国	加拿大	法国	英属维尔京群岛	德国	韩国	新加坡
2004	54.98	67.73	309.51	436.37	2949.05	433.47	229.65	109.01	203.12	71.96	131.39
2005	122.61	82.11	457.81	270.03	153.69	275.38	680.57	183.45	745.43	83.30	125.53
2006	176.34	100.35	502.66	444.75	2242.20	462.14	767.67	298.89	1166.80	125.63	200.63
2007	265.06	712.94	735.49	641.66	3935.18	646.27	1106.43	497.66	1693.20	218.31	408.82
2008	559.07	115.06	1280.20	483.79	3082.96	792.77	1032.81	463.86	715.07	195.37	79.64
2009	565.29	82.68	746.99	592.02	2879.01	396.01	1008.66	371.73	685.41	174.01	320.40
2010	688.11	232.53	562.63	862.47	2777.79	347.23	481.55	493.11	1254.51	282.22	354.07
2011	746.54	107.16	1075.99	963.41	3965.69	521.48	514.15	538.02	779.29	296.48	319.00
2012	878.04	40.13	1225.49	834.11	3181.96	558.64	354.38	539.36	621.64	305.99	204.80
2013	1078.44	243.28	1357.49	807.73	3034.32	573.62	203.75	693.63	395.30	283.18	452.79
2014	1231.20	344.01	1308.43	1240.92	3330.14	602.71	498.49	779.66	840.76	279.99	524.77
2015	1456.67	173.14	1362.49	718.21	2643.59	674.40	532.18	609.08	990.25	236.87	452.23
2016	1961.49	301.71	1559.37	597.03	2844.69	695.07	648.48	301.68	636.61	298.90	381.57
2017	1582.90	347.65	1645.88	867.04	3277.81	761.88	359.85	509.04	865.18	340.69	648.83
2018	1430.37	116.23	1430.94	822.01	-1944.12	574.17	1056.35	415.87	862.44	382.20	220.35
2019	1369.05	344.72	2266.48	532.02	935.52	788.98	386.63	441.54	1392.78	352.39	505.78
2020	1329.40	1270.87	1157.03	1022.24	928.11	486.55	442.03	422.80	349.50	324.80	323.75

资料来源：联合国贸发会议 OFDI 数据库和《世界投资报告（2021）》。

2020 年，中国 OFDI 虽然下降了 3%，但仍高达 1329.40 亿美元，这使中国成为全球最大的对外投资国。中国跨国公司的跨国并购交易额翻了一番，主要是由于在中国香港的金融交易。"一带一路"倡议的持续扩张也是导致新冠肺炎疫情期间 OFDI 有弹性地外流的原因之一。

（三）各国进出口情况和中国的排名

根据图 3 - 2，根据世界贸易组织数据库 2020 年的数据，从进口来看，美国进口第一，其次是中国；从出口来看，中国出口量遥遥领先，美国和德国分别排名第二和第三。美国货物贸易是逆差，中国是顺差。因此，从进出口的角度来看，中国也是世界主要的国际产业承接地。

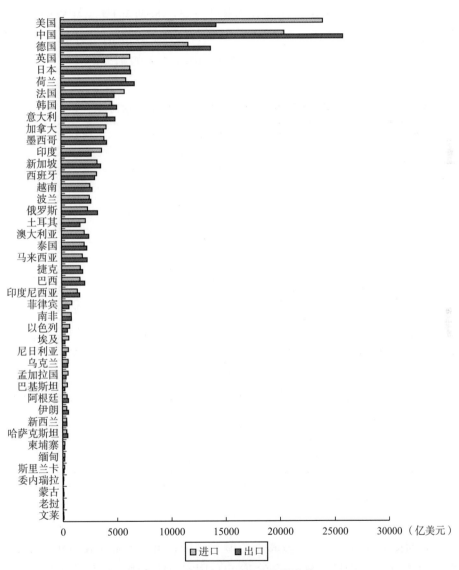

图3-2　2020年主要国家货物进出口

资料来源：世界贸易组织数据库。

（四）中间产品进出口

服务外包也是国际产业转移的重要途径之一，服务外包额参照马晶梅（2016）用中间产品（IG）出口作为替代变量。根据 WTO 统计数据，2021年第四季度，世界 IG 出口同比增长 21%，延续了全年的上升趋势（见表3－3）。然而，增长低于第三季度的 27% 和第二季度的 47%。

表3－3　　　　　　2021 年第四季度中间产品出口国家或地区情况

排名	出口国家或地区	出口产品价值（亿美元）	同比变化（%）
1	中国	4180	33
2	美国	2130	17
3	德国	1770	8
4	中国香港	1300	24
5	韩国	1100	23
6	日本	1020	10
7	中国台湾	920	26
8	荷兰	830	22
9	比利时	740	39
10	新加坡	710	21
11	法国	650	20
12	意大利	650	9
13	英国	630	34
14	加拿大	540	15
15	马来西亚	520	28

资料来源：WTO 数据库中的 Trade Data Monitor。

中国在第四季度继续成为最大的 IG 出口国，出口产品价值 4180 亿美元。在 2021 年第四季度排名前 15 名的 IG 出口国家或地区中，比利时（39%）和英国（34%）的增长率最高。马来西亚跻身前 15 名之列，同比增长 28%，其 3/4 的国内生产投入运往亚洲合作伙伴。

2020 年第四季度最大的 IG 进口国是中国（4390 亿美元）和美国（2680 亿美元）。在前 15 名 IG 进口国家和地区中，印度的增长率最高，为 42%（见表 3-4）。

表 3-4   2021 年第四季度中间产品进口国家或地区

排名	进口国家或地区	进口产品价值（亿美元）	同比变化（%）
1	中国	4390	19
2	美国	2680	24
3	德国	1540	15
4	中国香港	1280	25
5	印度	890	42
6	日本	810	29
7	韩国	810	31
8	荷兰	780	26
9	墨西哥	750	23
10	法国	720	16
11	英国	710	-12
12	意大利	670	24
13	比利时	640	36
14	新加坡	630	23
15	中国台湾	600	29

资料来源：WTO 数据库中的 Trade Data Monitor。

因此，根据中间产品贸易来看，中国也是最主要的国际产业转移承接国。

（五）小结

总之，根据投资、贸易和中间品贸易来看，中国在国际产业转移方面都具有重要地位。从产业承接方的角度来看，FDI 是国际产业转移最主要的形式。本书主要站在产业转移承接方的角度进行分析，所以，下文中主要是分析 FDI 在我国的变化，适当分析其他形式的产业转移。为了保持数据的完整性，后面我们分析的数据范围是 2011～2020 年。

三、中国承接国际产业转移的基础条件

承接国际产业转移需要良好的经济、人力、科技基础。根据国家统计局统计数据（见表 3－5），中国 2011～2020 年的部分经济指标显示，中国国内生产总值增长较快，2020 年突破 100 万亿元；资本形成总额由 2011 年的 227673.4791 亿元增至 2020 年的 442400.591 亿元；经济活动人口增加略有下降，但是规模较大；R&D 人员和 R&D 经费支出一直在增加，专利申请授权数增加很快。

四、中国承接国际产业转移的概况

由于本书是考虑承接第五次国际产业转移背景的技术转移效应，所以本书的研究对象主要考虑 2011～2020 中国的 FDI 和进口。

中国引进 FDI 是从 20 世纪 70 年代末开始的。现在，FDI 对于中国有着极大的影响。制造业在中国国民经济中占有重要的份额，并且它引进外商直接投资的程度在 2010 年就已经超越了美国成为世界第一，目前基本上世界排名前二。从中国引进 FDI 的过程来看，一共经历过这几个阶段：

阶段一（1979～1991 年）：在这段时间，中国对于引进 FDI 等方面的工作正处于一个起步并缓慢发展的阶段。因为这一阶段中国属于探索时期，所以国内很多相关的政策都没有完善，而且我国的改革开放是从 1978 年开始的，此时才进行了一年时间而已，我国的市场开发也受到了很大的限制，当时的投资风险是很高的。在这种情况下，外资企业对中国的投资也只是小规模的投资，在市场上所占的份额也较小，主要的投资模式还是与中国的本土企业进行合资合作。尽管在此阶段中国已经在慢慢地引进 FDI 并且数量在逐渐地增加，但是在中国实际利用的外资比例中却占比较少，属于一个比较低的水平。

表 3 - 5　中国承接国际产业转移的基础条件

项目	2011 年	2012 年	2013 年	2014 年	2015 年	2016 年	2017 年	2018 年	2019 年	2020 年
国内生产总值（亿元）	487940. 1805	538579. 9535	592963. 2295	643563. 1045	688858. 218	746395. 0595	832035. 9486	919281. 1291	986515. 2023	1015986. 197
资本形成总额（亿元）	227673. 4791	248960. 0139	275128. 7085	294906. 053	297826. 5187	318198. 4912	357886. 0969	402585. 153	426678. 7323	442400. 591
经济活动人口（万人）	78579	78894	79300	79690	80091	79282	79042	78653	78985	78392
R&D 人员全时当量（万人/年）	193. 9075	224. 6179	249. 3958	264. 1578	263. 829	270. 2489	273. 6244	298. 1234	315. 1828	346. 0409
R&D 经费支出（亿元）	5993. 8054	7200. 645	8318. 4005	9254. 2587	10013. 933	10944. 6586	12012. 9589	12954. 8264	13971. 0989	15271. 2905
专利申请授权数（件）	960513	1255138	1313000	1302687	1718192	1753763	1836434	2447460	2591607	3639268

资料来源：国家统计局，由 EPS DATA 整理。

　　阶段二（1992～1998 年）：在这个阶段，中国引进 FDI 的这项工作正在高速发展中。因为在这个阶段全球的 FDI 活动十分活跃，发展速度很快，数量和所涉及的范围也在不断地扩大，在国际上有着很大的反响。对于中国来说，这个时期外商对中国开始了一轮投资热潮。与此同时，中国 FDI 的相关政策也在逐步推行，中国市场的开放程度也在不断地提高。在这个时期内，相对于上个阶段中国引进的 FDI 不管是在数量上还是增速上都有很大的提升，属于一个大幅增加的状态。

　　阶段三（1999 年至今）：在这段时间，中国 FDI 所做的工作已经进入了稳定发展和进行调整的阶段。中国 FDI 工作已经有了几十年的探索。在这些时间里，中国积累了大量的经验并且成为全球 FDI 的第一大目的国。FDI 基本上呈现增长趋势，根据国家统计局数据（见图 3－3），FDI 投资额由 2011年的 1160.11 亿美元增加值 2020 年的 1443.69 亿美元。FDI 波动变化较大，2016 年最多，为 1961.4943 亿美元，随后下降，2019 年开始在增加。2014 年开始，中国的当年 FDI 净额高于 FDI。由此可见，中国一方面在承接国际产业转移，另一方面也在向国外进行产业转移。

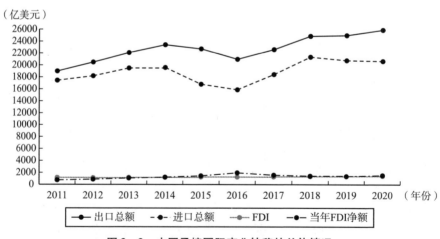

图 3－3　中国承接国际产业转移的总体情况

资料来源：国家统计局，由 EPS DATA 整理。

　　中国是一个贸易顺差的大国，国际贸易的规模很大。出口呈现增长态势，由 2011 年的 18983.8 亿美元增加到 2020 年的 25899.5161 亿美元。

五、中国承接国际产业转移的空间特征

（一）FDI 在我国的空间分布

1. 东部区域为主

由于改革开放是从东部沿海地区逐渐向内陆展开的原因，我国 FDI 的分布地区主要集中在东部沿海地区。在改革的初期，我国实施了东部优先发展的战略，并且通过一系列的政策推动了外商投资企业进入沿海城市。这就使得在一定程度上让东部沿海地区成为我国 FDI 流入的聚集地。根据图 3−4，2011～2020 年我国东部地区外商投资企业投资均值占比达到了 78.83%[①]，但是相对于东部地区来说，西部地区实际利用的金额就很少了，占比不到 10%。

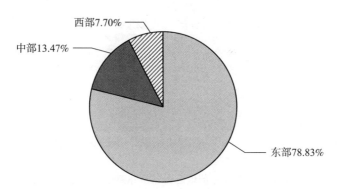

图 3−4　2011～2020 年三大区域外商投资企业投资均值占比

资料来源：国家统计局。

东部区域的珠三角地区从发展"三来一补"（来料加工、来样加工、来

---

① 为 2011～2020 年十年的均值，下同。

件装配和补偿贸易）起步，紧紧把握住全球产业转移的机会，创造了举世瞩目的发展成就，成为最具经济活力的地区。

东部区域的长三角地区近几年来成为国家产业转移的热点地区。改革开放以来，长三角地区主动顺应和积极利用全球化的发展机遇，充分发挥自身区位、产业、人才和政策等比较优势，主要以贴牌代工或加工贸易的方式，加入全球产业和分工体系，发展成为我国经济最发达、产业配套最完善、整体竞争力最强的地区。

自改革开放以来，随着中部地区投资环境的改善，中部地区利用 FDI 的规模不断扩大，但与东部地区相比仍然滞后，主要表现在投资规模偏小、投资方式单一、投资来源过于集中和投资领域狭窄等方面。

2. 三大区域内各省份分布不均衡

在东部地区 11 个省份中，广东省 FDI 占比最多，达到了 23.04%，其次是江苏省和上海市，这三个地区占了东部地区的一半多（见图 3 - 5）。

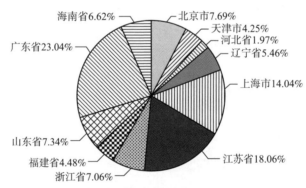

图 3 - 5　2011 ~ 2020 年东部地区各省份外商投资企业投资均值占比

资料来源：国家统计局。

在中部地区，各省份之间的差别相比东部地区较小。FDI 流入最多的是湖北省，其次是安徽省，最少的是吉林省（见图 3 -6）。

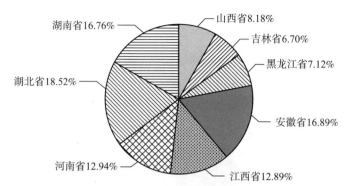

图 3 - 6　2011～2020 年中部地区各省份外商投资企业投资均值占比

资料来源：国家统计局。

在西部地区 12 个省份中，各省份流入的 FDI 差别也较大，四川省获取的 FDI 遥遥领先，占比达到了 24.70%，其次是重庆市和陕西省，而西藏自治区只有 0.38%（见图 3 - 7）。

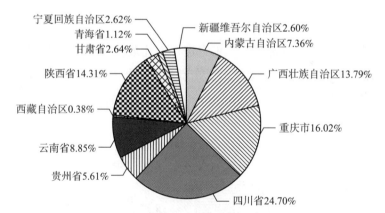

图 3 - 7　2011～2020 年西部地区各省份外商投资企业投资均值占比

资料来源：国家统计局。

由此可见，FDI 在我国各区域分布不均衡，在同一个区域各省份之间也分布不均衡。影响 FDI 分布的因素包括地理文化因素、投资需求、政府的一些优惠政策、劳动力的需求以及产业集聚等。这些因素极大程度上导致了我国引进 FDI 的地域分布不均衡情况。

（二）进口在我国的空间分布

2011～2020 年我国东部地区进口均值占比达到了 84.82%，中、西部地区的占比分别不到 10%（见图 3-8）。

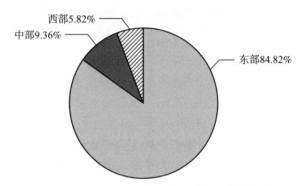

图 3-8　2011～2020 年三大区域进口均值占比

资料来源：国家统计局。

在东部地区 11 个省份中，广东省进口占比最多，达到了 24.75%，其次是北京市和上海市，这三个地区占了东部地区的约 60%。海南省最少，只有 0.58%（见图 3-9）。

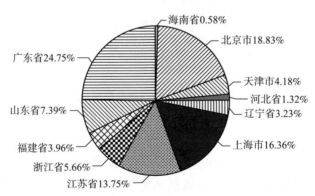

图 3-9　2011～2020 年东部地区各省份进口均值占比

资料来源：国家统计局。

在中部地区，各省份之间的差别相比东部地区较小，进口最多的是河南省，其次是安徽省，最少的是山西省（见图3－10）。

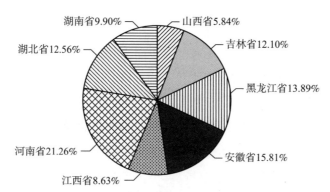

图3－10　2011～2020年中部地区各省份进口均值占比

资料来源：国家统计局。

在西部地区12个省份中，各省份进口差别也较大，四川省进口额遥遥领先，占比达到了23.55%，其次是重庆市和广西壮族自治区，这三个省进口占西部地区的60%左右，而西藏自治区、青海省和宁夏回族自治区进口占比分别不到1%（见图3－11）。

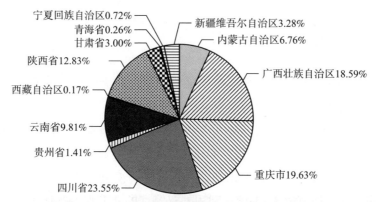

图3－11　2011～2020年西部地区各省份进口均值占比

资料来源：国家统计局。

六、中国承接国际产业转移的时空演化动向分析

(一) 中国 FDI 的时空演化动向分析

我国对外开放是从东部沿海地区逐步向内陆地区推进的，由于这种开放格局和各地区的经济环境与区位优势不同，FDI 明显呈现"东高西低"的格局。在 20 世纪 80 年代，FDI 在沿海地区的投资比重占总体的 90% 以上，在 20 世纪 90 年代后，这一比重稍有下降，但总体地位没变。三大区域的 FDI 规模都在增加，但是东部地区数量最多，远高于中、西部地区，中部地区略高于西部地区（见图 3 – 12）。

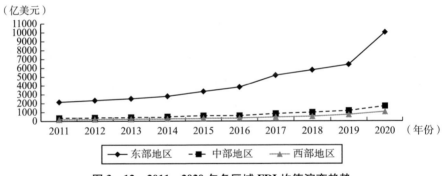

图 3 – 12 2011 ~ 2020 年各区域 FDI 均值演变趋势

资料来源：国家统计局。

三大区域内部的 FDI 分布也很不平均。不仅三大区域总体差距很大，而且每一个区域内各省份之间的差距也是十分明显。

根据表 3 – 6，在东部地区中，各省份利用 FDI 基本上呈现上升趋势，其中 2020 年，海南省和山东省获得 FDI 规模上升最明显。广东省利用外资不仅在东部地区甚至在全国都占突出地位。2011 ~ 2020 年，广东省共利用 FDI 总额约占东部地区均值的 25.34%。利用外资第二的江苏省，占东部地区均值的 19.86%。但近年来广东省 FDI 在全国的比重有所下降。东部地区的 FDI 由珠三角地区向长三角地区转移，长三角地区和环渤海地区成为外商投资的新热点。

表3-6　2011~2020年各区域内部各省FDI演变趋势

单位：百万美元

省份	2011年	2012年	2013年	2014年	2015年	2016年	2017年	2018年	2019年	2020年
北京市	134364	149355	177105	201027	380963	427371	486409	547718	599561	646907
天津市	114806	118913	127423	144146	181328	222594	254823	290620	310544	306423
河北省	45700	48960	54542	62135	73624	84821	95818	108665	158991	225402
辽宁省	165969	185564	183207	198641	206639	213278	315850	377494	402830	415731
上海市	377353	413768	457933	530467	661273	734246	798239	884911	955229	1033395
江苏省	572851	625000	666376	718131	782154	879868	965819	1056042	1173515	1369729
浙江省	201919	217810	240408	262881	291813	319870	373415	445788	500693	589264
福建省	136898	145744	156516	173245	196713	226315	260721	278698	297471	315255
山东省	143374	158114	176491	199227	219334	251874	304218	345229	575432	1207308
广东省	452466	478645	512640	562063	644310	781571	1762227	1923465	1953252	2167181
海南省	22066	27072	26994	27888	31174	76039	76089	92793	104528	2744956
东部均值	215251.4545	233540.4545	252694.0909	279986.4545	333575	383440.6364	517602.5455	577402.0909	639276.9091	1001959.1820
山西省	31899	31963	34182	39119	41107	42163	49724	63011	70136	92559
吉林省	23253	23890	31779	33328	35230	35606	38874	49009	64297	70774
黑龙江省	20941	22247	22794	23983	22302	28280	33669	42747	46046	168558
安徽省	32884	39962	41612	48026	106486	67256	86641	112984	165643	322704
江西省	49081	53857	58770	67025	72578	77738	80797	87720	100985	133086
河南省	42353	46341	47787	58878	68710	82249	104538	105408	116307	111920

续表

省份	2011 年	2012 年	2013 年	2014 年	2015 年	2016 年	2017 年	2018 年	2019 年	2020 年
湖北省	51896	58274	65357	77671	89231	99316	115103	142275	186438	237071
湖南省	34958	38381	40486	46307	52147	58000	163392	183185	184126	214906
中部均值	35908.125	39364.375	42845.875	49292.125	60973.875	61326	84092.25	98292.375	116747.25	168947.25
内蒙古自治区	25519	25802	22911	26449	35142	41080	45979	44853	58421	56084
广西壮族自治区	29942	31143	31927	37396	42529	43720	56200	62723	91640	289389
重庆市	45194	53694	58841	67517	78845	88065	94558	110686	111070	123895
四川省	57419	64045	72490	82752	88409	94193	112797	125557	289060	296279
贵州省	5681	7670	11856	15472	18147	23719	31251	45303	48722	83573
云南省	20641	22561	24097	25253	32720	33005	37382	54369	67099	142431
西藏自治区	726	1131	1311	1328	1997	2259	3031	2639	2665	2859
陕西省	19888	31130	36629	44734	51571	56081	80039	118786	121290	183272
甘肃省	6394	6979	6510	6764	7657	7529	20197	23617	25617	25931
青海省	3144	2829	2981	3095	7396	7527	7699	7874	7834	7819
宁夏回族自治区	4399	3098	3537	5164	8972	8707	30420	18477	26463	26993
新疆维吾尔自治区	5602	6655	6453	7586	8518	9666	13323	21151	24123	32042
西部均值	18712.41667	21394.75	23295.25	26959.16667	31825.25	34629.25	44406.33333	53002.91667	72833.66667	105880.5833

资料来源：国家统计局。

　　根据表 3 – 6，2011～2020 年中部地区各省份 FDI 也基本上呈现上升趋势。各省份之间的 FDI 虽不如东部地区比重如此集中，但其经济基础和工业基础相比较好的几个省份，占的比重也较大。其中，以安徽省、湖北省、湖南省、河南省、黑龙江省为最多，最高占全区域的 21.26%，四个省份共占全区域总额的 73.42%，而份额相对最少的是山西省，占全区域总额的5.84%。总的来看，中部地区近些年来吸收的 FDI 增幅不大，但有些省份从纵向来看投资增长的速度还是挺快的。即使中部地区的省份增长速度也不慢，但是相对于东部地区还是有一些差距的。

　　根据表 3 – 6，西部地区各省份的 FDI 也是呈现上升趋势，各个地区间差别也十分大，主要集中在四川省、陕西省和重庆市这三个省份中。这三个省份所占的比例在西部地区中是很大的。四川省占全区域总额的 24.70%。

　　截至 2020 年末，中国累计 FDI 项目 38570 个，较 2001 年末，同比增长了约 47%。就行业数量占比来看，批发和零售业项目承接国际产业转移的数量为行业占比最高（28.03%），租赁与商务服务业项目承接国际产业转移的数量（19.48%）次之，科学研究、技术服务和地质勘查业项目承接国际产业转移的数量（16.21%）再次之。而从行业金额占比来看，制造业的金额占比最高（21.47%），租赁与商务服务业的金额占比（18.40%）次之，房地产业的金额占比（14.08%）再次之。由此可见，制造业仍旧是我国承接国际产业转移的主要行业。

　　总之，我国获取的国际产业转移的数量和金额占比也在逐年攀升，正在成为新的热点。首先，国际产业转移具有阶段性。一直以来，在国际产业转移所发生的过程中，其长期都呈现出一定的阶段性。国际产业转移的过程是分层次、渐进性地进行的。国际产业转移在一般情况下都是先从低端产业往高端产业发展，不同的阶段发生着不同的产业转移，即国际产业转移的产业领域通常是最先从劳动密集型产业逐步过渡到资本密集型产业，再发展到技术和知识密集型产业。始终沿着产业结构调整升级的方向逐步演进。其次，国际产业转移具有一定的梯度性。不同国家之间的经济发展水平存在差异，这就导致了不同产业梯度发展水平的形成，产业就会从高梯度区转移到低梯度区。就第一次到第五次所发生的国际产业转移来看，国际产业转移的方向大部分都是从发达国家或地区转向发展中国家或地区。当然，在这漫长的过程中也不乏出现一些新兴经济体的产业外移。

（二）中国进口的时空演化动向分析

根据图 3 - 13 所示，东部地区进口最多，比重最大，远远超过中、西部地区，中部地区进口均值略高于西部地区进口均值。中、西部地区进口呈现增长趋势，东部地区近几年进口有所下降。

图 3 - 13　各区域进口均值演变趋势

资料来源：国家统计局。

根据表 3 - 7，在东部地区，各省份利用 FDI 基本上呈现上升趋势，但是广东省和北京市等在 2020 年减少了。广东省仍旧是进口大省，进口从 2011 年的 3815.40762 亿美元增至 2020 年的 3957.67283 亿美元，占东部地区 1/4 左右。北京市、上海市和江苏省的进口比重也很大，这四个地区的 2011 ~ 2020 年进口占到东部地区的 70.16%。因此，东部地区各省份之间进口差距较大。中部地区各省份进口也基本上呈现曲折上升趋势，各省份进口规模之间的差距相对较少，安徽省和河南省是主要的进口地。西部地区各省份进口增长率较快，四川省仍旧是最主要的进口地。

表 3 - 7　2011～2020 年各区域内部各省份进口演变趋势

单位：亿美元

省份	2011 年	2012 年	2013 年	2014 年	2015 年	2016 年	2017 年	2018 年	2019 年	2020 年
北京市	3305.58831	3484.75229	3658.98251	3531.80176	2647.73752	2303.26117	2654.51435	3384.08661	3414.05840	2693.28711
天津市	588.94225	673.21709	794.96850	812.95417	631.19875	583.77253	693.58110	737.48132	628.53841	619.73074
河北省	250.30986	209.64853	239.50962	241.67163	185.80985	160.99842	184.98140	199.24830	236.62345	280.22189
辽宁省	449.93495	461.30944	499.56182	552.53073	452.36143	434.94130	547.29166	658.10674	598.82330	565.01471
上海市	2278.74772	2298.56785	2370.88190	2562.65975	2533.27511	2504.16059	2825.53750	3085.35084	2949.11262	3057.87754
江苏省	2269.90837	2194.37968	2220.00518	2217.20577	2069.15669	1902.43320	2277.51909	2599.38924	2346.87653	2467.05083
浙江省	930.28274	878.84213	870.42464	817.12719	704.51712	687.12156	911.14196	1113.21250	1126.19752	1254.32885
福建省	506.84646	581.05363	628.46481	639.55547	561.65822	531.48206	661.03368	718.80877	729.08585	811.97840
山东省	1101.73508	1168.35119	1323.41408	1322.20744	966.82122	972.59763	1175.13492	1322.81253	1355.55824	1312.90659
广东省	3815.40762	4099.69693	4552.17592	4304.97463	3793.23598	3566.96021	3838.10006	4379.63782	4071.72528	3957.67283
海南省	102.14420	111.85996	112.78948	114.45918	102.23929	92.22631	60.08149	82.45043	81.65716	95.62827
东部均值	1418.16796	1469.24352	1570.107133	1556.104338	1331.63738	1249.086816	1438.992474	1661.871373	1594.386978	1555.972524
山西省	93.17933	80.27068	77.95405	72.91944	62.60547	67.29222	69.91263	84.91523	92.91402	91.59089
吉林省	170.63215	185.80325	190.92829	206.03195	142.63638	142.50875	141.23606	157.34799	142.00304	143.19850
黑龙江省	208.49690	231.55118	226.47368	215.65688	129.76621	115.03649	137.41943	219.87867	220.40135	170.40221
安徽省	142.26607	125.36041	172.67655	176.91928	155.74358	159.66179	234.25511	266.43708	283.19208	331.25317
江西省	95.92747	83.01043	85.79982	107.05504	92.82867	102.30009	118.50719	142.44896	146.96829	159.70076
河南省	133.82668	220.62360	239.69766	255.89178	307.19198	284.07590	305.99127	290.38047	282.85678	379.70310
湖北省	140.52334	125.65253	135.43868	163.97197	163.40764	133.49431	158.50963	187.10046	211.65253	231.83065

续表

省份	2011 年	2012 年	2013 年	2014 年	2015 年	2016 年	2017 年	2018 年	2019 年	2020 年
湖南省	90.39967	93.46532	103.54112	108.88601	101.64709	85.50934	128.62461	159.31584	183.09097	228.60229
中部均值	134.4064513	143.217175	154.0637313	163.4165438	144.4783775	136.2348613	161.8069913	188.4780875	195.3848825	217.0351963
内蒙古自治区	72.43931	72.88819	79.02011	81.62773	70.81143	72.44313	89.95560	99.43671	104.71144	101.82655
广西壮族自治区	108.98208	140.16708	141.34242	162.21426	231.56571	247.01018	297.87470	295.12361	304.75136	312.38997
重庆市	93.75986	146.36001	218.96265	320.30779	192.80013	220.99258	240.05849	276.62440	301.46296	336.55275
四川省	186.96884	206.74532	226.25602	253.63837	180.95662	213.58634	305.52628	395.53447	418.55416	496.61231
贵州省	19.02492	16.79329	14.04126	13.74069	22.72794	9.56825	23.68602	24.79467	18.27886	16.83950
云南省	65.56319	109.96361	96.32181	108.19957	78.75646	84.12046	119.84599	170.47467	186.68283	169.91543
西藏自治区	1.75519	0.68960	0.50359	1.54080	3.26930	3.10197	4.30164	2.94755	1.62034	1.22439
陕西省	76.12245	61.46768	99.02404	134.34686	157.09745	141.09662	156.58992	217.09649	238.11488	267.06239
甘肃省	65.69800	53.27207	55.58785	33.11133	21.40205	27.70418	31.16545	38.02225	36.13092	42.92046
青海省	2.61994	4.28705	5.55479	5.89989	2.92505	1.59143	2.31576	2.57069	2.51283	1.54871
宁夏回族自治区	6.86316	5.75588	6.65528	11.32360	7.76148	7.65741	13.88446	10.42901	13.30310	5.30964
新疆维吾尔自治区	59.93948	58.24412	52.93656	41.91552	21.73315	20.55579	29.35195	35.87449	56.63034	55.43411
西部均值	63.31136833	73.052825	83.01719833	97.32220083	82.65056417	87.45236167	109.546355	130.7440842	140.2295017	150.6363508

资料来源：国家统计局。

第二节　中国区际产业转移的空间
特征与演化动向分析

一、中国区际产业转移的空间特征

中国转型时期，东、西部地区经济发展呈现出明显的"二元结构"特征。其中，产业发展差距是东、西部地区不平衡的重要体现。西部地区开发的关键是产业开发，产业开发的主体是企业。因此，利用区域间客观存在的产业梯度，通过招商引资方式承接东部地区产业转移成为西部培育优势产业的一种制度安排。那么，目前中国区际产业转移情况如何呢？

借鉴冯南平和杨善林（2012）的公式来计算各省份的产业转移规模。公式如下：

$$IR_{ij} = (IAV_{ij}/IAV_j - IAV_{i,j-1}/IAV_{j-1}) \times IAV_j \tag{3-1}$$

其中，IR_{ij} 表示 i 地区在 j 时期的产业转移量，IAV_{ij} 为 i 地区在 j 时期的工业增加值，IAV_j 为 j 时期全国工业增加值，$IAV_{i,j-1}$ 为 i 地区在 $j-1$ 时期的工业增加值，IAV_{j-1} 为 $j-1$ 时期全国工业增加值。$IR_{ij} > 0$ 表示产业转入量，$IR_{ij} < 0$ 表示产业转出量（本书只分析工业转移）。

根据图 3-14，我国产业转移基本上呈现由东部地区向中、西部地区转移。东部地区基本上是产业转出地；中部地区部分省份转入、部分省份转出，但总体是转出，转出规模小于东部地区；西部地区基本上是承接国内产业转移。

从第四次国际产业转移开始，中国国内产业转移就在循序渐进地发生改变。从一开始东部地区的劳动密集型产业向中、西部地区转移，到西部大开发战略部署和中部崛起战略的实施，再到近年来凭借被高度重视的区际协调发展战略，我国境内产业转移的深度、广度、高度都得到了大幅提升。就不同地区的生产总值来看，中、西部地区的增速在 2019 年甚至已经赶超东部地区。

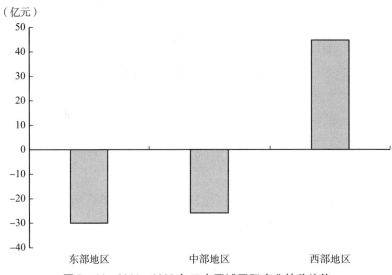

图 3 – 14   2011 ~ 2020 年三大区域区际产业转移均值

资料来源：根据国家统计局的数据计算而得。

我国产业主要是由东部地区向中、西部地区转移。在产业转移的空间模式上，整体来看，中国制造业转移呈现出"点上集中与面上扩散"空间布局的特征，制造业向京津冀都市圈、长三角城市群与珠三角城市群等发达城市群边缘的主要城市显著集中转移，同时有些产业又向中、西部地区进行大幅扩散。

大部分产业仍聚集在东部地区。根据全国工商联的数据，2019 年，中国民营企业 500 强上榜企业有 78% 分布在东部地区。在 1999 年时，除石油、天然气开采业以及有色金属占比低于全国的 50% 之外，其他工业产值在东部地区的占比都超过了 50%。到 2019 年，东部地区只有饮料制造业工业产值低于 50%。虽然在 1999 ~ 2019 年，在我国东部地区有很多工业产业占比有所下降，但大部分产业仍然集中分布于我国东部地区。

技术型产业在东部地区所占比例上升，资源型产业在中、西部地区所占比例上升，高新技术行业在东部地区所占比例上升，比重明显高于中、西部地区。2000 ~ 2018 年，矿产开采业、农副产品与造纸及纸制品等产业在中、西部地区的比重有所增加。我国中、西部地区的自然资源丰富，人口也占全国较大比重。资源分布为主体的产业开发项目一直成为中、西部地区的经济发展的主要特点之一。再加上西部大开发与中部崛起战略的实施，加快了资源密集型产业向中、西部地区转移。

虽然东部地区是主要的国内产业转出区域，但是各省份之间，同一个省份不同年份是有区别的。根据图 3-15，东部地区的主要转出省是山东省、辽宁省和上海市。广东省、江苏省、福建省、浙江省虽然也是国内产业转出的主要省份，但是由于他们也是国际产业转移的主要承接地，所以计算出来的 $IR_{ij} > 0$。

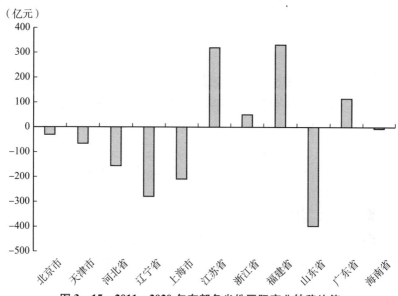

图 3-15 2011~2020 年东部各省份区际产业转移均值

资料来源：国家统计局。

根据图 3-16，中部地区安徽省是主要的国内产业转移承接地。以安徽省为例，安徽省在没有加入长三角之前，已然是江浙沪等省外投资的热点地区之一。安徽省不仅仅在重化工产业领域，在其他很多领域都成为江浙沪产业转移的主要承接地。而在 2019 年全面加入长三角后，截至 2020 年，安徽省全面实际利用省外资金高达 14104.7 亿元。其中，江浙沪地区的投资金额占比超过 50%，同比增长了近 16%。虽然安徽省的省外境内投资金额没有得到明显的大幅提升，但其承接产业转移的速度有加快的趋势。

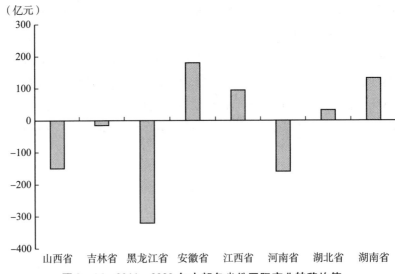

图 3 - 16 2011～2020 年中部各省份区际产业转移均值

资料来源：国家统计局。

根据图 3 - 17，西部地区大部分省份都是区际产业承接地。以重庆市为例，重庆沿江自 2011 年起，被设立为国家级产业转移示范区。截至 2021 年，重庆沿江的产业承接得到了良好的发展。2021 年，重庆沿江示范区承接了 300 多个东部地区产业转移项目，完成年度投资额超过 500 多亿元。在这些项目的带动下，承接产业转移示范区的生产总值增速得到明显提升，高出全市约 3 个百分点。

二、中国区际产业转移的时空演化动向分析

我国区际产业转移的承接区域正由东部地区向中、西部地区"由点及面"地持续大幅发散（见图 3 - 18）。近年来，国家陆续推出中部崛起战略和西部大开发战略等一系列优秀政策，为中、西部地区的产业发展与升级、区域经济协调发展的实现提供了强有力的支持。中国国内产业转移的特点也随之逐渐显露。中、西部地区高新技术产业的开发逐渐备受重视，产业转移的领域也在朝着这个方向深入扩展。我国中、西部地区承接产业转移的能力也

因此得到了大幅度的提升。

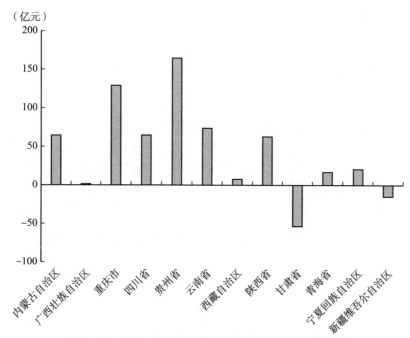

图 3-17　2011～2020 年西部各省份区际产业转移均值

资料来源：国家统计局。

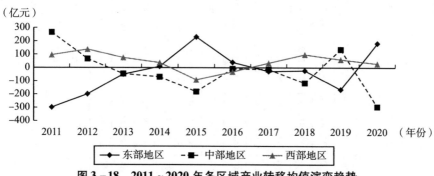

图 3-18　2011～2020 年各区域产业转移均值演变趋势

资料来源：国家统计局。

表 3-8 数据显示，四川省作为西部地区的重要大省，同时也是西部地区经济的"领头羊"，近年来对西部地区的引领作用愈加明显。四川省历年

表 3-8 各区域内部各省份产业转移演变趋势

单位：亿元

省份	2011 年	2012 年	2013 年	2014 年	2015 年	2016 年	2017 年	2018 年	2019 年	2020 年
北京市	-221.5009007	12.12515639	53.83771375	-2.506671989	-113.021816	54.97505872	-41.08923579	-1.470902539	-68.21324155	20.46534238
天津市	-121.3395343	97.14009226	16.59258412	-58.04637105	-212.6910247	-176.2499649	-133.0137909	75.20804106	-81.89236764	-66.9712237
河北省	276.3630446	-165.1310294	-420.2019426	-348.1408837	-170.1247411	376.9427387	-602.5928129	-809.6056721	-72.99891884	376.7972329
辽宁省	-29.23903318	-255.8955876	-263.9262878	-682.9922496	-804.5205294	-748.4086197	-109.0817681	226.934699	3.118527024	-129.7564137
上海市	-531.8223566	-597.9755516	-373.6685459	-104.5787808	-324.2447591	-120.4860221	286.8232165	195.8983786	-603.1310041	79.93311489
江苏省	-589.094009	-75.28205096	129.4460471	144.2650646	1269.458479	476.0171691	1062.478493	109.6289734	-384.5176368	1048.419474
浙江省	-412.3455448	-514.8316345	56.42293569	223.8813714	611.5758129	232.1844121	-119.0526128	265.0948237	3.42612425	152.8904577
福建省	104.4366581	290.5772568	395.8720404	486.2177288	177.5477283	316.2022258	213.8484446	1070.322287	260.2761846	-6.532599716
山东省	-975.387504	-178.5572938	-95.17298183	-398.5562875	696.9357934	-204.4238111	-919.7545206	-1383.057276	-795.2874324	277.868723
广东省	-811.6534937	-802.4540975	24.38644012	820.6357544	1406.383575	261.2563276	46.0323069	-16.52221862	-70.0689362	292.0323871
海南省	29.36532192	4.591534245	-66.52116162	19.32461597	0.22462519	-27.73179148	7.113834062	18.96794879	-8.225922506	-39.2790144
东部均值	-298.3833956	-198.6993823	-49.35755987	9.045753686	230.6839221	40.02524753	-28.02622232	-22.60008336	-165.2286022	182.3515892
山西省	432.7707669	-397.9608712	-611.1892777	-690.4812509	-1252.445549	-317.6508659	1090.01088	-14.14903485	62.9929552	199.2426859
吉林省	-22.23677398	92.2555223	37.79587719	50.96105521	-17.03826671	-51.17796294	-165.4182127	-160.6919025	-75.66586334	160.2366208
黑龙江省	23.01360782	-201.5447149	-216.2751785	-604.3235687	-997.1368998	-352.9719322	-411.18534	-171.4936408	-68.1160671	-205.3915605
安徽省	576.5755214	364.3744378	311.7235412	94.88537788	-354.5512072	254.9206073	116.1569392	259.569306	100.8433157	76.63441164
江西省	349.0313796	9.768615099	266.9187644	38.46448679	-1.141469846	76.03845951	31.04354543	-229.3457796	167.4201911	235.3179995
河南省	-353.3836411	-213.1236316	-229.5407537	27.59478165	369.8870739	218.8735289	-41.11859679	-518.6306307	-103.3151305	-754.3679814

续表

省份	2011年	2012年	2013年	2014年	2015年	2016年	2017年	2018年	2019年	2020年
湖北省	574.3688095	566.7831575	-152.8046209	368.3732731	347.2872953	392.5923135	-49.56879584	534.965703	242.4324762	-2500.823142
湖南省	548.0476255	312.1476171	231.4345674	161.0275979	461.4138545	-286.4616976	-675.3902748	-628.2948743	763.099399	430.0969043
中部均值	266.023387	66.58751651	-45.24213508	-69.18728089	-180.4656461	-8.229693693	-13.18731387	-116.0088567	136.2114095	-294.8817577
内蒙古自治区	-45.17960911	156.3365718	32.92902178	-31.54972458	57.0083868	90.98667264	-34.44610075	125.048489	142.8131724	150.147135
广西壮族自治区	106.3221898	-127.8924218	-171.2845049	114.8576352	79.19225527	1.953998882	27.44679265	114.1159703	-66.79148459	-63.08579518
重庆市	219.7080717	308.6322995	216.738777	324.1027593	176.7222778	77.03177964	-166.5489567	-342.0646687	23.86547275	452.3795843
四川省	147.1125504	305.2462434	313.8966149	-188.2417436	-118.0534614	-321.5736895	-218.2990633	170.3441882	293.4309025	261.986393
贵州省	68.29722818	223.6932919	211.2192242	163.7252256	316.0949433	193.3193841	38.93865851	92.86952393	120.8255495	216.3058284
云南省	-84.36094324	245.9614749	124.2023827	-39.16293935	-97.46111566	-99.21633223	-67.42995497	278.0623845	285.1929664	189.924876
西藏自治区	1.489485426	3.90463361	2.921211213	2.186034784	2.828105321	15.51552714	11.15564187	9.661690633	-0.564591337	27.16894766
陕西省	466.2118589	570.2281542	246.1122506	70.73024014	-635.5259533	-126.1725998	426.5574039	313.9440764	-4.933327022	-700.3817165
甘肃省	40.28508777	11.20105767	24.12603043	-16.2649092	-375.8071669	-107.5369397	-134.9963609	100.0661755	-27.01126078	-49.66268205
青海省	29.36139433	15.57776261	10.45147087	-25.89140123	4.865267356	62.84188046	37.90131496	49.38435096	12.16992311	-28.02157875
宁夏回族自治区	44.82143108	-6.565779312	-5.703285841	-13.1638304	-18.58463718	19.94301479	129.60274	-12.43704757	32.12891116	36.59860207
新疆维吾尔自治区	159.9615108	-53.33021482	-100.7389537	92.66760983	-485.0768751	-181.5328688	363.8761852	277.6766374	-83.30288615	-140.1766251
西部均值	96.169188	137.7494228	75.40585327	37.83291305	-91.14983114	-31.20334778	34.47985837	98.05598088	60.65194566	29.43221504

资料来源：国家统计局。

吸收内资的规模遥遥领先于其他省份，2017年利用吸收内资规模达9977亿元，同比提高3.78%，较2020年增加了87%，说明四川省与国内其他省份的经济联系非常紧密且不断得到加强。紧随其后的是重庆市，为抓住国家实施西部大开发战略的历史机遇，重庆市出台了一系列政策措施，包括税收、财政、信贷、融资、土地和资源开发等方面，以此吸引国内外资本、技术、人才聚集重庆市，加快重庆市经济和社会发展。这一系列的政策措施吸引了大量国内资本流入重庆市场，重庆市吸收内资的规模从2010年的2638.29亿元提高到2017年的9682.36亿元，增加了2.7倍。第二梯队的陕西省和第三梯队的宁夏回族自治区，虽然在吸收内资的规模上远低于第一梯队，但增长速度较快。

综上所述，通过对三个梯队不同省份利用内资规模变化趋势的分析，我们可以得出以下结论：第一，第一梯队的四川省和重庆市在吸收内资规模上依然保持领先地位，第二梯队省份次之，第三梯队省份吸收内资规模相对落后；第二，在西部大开发战略、国家和地方政府的支持下，西部地区各省份吸收内资的规模在逐年扩大，与国内其他各省的经济联系正在进一步加强。

第三节　产业转移背景下来自国外技术转移的空间特征与演化动向分析

一、产业转移背景下国外技术转移概况

国际技术转移则主要来源FDI和技术直接引进（韩晶，2012）。FDI既是国际产业转移的主要形式也是国际技术转移的重要体现，前面已经进行了分析，这里不再赘述。技术直接引进用国外技术引进合同额表示。

根据图3-19，中国2011~2020年国外技术引进合同金额呈现曲折循环

变化，2011 年开始迅速上升，2013 年达到最高值（4286732 万美元），随后下降，2015 年开始反弹，2020 年为 3183700 万美元。

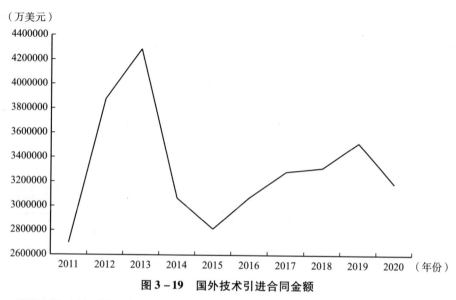

图 3-19　国外技术引进合同金额

资料来源：历年《中国科技统计年鉴》。

改革开放以来，我国技术引进活动突出表现为以下几点：第一，改变过去单一的成套设备或关键设备的引进方式，技术引进方式更加灵活。新的引进方式主要有技术许可、技术咨询、合作生产、补偿贸易、设备租赁、合资合作经营、特许专营等，从而扩大了技术引进的渠道。第二，技术引进的来源多样化。二十年来我国从开始时的十几个国家发展到目前的六十多个国家，技术来源多元化，但就项目金额而言，主要集中于日本、美国、加拿大、德国、俄罗斯、英国、瑞典、意大利等国家。第三，自主引进技术的公司和企业范围进一步扩大，由原先控制较严格的单一指令性方式发展到现在的指导性经营和自行委托经营方式，同时也下放了技术进口项目的审批权限，提高了企业引进技术的自主程度。第四，技术进口的资金来源也多样化。政府贷款、专项外汇、国内商业贷款、国际金融组织贷款、国外技术出口商的出口信贷、企业或地方自筹等。各种资金来源的扩大进一步提高了企业引进技术的能力。第五，技术引进相关法规的健全。配合我国日益展开的灵活多样的技术引进格局，技术引进活动更加规范也更加活跃。目前，我国政府颁布的与技术引进有关的法律和法规包括《商标法》《专利法》《著作权法》《计算机软件保护条例》《涉外经济合同法》《技术引进合同管理条例》等。但我国技术引进还有一些长期以来就存在的问题，例如，硬件设备比例一直很高，技术引进费用中相当大的比例是设备费用等。

二、产业转移背景下来自国外的技术转移的空间特征

根据图 3 - 20，根据三大区域横向对比，东部地区是国外技术引进的主要区域，中部地区和西部地区相差不大，2011～2020 年西部地区引进国外技术合同金额均值高于中部地区。

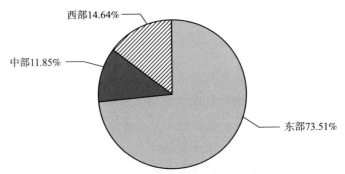

图 3 - 20　2011～2020 年三大区域国外技术引进合同金额均值占比

资料来源：历年《中国科技统计年鉴》。

根据图 3 - 21，东部地区引进国外技术的主要省份是广东省，其次是上海市和江苏省，海南省最少，国外技术引进只占东部地区的 0.97%。广东省、上海市和江苏省引进的国外技术合同金额均值占了东部地区的 62.75%。我们发现，引进 FDI 的主要省份也是引进国外技术的主要省份。

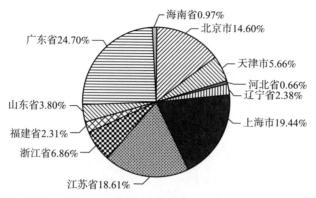

图 3 - 21　2011 ~ 2020 年东部地区各省份国外技术引进合同金额均值占比

资料来源：历年《中国科技统计年鉴》。

中部地区，湖北省是引进国外技术的最主要省份，2011 ~ 2020 年技术引进合同金额均值占到中部地区的 33.66%，第二梯队是吉林省、安徽省、湖南省和黑龙江省，其余省份为第三梯队（见图 3 - 22）。

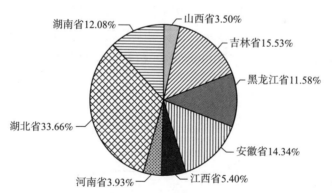

图 3 - 22　2011 ~ 2020 年中部地区各省份国外技术引进合同金额均值占比

资料来源：历年《中国科技统计年鉴》。

西部地区，重庆市引进国外技术金额规模占绝对地位，2011 ~ 2020 年，该比重达到了 78.84%，其次是四川省（见图 3 - 23）。

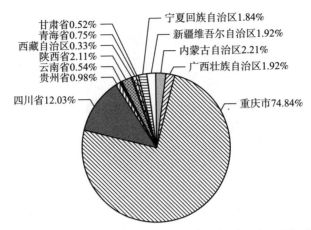

图 3 - 23 2011～2020 年西部地区各省份国外技术引进合同金额均值占比
资料来源：历年《中国科技统计年鉴》。

三、产业转移背景下来自国外的技术转移的时空演化动向分析

根据图 3 - 24，和获取国际产业转移规模类似，东部地区仍旧是国外技术引进的主体，由 2011 年的 17.84915 亿美元增至 2020 年的 23.9545 亿美元。东部地区引进国外技术总体来看呈现上升趋势，但是呈波动上升，2013年最高（31.0877 亿美元），2011 年最少（17.8491 亿美元）。

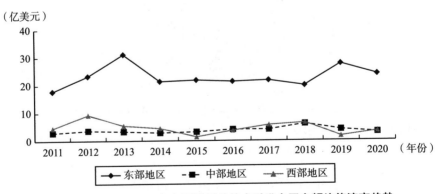

图 3 - 24 2011～2020 年各区域国外技术引进合同金额均值演变趋势
资料来源：历年《中国科技统计年鉴》。

西部地区在 2011～2014 年、2017～2018 年、2020 年引进国外技术规模大于中部地区，但是这两个区域相差不是很大。西部地区引进国外技术规模呈现波动变化，但是中部地区基本上呈现增长趋势，从 2011～2020 年中部地区引进国外技术增长约 4.0956%，西部地区反而下降了。

根据表 3-9，在东部地区，广东省、上海市和江苏省是国外引进技术最主要的省份。其中广东省排名第一，引进国外技术规模呈现波动上升趋势，2011 年国外技术引进合同金额 101510 万美元，2020 年增至 904100 万美元，增长了近 8 倍。上海市引进国外技术合同金额比较稳定。除了 2012 年，江苏省引进国外技术合同金额变化不大。在中部地区，湖北省是引进国外技术的最主要省份，引进金额远远高于其他省份。由 2011 年的 69096 万美元增至 2020 年的 85800 万美元，2011～2020 年技术引进合同金额占到中部地区总额的 33.66%。湖南省 2017 年和黑龙江省 2018 年急剧增加，2020 年大部分省份引进国外技术金额都在减少。在西部地区，重庆市和四川省是引进国外技术的主体。重庆市国外技术引进合同金额呈现周期波动变化，约五年为一周期。不同周期变化幅度较大，2012 年最高，为 823295 万美元，2019 年最低，只有 75900 万美元。四川省国外技术引进合同金额基本上呈现稳定上升趋势，由 2011 年的 63022 万美元增至 2020 年的 82300 万美元。其他省份变化趋势不明显。2020 年，宁夏和内蒙古增加较多。

表 3-9 　　　　　 **2011～2020 年各区域内部各省份国外技术引进**

合同金额演变趋势　　　　　　　　　　　单位：万美元

省份	2011 年	2012 年	2013 年	2014 年	2015 年	2016 年	2017 年	2018 年	2019 年	2020 年
北京市	585090	328752	393126	289996	272312	221000	274000	269100	688100	374300
天津市	142573	241714	259493	218527	115048	103900	98100	91800	75100	85500
河北省	12592	14246	15900	12820	12728	12300	26200	26800	15000	18500
辽宁省	35722	56858	84823	111045	71802	39200	47300	50400	41700	64500
上海市	414105	490685	628671	504736	374749	427900	507800	428800	656200	486400
江苏省	538061	971292	515395	330081	532680	307600	380400	371800	423100	340100
浙江省	55577	68991	413896	106606	97515	90900	212900	238500	252500	199600

续表

省份	2011 年	2012 年	2013 年	2014 年	2015 年	2016 年	2017 年	2018 年	2019 年	2020 年
福建省	24257	36652	117828	64234	32728	136900	67300	34200	25400	45900
山东省	42360	43799	98332	84263	96039	84200	90300	110700	195800	115600
广东省	101510	303675	715098	614383	790221	916900	689000	554800	660600	904100
海南省	11559	6606	177083	12178	7400	7300	3300	11800	8600	500
东部均值	**178491**	**233025**	**310877**	**213534**	**218475**	**213464**	**217873**	**198973**	**276555**	**239545**
山西省	12914	10100	15060	31875	2874	1300	5700	14600	7500	1800
吉林省	66351	75337	69425	69489	25485	71100	13700	27800	12800	29200
黑龙江省	2922	12998	4322	2958	10156	22500	23400	162900	67200	34200
安徽省	28285	36900	31344	26694	71181	43300	33100	40200	58600	55900
江西省	19084	6721	19725	13306	17085	14200	12100	21900	17600	18400
河南省	24130	21449	11856	7541	5359	4400	5000	11400	16000	9400
湖北省	69096	105579	64903	68025	113043	135200	126000	128300	102700	85800
湖南省	9520	23063	51022	9045	11563	31100	102700	74900	36100	9300
中部均值	**29038**	**36519**	**33457**	**28617**	**32093**	**40388**	**40213**	**60250**	**39813**	**30500**
内蒙古自治区	28616	13573	4120	4729	3707	3500	3800	23800	3700	18100
广西壮族自治区	25459	15069	11633	3717	2389	3000	3700	10800	16400	1700
重庆市	334747	823295	442736	382754	101924	290300	488500	525000	75900	185900
四川省	63022	76387	71810	44722	36127	64200	49500	62400	36600	82300
贵州省	2096	4300	614	1096	1666	26900	6300	2400	1700	700
云南省	3107	5236	4737	3319	1926	1300	1100	3500	1000	1300
西藏自治区	—	—	—	—	—	—	—	1600		
陕西省	13110	14155	9242	23392	3060	2000	7100	9300	16500	5200
甘肃省	15467	2840	1019	1011	116	300	500	100	1500	—
青海省	6199	291	550	13771	654	500	—	—	—	—

续表

省份	2011 年	2012 年	2013 年	2014 年	2015 年	2016 年	2017 年	2018 年	2019 年	2020 年
宁夏回族自治区	5351	14247	38137	3636	1284	8000	2300	—	500	7500
新疆维吾尔自治区	3932	52664	14832	6007	1625	1300	1300	4000	5800	2000
西部均值	**45555**	**92914**	**54494**	**44378**	**14043**	**36482**	**56410**	**64290**	**15960**	**33856**

注："—"表示数据缺失。
资料来源：历年《中国科技统计年鉴》。

第四节　产业转移背景下来自国内技术转移的空间特征与演化动向分析

知识经济时代背景下，技术流动日益加速，城市逐渐成为知识创新和技术扩散的主要场所。创新要素的自由流动，促使城市间的联系日益密切。当前，经济发展正从要素驱动时代进入创新驱动时代，创新成为推动地区发展的首要动力。但受到经济发展、社会政策、地理位置等因素的影响，各地区间的技术创新能力仍存在一定差距。技术转移作为促进区域间技术流动与缩小技术创新水平差异的有效途径，对于我国创新驱动发展战略具有重大意义。

一、产业转移背景下国内技术转移概况

按被转移的技术来源地域划分，可以大体划分为国际技术转移和国内技术转移两大类。国内技术转移又可以按照对象或渠道的不同分为许多种，例如，军用转民用的技术转移、研究开发成果产业化的技术转移、国内企业之间的技术转移等。国内技术转移与国际技术转移是相辅相成的。正如亚洲开发银行能源部首席项目专家埃杜·哈森先生呼吁的，"应该把更多的新技术转移到中国来"，但前提是中国必须进一步增强国内技术生产能力，包括私

营部门使用新技术的能力、提高国内技术转移的活跃程度。本书国内技术转移用技术市场成交额金额表示，数据来自《中国统计年鉴》。

根据图3-25，中国国内技术市场成交额呈现迅速上升趋势，由2011年的4763.5589亿元增至2020年的28251.50917亿元，2011~2020年增长了约5倍，2018~2020年连续3年增速保持在26%以上，可见国内技术交易市场非常活跃。

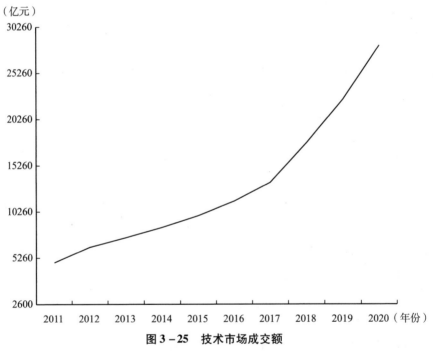

图3-25　技术市场成交额

资料来源：国家统计局。

二、产业转移背景下来自国内的技术转移的空间特征

根据图3-26，我国的技术市场主要集中在东部地区，2011~2020年东部地区技术市场成交额均值占比达到了66.87%，其次是中部地区，西部地区最少，中、西部地区合起来只有东部地区的一半。

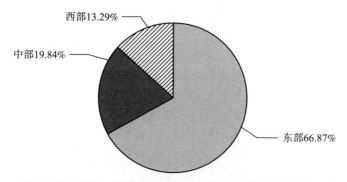

图 3 – 26 2011～2020 年三大区域技术市场成交额均值占比

资料来源：国家统计局。

根据图 3 – 27，在东部地区，北京市技术市场成交额占有绝对优势，其次是广东省。2011～2020 年北京市技术市场成交额均值占比达到了 44.74%，广东省达到了 12.33%。2011～2020 年其余省份技术市场成交额均值占比不超过 10%。海南省最少，该比值只有 0.06%。可见，国内技术转移市场集中在环渤海地区。

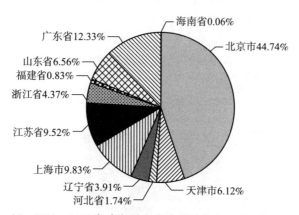

图 3 – 27 2011～2020 年东部地区各省份技术市场成交额均值占比

资料来源：国家统计局。

根据图 3 – 28，在中部地区，湖北省技术市场成交额规模最大，远远高于其他省份。2011～2020 年湖北省技术市场成交额均值占比达到了 44.06%。

其次是安徽省和湖南省，最低的山西省该比值也有 3.43% 。这说明。虽然中部地区技术市场成交额分布不均衡，但是各个省之间的差距比东部地区小。

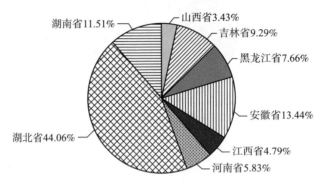

图 3 - 28 2011~2020 年中部地区各省份技术市场成交额均值占比

资料来源：国家统计局。

根据图 3 - 29，在西部地区，陕西省是主体。2011~2020 年陕西省技术市场成交额均值占比达到了 46.29% ，其次是四川省，该比值为 26.99% 。宁夏回族自治区、新疆维吾尔自治区、西藏自治区的比重都没有达到 1% 。

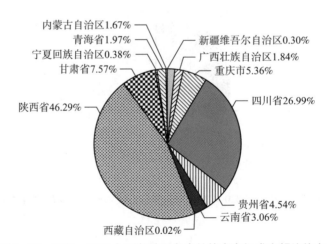

图 3 - 29 2011~2020 年西部地区各省份技术市场成交额均值占比

资料来源：国家统计局。

由此可见，东部地区是技术转移的主要市场，其中北京市、湖北省、陕西省是三大区域的代表。从全国来看，北京市和广东省仍旧是最主要的技术转移市场。

三、产业转移背景下来自国内的技术转移的演化动向分析

由图3-30可知，东、中、西部地区技术市场成交额都呈增长趋势，尤其是东部地区增长最为明显。在2014年之前，中部地区和西部地区技术市场成交额相差不大，之后两个地区的差距越来越大，中部地区高于西部地区。

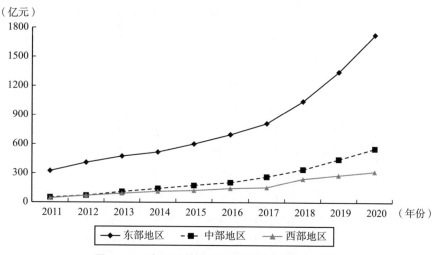

图3-30 各区域技术市场成交额均值演变趋势

资料来源：国家统计局。

根据表3-10，在东部地区，各省份技术市场成交额基本上都是呈增长趋势，北京市和广东省增长最明显。尤其是2017年开始，各省份技术市场成交规模在大幅度提升。中部地区各省份技术市场成交额基本上都是呈增长趋势。在2017年之前，各省份的差距也不大，由2017年开始，各省份的技术市场成交额规模差距越来越大。湖北省技术市场成交额规模远远高于其他省份，增长趋势明显。2018年后湖南省和安徽省技术市场成交额增长较快。在

西部地区，陕西省无论是技术市场成交规模还是成交额增长速度都是非常明显，尤其是成交规模远远高于中部地区其他省份。四川省技术市场成交规模虽然低于陕西省，但是增速很快，尤其是 2017 年开始，成交额由 405.83 亿元增至 2020 年的 1244.59 亿元。贵州省和甘肃省技术市场成交额也呈现较快的增长速度。

表 3-10　　2011~2020 年各区域内部各省份技术市场成交额演变趋势　单位：亿元

省份	2011 年	2012 年	2013 年	2014 年	2015 年	2016 年	2017 年	2018 年	2019 年	2020 年
北京市	1890.28	2458.50	2851.72	3137.19	3453.89	3940.98	4486.89	4957.82	5695.28	6316.16
天津市	169.38	232.33	276.16	388.56	503.44	552.64	551.44	685.59	909.25	1089.56
河北省	26.25	37.82	31.56	29.22	39.54	59.00	88.92	275.98	381.19	554.96
辽宁省	159.66	230.66	173.38	217.46	267.49	323.22	385.83	474.49	557.59	632.81
上海市	480.75	518.75	531.68	592.45	663.78	780.99	810.62	1225.19	1422.35	1583.22
江苏省	333.43	400.91	527.50	543.16	572.92	635.64	778.42	991.45	1471.52	2087.85
浙江省	71.90	81.31	81.50	87.25	98.10	198.37	324.73	590.66	888.01	1403.32
福建省	34.57	50.09	44.69	39.19	52.14	43.22	75.46	84.52	139.59	163.54
山东省	126.38	140.02	179.40	249.29	307.55	395.95	511.64	819.95	1110.02	1903.89
广东省	275.06	364.94	529.39	413.25	662.58	758.17	937.08	1365.42	2223.08	3267.21
海南省	3.46	0.57	3.87	0.65	2.19	3.44	4.11	6.94	9.11	20.19
东部均值	**324.65**	**410.54**	**475.53**	**517.97**	**602.15**	**699.24**	**814.10**	**1043.46**	**1346.09**	**1729.34**
山西省	22.48	30.61	52.77	48.46	51.20	42.56	94.15	150.76	109.52	44.98
吉林省	26.26	25.12	34.72	28.58	26.47	116.42	219.92	341.95	474.13	462.15
黑龙江省	62.07	100.45	101.77	120.28	127.26	125.81	146.71	165.92	232.88	265.20
安徽省	65.03	86.16	130.83	169.83	190.47	217.37	249.57	321.31	449.61	659.57
江西省	34.19	39.78	43.06	50.76	64.85	79.01	96.21	115.82	148.61	233.41
河南省	38.76	39.94	40.24	40.79	45.04	58.71	76.85	149.28	231.89	379.78
湖北省	125.69	196.39	397.62	580.68	789.34	903.84	1033.08	1204.09	1429.84	1665.81
湖南省	35.39	42.24	77.21	97.93	105.06	105.63	203.19	281.61	490.69	735.95
中部均值	**51.23**	**70.09**	**109.78**	**142.16**	**174.96**	**206.17**	**264.96**	**341.34**	**445.90**	**555.85**

续表

省份	2011 年	2012 年	2013 年	2014 年	2015 年	2016 年	2017 年	2018 年	2019 年	2020 年
内蒙古自治区	22.67	106.10	38.74	13.94	15.39	12.05	19.61	19.84	22.48	35.95
广西壮族自治区	5.64	2.52	7.34	11.58	7.31	33.99	39.42	61.41	77.56	91.67
重庆市	68.15	54.02	90.28	156.20	57.24	147.19	51.36	188.35	56.65	117.79
四川省	67.83	111.24	148.58	199.05	282.32	299.30	405.83	996.70	1211.95	1244.59
贵州省	13.65	9.67	18.40	20.04	25.96	20.44	80.74	171.10	227.18	249.11
云南省	11.71	45.48	42.00	47.92	51.84	58.26	84.76	89.49	82.70	49.95
西藏自治区	—	—	—	—	—	—	0.04	0.04	0.96	0.78
陕西省	215.37	334.82	533.28	640.02	721.82	802.79	920.94	1125.29	1467.35	1758.72
甘肃省	52.64	73.06	99.99	114.52	129.70	150.66	162.96	180.88	196.42	233.16
青海省	16.84	19.30	26.89	29.10	46.88	56.92	67.72	79.36	9.10	10.56
宁夏回族自治区	3.94	2.91	1.43	3.18	3.52	4.05	6.67	12.11	14.90	16.81
新疆维吾尔自治区	4.38	5.39	3.00	2.82	3.03	4.28	5.76	3.92	7.82	15.11
西部均值	**43.89**	**69.50**	**91.81**	**112.58**	**122.27**	**144.54**	**153.82**	**244.04**	**281.26**	**318.68**

资料来源：国家统计局。

总体上看，中国区域创新能力从东部沿海地区向中、西部内陆地区由高到低呈梯次分布。创新能力各要素在不同地区的分布不均衡，创新的极化与空洞化并存发展。沿海地区表现出强劲的创新能力并已经成为创新密集区。东部地区与中、西部地区创新能力差距明显。东部地区与中、西部地区经济发展的技术差距以及信息与交通基础设施的差距，要求区域间的技术转移目标与内容要因地制宜，要视不同社会经济背景而采取相应措施。对于经济欠发达地区，适用技术的经济应用效益尤其要突出，因为发展地方经济本身就是这些地区结合本地资源条件引进适用技术的过程。

第四章

产业转移背景下技术转移促进
区域协调发展的机制分析

第一节 产业链关联、产业
转移与技术转移

一、产业链关联、产业转移与技术转移的关系

在第二章，我们已经对产业链、产业转移与技术转移这三个概念进行了界定，接下来，本节分析它们之间的关联。

迂回生产方式下，产业发展中的企业为了降低交易费用，获取聚集的知识溢出，形成了分工合作关系的产业链，即出现了产业链关联。产业

链的空间演化过程表现出了从纵向延伸到横向拓展、从区域内到区域外、从"点"到"线"再到"网"的动态特征（程李梅等，2013）。产业链包含价值链、企业链、供需链和空间链四个维度。

产业链离散的过程便形成了产业梯度转移，产业转移的过程中有可能产生技术转移。当企业跨区域进行生产要素再配置时，也会将其科技信息、技术成果等移植或推广到产业链节点企业，这便给承接地企业带来了产品示范与模仿、技术交流与技术合作等机会。特别是，产业链空间扩散客观上不断加强了区域间联系，如加以正确引导，实现产业链和创新链的高效对接与共赢互动，并在异质性大国内构筑起不同区域的适配性创新机制和跨区域技术追赶接力模式，就会成为推动区域协调发展与建设创新型国家的重要动力。

技术转移可能提高产业承接地的技术水平，缩小转移方和承接地的技术差距，推动承接地产业升级，深化区域间产业分工合作，引起新一轮产业空间离散。

二、产业的区域性战略转移与产业技术转移

在一个经济区域，经常会同时存在高梯度地区和低梯度地区。区域梯度的核心是产业技术梯度。由于各个地区在生产要素禀赋、产业基础与产业分工存在不同，导致地区间在经济发展与产业技术结构水平上形成了一定的阶梯状差距，这种差距进一步导致了产业技术在地区间的梯度转移。因为一个国家或地区把相对落后的产业转移到低梯度的国家或地区，一方面，可以让转出方优化产业结构，集中优势发展具有比较优势的产业，另一方面，也可以提高产业承接方的产业技术水平，对双方都有利（郭燕青，2004）。

中国的改革开放和经济腾飞是从东部沿海地区开始，再逐步向中、西部地区梯度转移。产业的适时转移是由于高梯度发达地区产业结构调整的需要，也是区域间和产业间技术转移规律的必然结果。当中国东部地区发展到一定阶段后，如果其成熟的产业技术不适时向中、西部地区扩散，就会出现衰退的产业技术与创新的产业技术共存，导致这两类技术在各方面的冲突，进而

导致产业技术结构失衡。因此，适时的产业技术转移有利于同时优化产业技术输出区域和产业技术输入区域的产业结构和产业链。

三、产业转移过程中技术转移的方式和途径分析

根据技术生命周期理论，跨国公司国际生产经营战略归纳为三种形式：一是运用创新技术在本国生产产品并对外出口；二是国际直接投资，在国外运用该项技术进行生产并就地销售；三是直接进行技术转移。其中，前两种技术转移方式与产业转移有关。

（一）以加工贸易方式进行的技术转移

加工贸易是国际产业转移常见的一种方式。尤其是随着全球产业链的离散与全球产业分工深化，各国之间经常通过加工贸易实现分工合作。国际产业转移通常从加工装配开始，在获得资本、技术和管理经验后，再进行零部件和原材料的本地化生产，最后直接在发展中国家进行销售和服务。

产业转型始于加工贸易，即发达国家在产业转移国建立加工基地，出口机械设备和其他生产资料，以及出口组装技术和中间产品。在此过程中，产业转移国应向东道国提供相关的工程设计、安装、运营和使用的技术支持。通过这种方式，产业转让方的技术被转让给东道国。东道国企业通过学习获得的经验，不断提高自身的技术水平，并最终促进东道国产业技术水平提升。

国内产业转移同样可以依靠国内加工贸易方式进行的技术转移。随着生产分工的细化，一些企业承担了产品生产中的部分环节，通过国内贸易的方式，生产和销售中间品，另外一些企业对中间品进行加工，生产最终产品。与国际加工贸易类似，这一过程也会发展技术转移，使得中间产品与最终产品技术匹配。

（二）以直接投资的方式实现技术转移

外商直接投资是目前非常常见的国际产业转移方式。当外商在东道国投

资建厂时，必然涉及技术的转移，以增强企业的竞争能力。此外，近年来跨国公司为了整合全球的生产要素在东道国投资设立研发机构，也成为一种直接的技术转移方式。

国内产业转移也可以在国内其他地方新建直接投资，实现技术转移。

第二节　产业转移背景下技术转移促进区域协调发展的机制分析

一、产业转移通过影响承接地创新投入和产出最终提高其自主创新能力

（一）创新投入的影响

在产业转移过程中，承接地企业有直接接触到转入企业先进技术和经验的机会。承接地企业通过增加创新投入，模仿并掌握转入企业的产品和技术，形成二次创新能力，从而可大量减少承接地企业进行产品创新的很多成本。承接地企业还会通过引进转入企业的管理制度，提升其管理水平，为企业实现自主创新打下制度基础。

产业的转移必然会使人员随产业的转移而流动。具备一定专业素质和技术水平的人员流入，可能增加承接地自主创新的创新人员投入。转入企业进行技术研发时，其科研人员与承接地企业科研人员进行密切的交流，使得经验和知识的传递更直接，双方互相学习、借鉴，科研人员整体的创新能力也将得到很大提高。

在经济全球化的今天，任何企业都不是独立存在的个体，都会存在合作企业。由于转移企业技术先进，对原材料、物流、营销等方面存在较高要求，这就要求有经济关联的承接地的合作企业提供配套人力和资金的投入，并不

断创新管理和生产的方式。

（二）创新产出的影响

一方面，通过合作的方式，承接地企业引进转入企业的技术，并进行自主创新，研究出具有自主产权的且符合承接地企业特点的技术，形成自有的核心技术，促进承接地企业技术和管理的创新，提升其竞争力。另一方面，承接地技术研发的知识存量在产业转移中得到了增加。技术承接方通过直接引入技术转出方的技术成果或产权，直接提高了承接地的技术水平。这使承接地拥有了良好的技术基础进行自主创新。

此外，产业转移有利于打破承接地垄断局面，进一步活跃承接地市场，从而加剧市场竞争。承接地企业要想在愈加激烈的市场竞争中存活，就必须提升自身的竞争力。此时，承接地企业会追随转移企业，模仿和学习其生产技术和管理方式来巩固自身的市场地位。同时，加大创新投入，不断增强自主创新能力，形成具有核心竞争力的技术产品。

二、技术转移推动产业承接地落后产业转移转型升级，促进区域产业协调发展

当不同产业之间存在技术鸿沟时，落后的技术就会约束产业发展。为了避免被市场淘汰，落后的产业会寻找新的发展方向。由于技术落后导致其创新能力较差，但是它又亟须新技术或者高技术。于是，落后技术的产业可能会选择与高校和研究机构合作，提高其创新能力和生产效率。它们还可以引进高新技术，培育新业态，提高产业发展能级，实现产业升级。简言之，传统落后产业可以通过技术转移解决产业的技术问题，提升核心优势，促进产业结构向上突破，最终实现整个产业的优化和现代化。获取技术转移的产业不会一味寻求外部技术转移，具备一定的技术基础后也会研发合适的技术，缩小区域之间产业发展的技术差距，促进区域产业协调发展（宋雅静，2020）。

三、技术转移有利于产业承接地发挥后发优势进行技术追赶

在落后国家及其地区要想发展可以借助后发优势，通过获取技术转移有利于发挥后发优势。通过引进技术，可以节约落后国家和地区大量的科研投入和时间，它们可以在一个较高的起点上推进工业化进程。基于中国改革开放后区域经济发展的经验，通过学习、模仿和借鉴，可以以较低的成本获得技术和知识方面的核心能力，使中国东部地区获得迅速发展。保留劳动密集型产业的优势，利用国际产业转移的契机，加快适用和先进技术的引进，才能真正保持后发优势，促进产业发展（郭燕青，2004）。与此同时，中国的中、西部地区同样可以利用国际和国内技术转移，充分发挥后发优势，进行技术追赶。

四、通过技术转移实现技术上的跨越，最终实现区域协调发展

随着全球化的发展，科技资源向发展中国家流入，产业技术出现国际转移，科技进步带来了新的技术机遇，都为发展中国家和地区实现技术飞跃提供了可能。产业技术跨越指集成自主创新成果和国外先进技术，通过跨越技术发展的某些阶段来应用新技术和开发新产品，进而形成优势产业，提高自身的国际产业竞争力（郭燕青，2004）。国内技术转移同样为技术引进地区技术飞跃提供了机遇，有利于实现产业技术跨越。

中国要实现技术跨越任重而道远，目前需要克服技术转移过程中的三大障碍：第一，技术转移的制度改革进展缓慢。主要问题是系统整合效率过低、资源分配缺乏协调、现有中介机构和支撑服务体系还很薄弱等。第二，经济高速发展，但仍以外延扩张为主，经济增长方式缺乏外部先进技术的有效支撑，经济发展同本土科技能力尚未形成共生关系（郭燕青，2004）。第三，科技实力有所增强，但差距仍然很大。中国的科技成果不断增加，在某些领域已经世界领先，但是整体而言，与美国等国家的科技水平还存在差距。

因此，一方面，我们需要跨越障碍，利用国际技术转移实现技术跨越，

另一方面，中、西部地区有效利用国际和国内技术转移，促进区域协调发展。

五、技术转移效应模型分析

（一）基本结构

本书假设存在这样一个经济系统：包含三个部门，即最终产品部门、中间产品部门和研发部门；经济中只生产一种最终产品 Y，它由本国最终产品部门提供；规模报酬不变；人力资本 H 全部投入到两个部门，投入到最终产品部门记为 H_Y，投入到研发部门记为 H_s。最终产品部门的产出 Y 取决于中间投入品（X_i）与投入到最终产品部门的人力资本（H_Y），假设生产函数具有如下扩展的 D-S 函数形式：

$$Y = AH_Y^{\alpha}\int_0^N X_i^{\beta}\mathrm{d}i \qquad (4-1)$$

其中，$i = 1, 2, \cdots, N$；$\alpha, \beta > 0$，且 $\alpha + \beta = 1$；A 为技术水平参数，也为正数；N 为中间产品种类数；其余变量含义同上。

研发部门产出取决于投入到该部门的人力资本 H_s 和已有技术知识存量（Romer，1990）。在开放经济条件下，已有知识存量不仅取决于内部创新资源 S，还依赖于外部创新资源技术转移 SF。假设创新成功概率满足泊松分布，则创新率 λ 可表示为（张倩肖和冯根福，2007）：

$$\lambda = \delta H_s(\gamma S + \theta SF) \qquad (4-2)$$

其中，δ 为研发部门生产率参数；γ、θ 分别表示内部知识存量和国际知识存量对该部门技术创新的影响。

（二）三部门的均衡分析

假设最终产品部门和研发部门是完全竞争的，而中间产品部门是垄断部门；整个市场出清。下面分析在上述假设下，三个部门各自均衡时的情况。

1. 最终产品部门

为了简化起见，我们将最终产品的价格标准化为 1，即 $P_Y = 1$。最终产品部门的人力资本的工资报酬率为 W_{H_Y}，P_{X_i} 表示中间产品的价格，最终产品生产企业利润最大化的条件是：

$$\underset{H_Y,X_i}{\mathrm{Max}}\pi = Y(H_Y, X_i) - W_{H_Y}H_Y - \int_0^N P_{X_i}X_i \mathrm{d}i \qquad (4-3)$$

最优化的一阶条件为：

$$W_{H_Y} = \alpha A H_Y^{\alpha-1}\int_0^N X_i^{\beta}\mathrm{d}i \qquad (4-4)$$

$$P_{X_i} = \beta A H_Y^{\alpha}X_i^{\beta-1} \qquad (4-5)$$

2. 中间产品部门

假设 k 为生产单位中间产品所需的资本投入，r 为利率，则中间产品生产商的决策为：

$$\underset{X_i}{\mathrm{Max}}\pi_m = P_{X_i}X_i - rkX_i \qquad (4-6)$$

将公式（4-5）代入公式（4-6），由一阶最优条件得：$\beta A H_Y^{\alpha}X_i^{\beta-1} = rk/\beta$，再代入公式（4-5）得：

$$P_{X_i} = \frac{rk}{\beta} \qquad (4-7)$$

将公式（4-7）代入公式（4-5），我们得到最终产品部门对中间投入品的均衡需求量 X^* 为：

$$X^* = A^{\frac{1}{1-\beta}}\beta^{\frac{2}{1-\beta}}(rk)^{-\frac{1}{1-\beta}}H_Y^{\frac{\alpha}{1-\beta}} \qquad (4-8)$$

最后，中间产品部门的垄断利润为：

$$\pi_m = \left(\frac{1}{\beta}-1\right)rkX^* \qquad (4-9)$$

由公式（4-1）和公式（4-8），最终产品部门的均衡产出为：

$$Y = A^{\frac{1}{1-\beta}}\beta^{\frac{2\beta}{1-\beta}}(rk)^{-\frac{\beta}{1-\beta}}H_Y^{\frac{\alpha}{1-\beta}}S \qquad (4-10)$$

3. 研发部门

假设中间产品设计方案的研发价格为 P_s。由于研发部门是可以自由进出的，均衡时新技术的价格等于垄断的中间产品获得利润的贴现值，即：

$$P_s = \int_t^\infty \pi(s) e^{-r(s-t)} \mathrm{d}s = \frac{\alpha k X^*}{\beta} \qquad (4-11)$$

前面假设了技术创新服从泊松分布,那么研发部门技术创新的预期总收益为:

$$E(TR_r) = \frac{\alpha k X^*}{\beta} \delta H_s (\gamma S + \theta SF) \qquad (4-12)$$

假设研发部门的人力资本的工资报酬率为 W_{H_s},则技术创新的总成本为: $TC_r = W_{H_s} H_s$。根据利润最大化目标,均衡时研发部门的工资满足: $W_{H_s} = \delta P_s (\gamma S + \theta SF)$,再结合公式(4-11),可得:

$$W_{H_s} = \frac{\delta \alpha k}{\beta} X^* (\gamma S + \theta SF) \qquad (4-13)$$

前面假设了人力资本可以自由流动,那么,均衡条件下最终产品部门和研发部门人力资本的工资报酬率应相等,根据公式(4-4)和公式(4-13),可得:

$$\alpha A H_Y^{\alpha-1} X^{*\beta} = \frac{\delta \alpha k}{\beta} X^* (\gamma S + \theta SF) \qquad (4-14)$$

根据公式(4-8), $X^* = A^{\frac{1}{1-\beta}} \beta^{\frac{2}{1-\beta}} (rk)^{-\frac{1}{1-\beta}} H_Y^{\frac{\alpha}{1-\beta}}$,代入公式(4-14),我们得到:

$$H_Y = \frac{rs}{\delta \beta (\gamma S + \theta SF)} \qquad (4-15)$$

则:

$$H_s = H - H_Y = H - \frac{rs}{\delta \beta (\gamma S + \theta SF)} \qquad (4-16)$$

再根据公式(4-2)和公式(4-16),最后得均衡时技术知识存量或技术进步为:

$$\dot{S} = \lambda = \delta H_s (\gamma S + \theta SF) = \left(\delta \gamma - \frac{\gamma}{\beta}\right) S + \delta H \theta SF \qquad (4-17)$$

结合上述理论分析,本书得出如下重要结论:

根据公式(4-9),生产单位中间产品所需的资本投入、投入到最终产品部门的人力资本和利率会影响中间产品部门的垄断利润。

根据公式(4-10),上述因素同样影响最终产品部门的均衡产出,而且内部创新资源会增加最终产品部门的均衡产出。

根据公式（4-13），内部创新资源和外部创新资源能够提供研发部门的研发效率，从而提高其工资报酬率。

根据公式（4-17），均衡时研发部门技术知识存量或技术进步主要受内部创新资源、外部创新资源（技术转移）、总的人力资本等因素的影响，但是它们影响的程度和方向需要我们进一步实证。

第五章

产业转移、技术转移与区域经济协调发展的耦合协调关系分析

第一节　耦合协调理论分析

一、耦合协调的内涵

耦合（coupling）一词源于物理学，是衡量两个或两个以上系统间相互依赖与相互作用程度的名词。"耦合"包含了"协调"与"发展"两个方面的内容。协调强调各系统之间的良性关联性，该指数表明系统间是否存在相互促进与和谐发展的关系。发展则强调系统本身作为一个整体，由低级到高级、由无序到有序的演进过程。耦合则是表示"协调"与"发展"两个方面的结合，整

体协同发展的程度，习惯上称为耦合协调度。

耦合的内涵主要包括以下四个方面：一是耦合的关联性，耦合系统内部的各个要素相互关联；二是耦合的整体性，耦合系统是一个完整的系统；三是耦合的多样性，耦合系统能通过各种连接方式形成多种组合形式；四是耦合的协调性，耦合系统中的各要素之间相互协同并且形成优势互补的良性系统。

二、耦合协调的机理分析

本书第四章已经分析了产业转移可以促进技术转移，技术转移有利于区域技术、产业等发展，最终推动技术转移接受方经济发展，实现区域协调发展。因此，本书研究的对象有三大系统：产业转移系统、技术转移系统、区域经济协调发展系统。

（一）二系统耦合模型解析

借鉴周惠民和逯进（2017）、逯进和郭志仪（2014）、张竣喃等（2020）等研究，引入 C-D 生产函数的概念，建立二系统的发展水平：

$$T_{it} = f_{it}(x)^{\propto} e_{it}(y)^{1-\propto} \tag{5-1}$$

式中，T_{it} 为第 i 地区 t 时期二系统的发展度；$f_{it}(x) = \sum_{k=1}^{n} a_k x_{itk}$、$e_{it}(y) = \sum_{k=1}^{n} b_k y_{itk}$ 分别为子系统 F 和子系统 E 的发展水平，其中 x_{itk} 和 a_k、y_{itk} 和 b_k 分别表示二类系统的指标值及其相应权重；而 $\propto$ 和 $1-\propto$ 则分别表示了二系统的相对重要性，本书认为两者同等重要，因此，可设定 $\propto = 0.5$。

系统的协调度为：

$$C_{it} = \frac{4 f_{it}(x) e_{it}(y)}{[f_{it}(x) + e_{it}(y)]^2} \tag{5-2}$$

进一步可以得到耦合协调模型：

$$D_{it} = \sqrt{C_{it} \times T_{it}} \tag{5-3}$$

(二) 三系统耦合模型解析

将上述二系统耦合解析的思想进行扩展，可得出三系统耦合模型。首先，三系统的综合发展度为：

$$T_{it} = f_{it}(x)^{\alpha} e_{it}(y)^{\beta} g_{it}(z)^{1-\alpha-\beta} \qquad (5-4)$$

其中，$g_{it}(z) = \sum\limits_{k=1}^{n} c_k z_{itk}$ 为 G 系统的发展水平，其余变量含义同上，此时去权重 $\alpha = \beta = 1/3$

因此，可设定三系统的协调度为：

$$C_{it} = \frac{3[f_{it}(x)e_{it}(y) + e_{it}(y)g_{it}(z) + f_{it}(x)g_{it}(z)]}{[f_{it}(x) + e_{it}(y) + g_{it}(z)]^2} \qquad (5-5)$$

由此可以得到三系统的耦合协调度为：

$$D_{it} = \sqrt{C_{it} \times T_{it}} \qquad (5-6)$$

三、耦合协调度判断标准及划分类型

参考相关研究，本书将耦合度划分成十个类别，其中 [0.0, 0.5) 为失调衰退类型，[0.50, 1.0] 为协调发展类型，具体判别标准及划分类型见表 5-1。

表 5-1　　　　　　　　　耦合协调度等级划分标准

耦合协调度 D 值区间	协调等级	耦合协调程度
[0.0, 0.1)	1	极度失调
[0.1, 0.2)	2	严重失调
[0.2, 0.3)	3	中度失调
[0.3, 0.4)	4	轻度失调
[0.4, 0.5)	5	濒临失调
[0.5, 0.6)	6	勉强协调
[0.6, 0.7)	7	初级协调

续表

耦合协调度 D 值区间	协调等级	耦合协调程度
[0.7, 0.8)	8	中级协调
[0.8, 0.9)	9	良好协调
[0.9, 1.0]	10	优质协调

第二节　指标计算与数据分析

本书耦合系统由产业转移系统、技术转移系统、区域经济协调发展系统三个子系统组成。接下来，本书选择相应的指标进行衡量。

一、指标的选择

考虑到指标体系的全面性、准确性要求，在综合借鉴其他学者研究成果的基础上，本书分别对产业转移、技术转移、区域经济协调发展三类综合指标进行了界定，构建了三系统量化指标体系，见表 5 - 2。

表 5 - 2　　　　　　　　三系统耦合协调度评价指标体系

约束层	一级指标	二级指标
产业转移 A	国际产业转移	外商投资企业投资总额（FDI，百万美元）
	国内产业转移	国内产业转移（IR，亿元）
技术转移 B	国外技术转移	国外技术引进合同金额（FB，万美元）
	国内技术转移	技术市场成交额（DB，亿元）
区域经济协调发展 C	国内生产总值差距	各省人均 GDP/全国人均 GDP（DGDP）

二、数据来源

根据数据的科学性、合理性与可得性，本书使用的面板数据为 2011 ~

2020 年中国 31 个省份的数据（不包括我国港澳台地区）。数据来自国家统计局、科技部、教育部、EPS 统计数据库等。缺失的数据采用线性插值法进行补充。

三、综合指标的计算

（一）先进行数据的标准化处理

数据的标准化处理，包括正向指标标准化、负向指标标准化。

正向指标标准化：$V'_{ij} = \dfrac{V_{ij} - \mathrm{Min}\, V_{ij}}{\mathrm{Max}\, V_{ij} - \mathrm{Min}\, V_{ij}}$；

负向指标标准化：$V'_{ij} = \dfrac{\mathrm{Max}\, V_{ij} - V_{ij}}{\mathrm{Max}\, V_{ij} - \mathrm{Min}\, V_{ij}}$。

（二）指标权重的确定

为避免主观赋权方法可能造成的偏误，本书选用客观赋权所普遍应用的熵权法来计算各个指标的权重。

（三）综合指数的核算

综合指数则是由各指标的标准化值进行加权求和得出，其表明单个子系统自身的发展水平及状况。计算公式为：

$$E_{ij} = \sum_{a=1}^{n} W_{a_i} \times V'_{a_{ij}}$$

$$G_{ij} = \sum_{b=1}^{n} W_{b_i} \times V'_{b_{ij}}$$

$$F_{ij} = \sum_{c=1}^{n} W_{c_i} \times V'_{c_{ij}}$$

式中，E_{ij}、G_{ij}、F_{ij} 分别为产业转移、技术转移以及区域经济协调发展三系统的综合指数；W_{a_i}、W_{b_i}、W_{c_i} 分别为各因子的指标权重；$V'_{a_{ij}}$、$V'_{b_{ij}}$、$V'_{c_{ij}}$ 则为各因子的标准化数值。

四、综合指数分析

表 5 – 1 中各个二级指标经过标准化，以及熵权法确定权重，再计算综合指数，得到了三类指标的综合指数，数据如表 5 – 3 所示。

表 5 – 3　　2011 年、2015 年和 2020 年全国和三大区域产业转移、技术转移、区域经济协调发展综合指数

项目	年份	全国	东部地区	中部地区	西部地区
产业转移综合指数平均数	2011	0.0452	0.0875	0.0262	0.0192
	2015	0.0644	0.1324	0.0329	0.0230
	2020	0.1693	0.3710	0.0710	0.0500
技术转移综合指数平均数	2011	0.0589	0.1210	0.0196	0.0282
	2015	0.0728	0.1635	0.0305	0.0179
	2020	0.1217	0.2595	0.0582	0.0377
区域经济协调发展指数平均数	2011	——	0.5311	0.1804	0.1440
	2015	——	0.5042	0.1848	0.1657
	2020	——	0.4875	0.1890	0.1782

注：区域经济协调发展指标只进行了标准化处理，不需要加权计算。
资料来源：笔者根据相关资料计算所得。

从产业转移综合指数来看，全国的产业转移基本上呈现增长趋势，东部地区仍旧是产业转移的主体。第三章我们已经分析过，东部地区是承接国家产业转移的主要区域，也是国内产业转移转出的主要区域。

从技术转移综合指数来看，全国层面也是呈现上升趋势，东部地区也占绝对优势。因此，区域经济发展呈现不平衡，东部地区经济发展规模远大于中、西部地区。

从区域经济协调发展指数来看，随着时间的推移，东部地区人均 GDP 比重虽然最大，但是有所下降，中部地区和西部地区人均 GDP 比重有所上升。

如果产业转移带来的技术转移，能够使得中、西部地区发挥后发优势，

促进中、西部地区技术、人力资本、产业等发展，最终有可能促进区域经济协调发展。接下来，我们分析产业转移、技术转移和区域经济协调发展的耦合协调状态。如果三者呈现耦合协调状态，那么产业转移带来的技术转移可能有利于中、西部地区发挥后发优势，但是如果耦合协调度不高，那么我们必须采取措施，促进其耦合协调。

第三节　耦合协调度测算

一、三系统耦合协调分析

（一）基本情况

根据理论，耦合协调度 D 值是介于 $0.0 \sim 1.0$ 之间，该值越大说明系统间协调程度越高。根据图 5 - 1，从 2011 ~ 2020 年，我国产业转移、技术转移和区域经济协调发展的耦合协调度基本上处于 $0.2 \sim 0.4$ 之间，也就是处于中度失调和轻度失调之间。但是耦合协调度呈上升趋势，说明耦合协调度虽然低，但是呈现改善趋势。

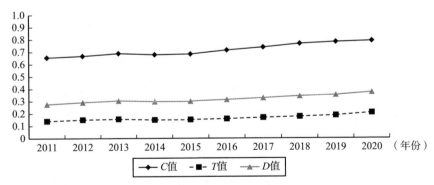

图 5 - 1　全国三系统耦合协调度变化趋势

分解来看，C 值明显大于 T 值，说明我国各系统之间的相互配合程度即关联程度还是非常高的，只是作为一个整体共同促进作用还没有很大发挥。

（二）空间分析

根据图 5 − 2，由三大区域横向对比，东部地区三大系统的耦合协调度最高，但是也是属于第 5 级濒临失调，中部地区和西部地区是属于第 3 级，即中度失调。这说明 2011 ~ 2020 年，我国三大系统还没有真正耦合协调。这与张竣喃等（2020）的研究结论类似。

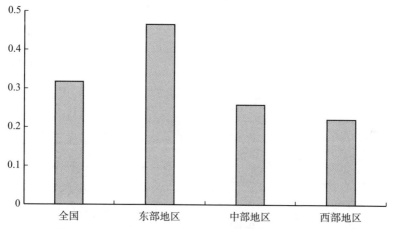

图 5 − 2　2011 ~ 2020 年全国及三大区域耦合协调度均值

注：均值是 2011 ~ 2020 年的均值，下同。

根据表 5 − 4，在东部地区，北京市初级协调，上海市、江苏省和广东省初级协调，其他省还没有实现耦合协调。在中部，2022 ~ 2020 年的 D 值均值都处于中度失调程度。在西部，重庆市、四川省和陕西的耦合协调度属于轻度失调，其他省份属于中度或者严重失调。

表5-4   各省2011~2020年国外技术引进合同金额均值与耦合协调等级

地区	耦合协调度 D 值	协调等级	耦合协调程度
北京市	0.6509	7	初级协调
天津市	0.4361	5	濒临失调
河北省	0.2425	3	中度失调
辽宁省	0.3547	4	轻度失调
上海市	0.6726	7	初级协调
江苏省	0.6562	7	初级协调
浙江省	0.4610	5	濒临失调
福建省	0.3619	4	轻度失调
山东省	0.4056	5	濒临失调
广东省	0.6510	7	初级协调
海南省	0.2313	3	中度失调
东部均值	**0.4658**	**5**	**濒临失调**
山西省	0.2109	3	中度失调
吉林省	0.2458	3	中度失调
黑龙江省	0.2143	3	中度失调
安徽省	0.2832	3	中度失调
江西省	0.2381	3	中度失调
河南省	0.2355	3	中度失调
湖北省	0.3613	4	轻度失调
湖南省	0.2768	3	中度失调
中部均值	**0.2582**	**3**	**中度失调**
内蒙古自治区	0.2281	3	中度失调
广西壮族自治区	0.1966	2	严重失调
重庆市	0.3752	4	轻度失调
四川省	0.3059	4	轻度失调
贵州省	0.1726	2	严重失调
云南省	0.1917	2	严重失调

续表

地区	耦合协调度 D 值	协调等级	耦合协调程度
西藏自治区	0.1764	2	严重失调
陕西省	0.3052	4	轻度失调
甘肃省	0.1598	2	严重失调
青海省	0.1706	2	严重失调
宁夏回族自治区	0.1846	2	严重失调
新疆维吾尔自治区	0.1858	2	严重失调
西部均值	**0.2210**	**3**	**中度失调**
全国均值	**0.3175**	**4**	**轻度失调**

（三）时间分析

虽然三大区域的耦合协调度不高，但是都呈现增长趋势。东部地区的耦合协调度由 2011 年的 0.3950 增至 2020 年的 0.5544；中部地区也由 2011 年的 0.2265 升至 2020 年的 0.30775；西部地区由 2011 年的 0.1998 增至 2020 年的 0.2508（见图 5-3）。

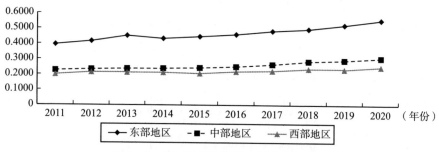

图 5-3　各区域耦合协调度均值演变趋势

在东部地区，大部分省份的耦合协调度都是呈现上升趋势，但是呈现三级阶梯状。第一阶梯的是广东省、北京市、上海市、江苏省，2011～2020 年耦合协调度上升明显，而且耦合协调度明显大于第二阶梯和第三阶梯，2020

年基本上处于初中级协调；第二阶梯的是浙江省、山东省、天津市、福建省和辽宁省，但是内部差距也比较明显，2020 年的耦合协调度处于轻度失调末端和濒临失调状态；河北省和海南省处于第三阶梯，处于轻度失调状态，但是 2019～2020 年上升明显。中部地区各省份的耦合协调度也基本上呈现上升趋势，湖北省耦合协调度最好，其次是湖南省和安徽省，但是三个省份基本上处于轻度失调和濒临失调状态。在西部地区，重庆市的耦合协调度最高，但是呈现波动变化，大致处于轻度失调状态；四川省和陕西省耦合协调度增长明显，其他省份也呈现增长趋势，但是相差不大。详见表 5-5。

表 5-5　　　　　各区域内部各省份三大系统耦合协调度演变趋势

省份	2011 年	2012 年	2013 年	2014 年	2015 年	2016 年	2017 年	2018 年	2019 年	2020 年
北京市	0.56	0.55	0.58	0.58	0.64	0.66	0.69	0.71	0.78	0.76
天津市	0.40	0.43	0.44	0.44	0.42	0.43	0.44	0.45	0.46	0.47
河北省	0.22	0.22	0.22	0.22	0.22	0.23	0.24	0.26	0.28	0.31
辽宁省	0.32	0.34	0.35	0.36	0.35	0.33	0.36	0.38	0.38	0.39
上海市	0.60	0.62	0.65	0.64	0.64	0.67	0.70	0.71	0.75	0.74
江苏省	0.62	0.68	0.63	0.60	0.66	0.63	0.66	0.67	0.70	0.72
浙江省	0.37	0.38	0.50	0.41	0.42	0.43	0.49	0.52	0.54	0.56
福建省	0.30	0.32	0.38	0.35	0.34	0.41	0.39	0.37	0.37	0.39
山东省	0.32	0.33	0.36	0.37	0.39	0.39	0.41	0.43	0.50	0.57
广东省	0.45	0.52	0.60	0.59	0.64	0.67	0.74	0.73	0.76	0.82
海南省	0.20	0.19	0.28	0.20	0.20	0.20	0.21	0.23	0.23	0.36
东部均值	**0.40**	**0.42**	**0.45**	**0.43**	**0.45**	**0.46**	**0.48**	**0.50**	**0.52**	**0.55**
山西省	0.22	0.21	0.21	0.22	0.19	0.18	0.22	0.23	0.22	0.22
吉林省	0.24	0.25	0.25	0.25	0.25	0.25	0.23	0.25	0.26	0.27
黑龙江省	0.19	0.21	0.20	0.19	0.19	0.21	0.21	0.26	0.24	0.27
安徽省	0.23	0.24	0.24	0.25	0.30	0.27	0.28	0.30	0.34	0.38
江西省	0.22	0.21	0.23	0.23	0.23	0.24	0.24	0.25	0.26	0.28
河南省	0.22	0.22	0.21	0.22	0.22	0.23	0.24	0.25	0.27	0.27

续表

省份	2011 年	2012 年	2013 年	2014 年	2015 年	2016 年	2017 年	2018 年	2019 年	2020 年
湖北省	0.29	0.31	0.31	0.33	0.36	0.38	0.38	0.41	0.42	0.42
湖南省	0.21	0.23	0.25	0.23	0.24	0.25	0.34	0.33	0.34	0.35
中部均值	**0.23**	**0.23**	**0.24**	**0.24**	**0.24**	**0.25**	**0.27**	**0.29**	**0.29**	**0.31**
内蒙古自治区	0.24	0.24	0.21	0.21	0.22	0.22	0.22	0.25	0.23	0.25
广西壮族自治区	0.20	0.18	0.18	0.18	0.18	0.19	0.19	0.21	0.22	0.25
重庆市	0.35	0.41	0.38	0.38	0.32	0.38	0.41	0.42	0.32	0.38
四川省	0.25	0.27	0.28	0.27	0.27	0.29	0.30	0.34	0.39	0.40
贵州省	0.11	0.13	0.14	0.15	0.16	0.19	0.19	0.21	0.21	0.23
云南省	0.16	0.18	0.18	0.18	0.18	0.19	0.19	0.21	0.21	0.23
西藏自治区	0.18	0.18	0.19	0.19	0.20	0.20	0.16	0.16	0.16	0.16
陕西省	0.24	0.26	0.28	0.29	0.28	0.29	0.32	0.35	0.36	0.39
甘肃省	0.16	0.15	0.16	0.16	0.15	0.16	0.16	0.17	0.17	0.17
青海省	0.17	0.16	0.16	0.18	0.17	0.18	0.18	0.18	0.17	0.17
宁夏回族自治区	0.18	0.19	0.21	0.17	0.17	0.18	0.19	0.18	0.18	0.20
新疆维吾尔自治区	0.18	0.22	0.19	0.19	0.17	0.17	0.18	0.19	0.19	0.19
西部均值	**0.20**	**0.21**	**0.21**	**0.21**	**0.21**	**0.22**	**0.22**	**0.24**	**0.23**	**0.25**
全国均值	**0.28**	**0.29**	**0.30**	**0.30**	**0.30**	**0.31**	**0.33**	**0.34**	**0.35**	**0.37**

总体来看，我国还没有实现产业转移、技术转移与区域经济协调发展的耦合协调，仍旧存在很大的发展空间，但是发展势头还是比较好的。

二、耦合比较分析

为了了解三元系统耦合协调关系变动的影响因素，我们将三元系统分解为二元系统进行分析。从全国层面来看，技术转移系统 B 与区域经济协调发展系统 C 的耦合协调度略高于产业转移系统 A 与区域经济协调发展系统 C，产业转移系统 A 与技术转移系统 B 的耦合协调度最低。三个二元系统耦合协调度呈增长趋势，但是基本上处于轻度、中度失调状态（见表5－6）。

表5－6　　产业转移、技术转移和区域协调发展三个二元系统的耦合协调度

项目	区域	2011年	2012年	2013年	2014年	2015年	2016年	2017年	2018年	2019年	2020年	均值
产业转移 A 与技术转移 B	全国	0.2071	0.2238	0.2380	0.2302	0.2348	0.2483	0.2661	0.2844	0.2987	0.3265	0.2558
	东部地区	0.2987	0.3272	0.3699	0.3487	0.3653	0.3815	0.4130	0.4306	0.4687	0.5132	0.3917
	中部地区	0.1646	0.1713	0.1753	0.1768	0.1831	0.1924	0.2091	0.2330	0.2411	0.2603	0.2007
	西部地区	0.1513	0.1640	0.1589	0.1573	0.1498	0.1635	0.1694	0.1845	0.1812	0.1994	0.1679
产业转移 A 与区域经济协调发展 C	全国	0.3035	0.3094	0.3141	0.3209	0.3311	0.3391	0.3558	0.3655	0.3782	0.4089	0.3427
	东部地区	0.4365	0.4419	0.4484	0.4575	0.4790	0.4953	0.5190	0.5317	0.5463	0.5985	0.4954
	中部地区	0.2570	0.2593	0.2618	0.2670	0.2718	0.2740	0.2903	0.2985	0.3119	0.3333	0.2825
	西部地区	0.2128	0.2213	0.2260	0.2315	0.2350	0.2393	0.2500	0.2578	0.2684	0.2856	0.2428
技术转移 B 与区域经济协调发展 C	全国	0.3400	0.3631	0.3819	0.3626	0.3555	0.3681	0.3735	0.3888	0.3921	0.4004	0.3726
	东部地区	0.4815	0.5090	0.5645	0.5170	0.5144	0.5214	0.5312	0.5374	0.5666	0.5727	0.5316
	中部地区	0.2759	0.2888	0.2945	0.2916	0.2910	0.3024	0.3114	0.3368	0.3363	0.3391	0.3068
	西部地区	0.2531	0.2788	0.2727	0.2684	0.2530	0.2715	0.2705	0.2873	0.2693	0.2833	0.2708

在三个二元系统，耦合协调度基本上是东部地区＞中部地区＞西部地区，基本上都呈现上升趋势。相对来说，东部地区技术转移系统 B 与区域经济协

调发展系统 C 耦合协调度最好，勉强协调；中部地区技术转移系统 B 与区域经济协调发展系统 C 耦合协调度最好，处于轻度失调；西部地区也是技术转移系统 B 与区域经济协调发展系统 C 耦合协调度最好，但是还是中度失调。因此，为了促进中部地区和西部地区的发展，我们可以采取相应措施促进技术转移系统和区域经济协调发展系统的耦合协调发展。

第六章

产业转移背景下中国技术转移系统的
协同演化状态与协同运行机制建立

技术转移涉及技术开发、技术传播、技术应用、辅助等多个环节。所有的环节活动构成了一个复杂系统，系统中的各个要素具有多元性、相互关联的动态性和多样性等特征。因此，我们有必要从系统论的角度研究技术转移。

第一节　技术转移系统演变
协同度模型的建立

一、纵向视角下技术转移系统的内涵

技术转移系统是指技术由所有者向使用者选择、使用、吸收的动态过程，该动态过程含

有技术研发、吸收、扩散等多个环节，而各环节又是含有多要素的复杂系统。

目前，学者们主要从横向和纵向两个视角对技术转移动态发展过程进行研究。横向视角侧重于技术在不同经济系统间或者不同地区之间的流动，而纵向视角则强调由技术的研发到应用这一动态的过程。从国外技术转移体系建设的经验来看，技术转移体系的建设多侧重于技术研发、传播、扩散等诸多环节，即基于纵向视角的分析。本书基于纵向视角分析技术转移体系。

从纵向视角下技术转移系统概念和内涵来看，技术转移系统包括四个相互联系、相互作用的子系统——技术开发系统、技术传播系统、技术应用系统、辅助系统。详见图6-1。

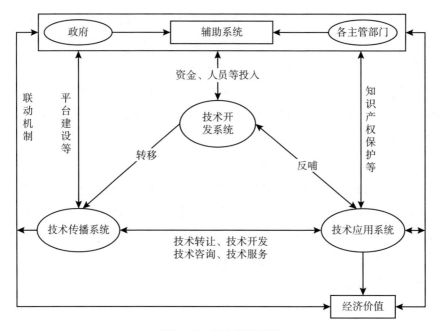

图6-1 技术转移系统

技术能够实现商业化的前提是技术能够得以开发。因此，技术开发系统处于整个技术转移系统的起始环节。技术开发系统是由高校、企业、科研院所、政府等主体组成，它们通过各种研发活动进行技术研究与开发，产生新技术。其效率的高低将直接决定整个技术转移系统传播与应用的技术"存量"。因此，技术开发系统在一定程度上将影响技术商业价值的大小。

技术开发后，接下来需要进行技术传播。研发技术需要借助市场机制在各个经济主体之间进行流动与扩散。技术传播系统是第二个子系统。它的主要作用是根据市场供求关系，促进技术顺利地传播与扩散。技术传播系统效率的高低将决定整个系统中技术传播扩散速度与质量。技术传播主要通过技术转让、技术咨询等方式实现。

技术成果能最终成功地实现商业化需要通过技术应用系统来实现。技术应用系统主要是指企业通过引进、消化、吸收、再创新等环节，将技术开发系统或技术传播系统获取的各种科研技术成果投入生产，并实现商业价值。随着技术更新速度的加快，技术变革周期越来越短，技术应用效率已成为技术转移能否最终实现商业价值的最重要因素；获取转移技术的企业拥有的人才、资金等决定了技术应用子系统的效率。

最后的辅助系统主要由政府、金融机构等组成，它推动了整个技术转移系统高效运转。其主要作用是为技术转移的各个主体提供资金、平台、政策等外部支持。

技术开发系统开发新的技术，通过合作开发、技术服务、技术转让等方式进行技术传播，获取技术转移的主体应用新技术，实现商业化，辅助系统为其他三个子系统提供资金、政策、人员等服务。技术转移系统本质上是一个动态的系统，其演变过程正是各子系统组织或关系进行演变的过程。这个动态系统也是从无序到有序、从低级到高级的转化的过程。于是，各子系统之间的协调程度是至关重要的。

二、模型的建立

技术转移系统的演变就是技术转移各子系统的组织或关系的变化过

程，也就是实现技术转移系统从低级到高级、从无序到有序的反复转化的自组织过程。在技术转移系统的演变过程中，子系统间的协同程度起着至关重要的作用。因此，我们构建相应模型研究技术转移系统的协同演变状态。

本书借鉴孟庆松和韩文秀（2000）所构建的复合系统协调度模型和郗英与胡剑芬（2005）所构建的企业生存系统的协调模型，并对其进行综合改进，形成技术转移系统的协同度模型。

1. 子系统的序参量分量有序度 $u_j(e_{ji})$ 的计算公式

设技术转移系统的子系统为 S_j，$j \in [1, 4]$，即共有四个子系统。设子系统在发展过程中的序参量变量集为 $e_j = (e_{j1}, e_{j2}, \cdots, e_{jm})$，$m \geq 1$，则 e_{ji} 为子系统 S_j 的第 i 个序参量，$i \in [1, m]$。

假设 e_{j1}，e_{j2}，$\cdots$，e_{jf} 为慢驰序参量，取值越大，系统的有序程度越高，反之则系统有序程度越低；假设 $e_{j,f+1}$，$\cdots$，$e_{j,m}$ 为快驰序参量，取值越大，系统的有序程度越低，反之则系统有序程度越高。另外，$f < m$。

则子系统的序参量分量有序度 $u_j(e_{ji})$ 的计算公式为：

$$u_j(e_{ji}) = \begin{cases} \dfrac{e_{ji} - \beta_{ji}}{\alpha_{ji} - \beta_{ji}}, & i \in [1, f] \\[4mm] \dfrac{\alpha_{ji} - e_{ji}}{\alpha_{ji} - \beta_{ji}}, & i \in [f+1, m] \end{cases} \tag{6-1}$$

其中，α_{ji} 和 β_{ji} 分别是第 j 个子系统在第 i 个指标的上限值和下限值，则 $\beta_{ji} \leq e_{ji} \leq \alpha_{ji}$。由公式（6-1）可知，$u_j(e_{ji}) \in [0, 1]$，其值越大，$e_{ji}$ 对相应子系统有序的"贡献"越大。

2. 子系统的有序度 $u_j(e_j)$ 计算公式

由于子系统的有序结构是通过 $u_j(e_{ji})$ 的耦合和集成来实现的，本书采用线性加权求和法来表示这种耦合和集成作用，即：

$$u_j(e_j) = \sum \omega_i u_j(e_{ji}), \ (\omega_i \geq 0, \ \sum \omega_i = 1) \tag{6-2}$$

式中，$u_j(e_j) \in [0, 1]$，其值越大，表明该子系统的有序度就越高，反之则相反。ω 表示各序参量分量的权重值。本书使用 CRITIC 法确定各序参量分量的权重值。这一方法强调权重主要取决于标准差和相关系数，其中前者表示评价指标的变异程度，而后者则反映了指标之间的冲突程度。其基本原理可表示为：

$$\alpha_j = \tau_j \sum (1 - r_{ij}) \tag{6-3}$$

式中，α_j 为第 j 个指标对系统的影响程度，τ_j 为其标准差，r_{ij} 为第 i 个指标和第 j 个指标的相关系数。α_j 值越大，表明第 j 个指标对系统的影响程度越大，因而可以将其客观权重赋为 $\omega_j = \alpha_j / \sum \alpha_j$。

3. 系统协同度模型

假设在初始时刻 t_0，各子系统的有序度为 $u_j^0(e_j)$，而当整个复合系统发展演化到时刻 t_1，各子系统的有序度为 $u_j^1(e_j)$。则复合系统的协调度为：

$$C = \theta \times \sqrt[4]{\left| \prod_{j=1}^{4} [u_j^1(e_j) - u_j^0(e_j)] \right|} \tag{6-4}$$

式中满足以下条件：

$$\theta = \begin{cases} 1, & \prod\limits_{j=1}^{4} [u_j^1(e_j) - u_j^0(e_j)] > 0 \\ -1, & \prod\limits_{j=1}^{4} [u_j^1(e_j) - u_j^0(e_j)] \leq 0 \end{cases} \tag{6-5}$$

由公式（6-4）可知，$C \in [-1, 1]$，其取值越大，复合系统的协调发展的程度越高，反之则越低。此外，对公式（6-4）还有以下说明：整个复合系统的协调度是由所有子系统共同决定的，如一个子系统的有序程度较大，而另一个子系统的有序程度较小或下降，则整个复合系统的协调度就不高，此时表现为 $C \in [-1, 0]$。

第二节　技术转移系统序参量
选取与数据来源

一、序参量的确定与数据来源

借鉴刘志迎和谭敏（2012）、汪良兵等（2014）等研究的理论，本着充分反映各子系统基本属性的原则，技术转移系统序参量选取如表6－1所示，数据来源为历年《中国科技统计年鉴》。

表6－1　　　　　　国家技术转移系统协同度研究的序参量选择

系统	子系统	序参量	单位
技术转移系统	技术开发系统（S1）	全国R&D经费支出（e11）	亿元
		全国R&D人员全时当量（e12）	万人/年
		全国专利授权量（e13）	件
		全国专利申请量（e14）	件
		外商直接投资（e15）	亿美元
	技术传播系统（S2）	全国技术市场成交合同数（e21）	项
		全国技术市场成交合同金额（e22）	万元
	技术应用系统（S3）	规模以上工业企业购买国内技术经费支出（e31）	亿元
		规模以上工业企业技术改造经费（e32）	亿元
		规模以上工业企业引进技术消化吸收经费支出（e33）	亿元
		规模以上工业企业新产品销售收入（e34）	亿元

系统	子系统	序参量	单位
技术转移系统	辅助系统（S4）	国家财政科技拨款（e41）	亿元
		国家财政性教育经费（e42）	万元

技术开发系统选择了全国 R&D 经费支出、全国 R&D 人员全时当量、全国专利授权量、全国专利申请量和外商直接投资五个序参量表示。全国 R&D 经费支出用研究与试验发展（R&D）经费内部支出表示；全国 R&D 人员全时当量用研究与试验发展（R&D）人员全时当量表示；全国专利授权量用国内、外三种专利申请授权数表示；全国专利申请量用国内、外三种专利申请受理数表示；外商直接投资表示国外技术转移，用外商直接投资实际使用金额表示。

技术传播系统包括全国技术市场成交合同数和全国技术市场成交合同金额两个序参量，分别用全国技术市场成交合同数、全国技术市场成交合同金额表示。

技术应用系统包括规模以上工业企业购买国内技术经费支出、规模以上工业企业技术改造经费、规模以上工业企业引进技术消化吸收经费支出、规模以上工业企业新产品销售收入四个序参量，分别用规模以上工业企业购买国内技术经费支出、规模以上工业企业技术改造经费支出、规模以上工业企业引进技术消化吸收经费支出、规模以上工业企业新产品销售收入表示。

辅助系统包括国家财政科技拨款和国家财政性教育经费两个序参量，分别用国家财政科技拨款、国家财政性教育经费表示。

二、标准化处理

由于数据计量单位不同存在着影响，为了便于对数据直接比较，本书将采用实际中应用最多的标准化方法对数据进行处理，结果见表 6 – 2。

表6-2 序变量标准化处理结果

年份	技术开发子系统（S1）					技术传播子系统（S2）		技术应用子系统（S3）				辅助子系统（S4）	
	e11	e12	e13	e14	e15	e21	e22	e31	e32	e33	e34	e41	e42
2011	-1.3701	-1.5080	-1.1419	-1.3664	-0.9995	-1.0469	-1.0904	-0.5490	1.4499	2.0316	-1.4128	-1.4321	-1.6095
2012	-1.0576	-0.9918	-0.7767	-1.0089	-1.4063	-0.7785	-0.8695	-0.6929	1.1709	0.8337	-1.1935	-1.0292	-0.9911
2013	-0.7573	-0.5861	-0.7050	-0.7292	-0.8504	-0.6466	-0.7333	-0.5960	0.9812	0.6694	-0.7982	-0.7359	-0.8092
2014	-0.5306	-0.3340	-0.7178	-0.7428	-0.6632	-0.6247	-0.5871	-0.6025	0.4012	0.4741	-0.4800	-0.6006	-0.5472
2015	-0.3068	-0.2655	-0.2028	-0.3681	-0.0282	-0.5197	-0.4210	-0.4770	-0.9747	-0.4445	-0.3046	-0.3240	-0.1674
2016	-0.0145	-0.0964	-0.1587	0.2028	-0.0534	-0.3814	-0.2137	-0.6447	-1.2519	-0.4218	0.2189	0.0547	0.1275
2017	0.3597	0.1242	-0.0562	0.4025	0.4234	0.1088	0.0525	-0.6990	-1.0683	-0.1775	0.5929	0.3672	0.5088
2018	0.7615	0.6176	0.7011	0.9382	0.7957	0.5704	0.6165	1.1304	-0.7932	-0.9034	0.7147	0.9364	0.8869
2019	1.2398	1.2124	0.8798	0.9874	1.0958	1.3200	1.2368	1.8738	0.2789	-0.7513	1.0446	1.5380	1.3006
2020	1.6759	1.8277	2.1784	1.6846	1.6862	1.9986	2.0092	1.2569	-0.1939	-1.3104	1.6180	1.2257	1.3006

第三节　技术转移系统内各子系统
有序度及其协同演化状态

一、各子系统序参量有序度

根据公式（6-1），测算出四个子系统序参量的有序度，见表6-3。

表6-3　　　　　　　　　各子系统序参量有序度

年份	技术开发子系统（S1）					技术传播子系统（S2）		技术应用子系统（S3）				辅助子系统（S4）	
	e11	e12	e13	e14	e15	e21	e22	e31	e32	e33	e34	e41	e42
2011	0.0000	0.0000	0.0000	0.0000	0.1315	0.0000	0.0000	0.0583	1.0000	1.0000	0.0000	0.0000	0.0000
2012	0.1026	0.1548	0.1100	0.1172	0.0000	0.0881	0.0712	0.0024	0.8967	0.6416	0.0723	0.1357	0.2125
2013	0.2012	0.2764	0.1316	0.2089	0.1798	0.1314	0.1152	0.0401	0.8265	0.5924	0.2028	0.2344	0.2750
2014	0.2756	0.3520	0.1277	0.2044	0.2403	0.1386	0.1624	0.0375	0.6119	0.5340	0.3077	0.2800	0.3650
2015	0.3491	0.3725	0.2828	0.3272	0.4456	0.1731	0.2160	0.0863	0.1026	0.2591	0.3657	0.3731	0.4956
2016	0.4450	0.4232	0.2961	0.5143	0.4375	0.2185	0.2828	0.0211	0.0000	0.2659	0.5384	0.5006	0.5969
2017	0.5679	0.4893	0.3270	0.5798	0.5916	0.3795	0.3687	0.0000	0.0680	0.3390	0.6618	0.6058	0.7279
2018	0.6998	0.6372	0.5551	0.7554	0.7120	0.5310	0.5507	0.7110	0.1698	0.1218	0.7019	0.7974	0.8578
2019	0.8568	0.8156	0.6089	0.7715	0.8091	0.7772	0.7508	1.0000	0.5666	0.1673	0.8108	1.0000	1.0000
2020	1.0000	1.0000	1.0000	1.0000	1.0000	1.0000	1.0000	0.7602	0.3916	0.0000	1.0000	0.8949	1.0000
均值	0.4498	0.4521	0.3439	0.4479	0.4547	0.3437	0.3518	0.2717	0.4634	0.3921	0.4661	0.4822	0.5531

总体来看，从2011~2020年，各子系统序参量有序度基本上呈现上升趋势。

在技术开发系统，各序参量差别不大。从2011~2020年的均值来看，外商直接投资对技术开发系统的贡献是最大的。在2020年，这五个序参量已经对系统的贡献度达到了最大值。

在技术传播系统，两个序参量的有序度也是呈现上升趋势。全国技术市场成交合同数和全国技术市场成交合同金额的2011~2020年有序度均值分别为0.3437和0.3518。在2020年，两个序参量的有序度也达到了最大值。

在技术应用系统，规模以上工业企业新产品销售收入、规模以上工业企业技术改造经费支出对其的贡献最大。规模以上工业企业引进技术消化吸收经费支出的贡献下降非常明显。在2020年，规模以上工业企业引进技术消化吸收经费支出有序度为最低。

在辅助系统，国家财政性教育经费的贡献最大。

二、子系统有序度及系统协同演化水平

最后，我们计算了各子系统有序度及系统协同度。

从有序度来看（见表6-4），从2011~2020年，技术应用系统的有序度变化不大，其余三大子系统的有序度基本上在上升。总体来看，辅助系统的有序度是最高的，技术传播系统的有序度最低，但是技术传播系统的有序度上升最快。在2020年，技术开发系统和技术传播系统的有序度达到最大值，技术应用系统的有序度只有0.5325。

表6-4　　　　　　子系统有序度及系统协同度技术传播子系统

年份	技术开发子系统（$S1$）	技术传播子系统（$S2$）	技术应用子系统（$S3$）	辅助子系统（$S4$）	协同度
2011	0.0388	0.0000	0.5135	0.0000	——
2012	0.0856	0.0797	0.3980	0.1741	-0.0931
2013	0.1918	0.1233	0.4133	0.2547	0.0489
2014	0.2300	0.1505	0.3784	0.3225	-0.0396
2015	0.3615	0.1945	0.2161	0.4343	-0.1012
2016	0.4132	0.2507	0.2290	0.5488	0.0455

续表

年份	技术开发子系统 （S1）	技术传播子系统 （S2）	技术应用子系统 （S3）	辅助子系统 （S4）	协同度
2017	0.5032	0.3741	0.2942	0.6669	0.0962
2018	0.6656	0.5409	0.4241	0.8276	0.1542
2019	0.7600	0.7640	0.6184	1.0000	0.1630
2020	1.0000	1.0000	0.5325	0.9474	0.1264
均值	0.4250	0.3478	0.4017	0.5176	0.0445

四大子系统的协同度从 2012 年的 −0.0931 变为 2020 年的 0.1264，我国技术转移系统的协同度仍旧比较低。

目前，我国技术转移系统的主要薄弱环节还是技术应用，尤其是规模以上工业企业引进技术消化吸收经费支出和技术改造经费支出。

第四节　技术转移系统协同运行机制构建

本节需要对技术转移的四个子系统进行管理，从而构建我国技术转移体系的协同运行机制。本节从两个层面来构建：

第一，各个序参量的协同运行机制。从四大技术转移子系统内部的协同演化出发，通过提高各个序参量的有序度值，进而提升各子系统的有序度。

针对技术开发系统，虽然 2020 年，五个序参量的有序度已经达到了最大值，但是前几年并没有达到最大值，以后我们要继续保持他们最大贡献度；针对技术传播系统，技术市场成交合同数和合同金额序参量 2020 年的贡献度也是达到了最大值，后续年份要采取措施继续保持这种状态；针对技术应用系统，规模以上工业企业引进技术消化吸收经费支出有序为最低，我们需要提高这两个方面的投入；在辅助系统，国家财政性教育经费的贡献最大，但是国家财政科技拨款的有序度待提高。

第二，构建各个子系统的协同运行机制。首先，健全技术转移的辅助子体系，以便为技术开发系统、传播系统和应用系统提供相应的政策、资金与人员等支持；其次，借助技术传播系统无缝衔接开发系统和应用系统，以促进这三个子系统间的协同发展；最后，借助技术交易市场、科技人员的流动、技术会议等方式推广技术，在更大范围内促进创新实现经济价值，以便创新促进经济发展的同时，反哺技术开发系统，最终能够实现整个技术转移体系的联动，形成有序的协同运行机制。

第七章

产业转移背景下技术转移的多重效应分析

在国内外产业转移的大背景下、本章分别从国际、国内和国内外三大角度研究技术转移的多重效应，包括技术创新效应、人力资本效应等，为我国各区域最终实现协调发展提供参考。

第一节　国际产业转移背景下技术转移对技术创新的影响分析

随着科学技术的进步，高技术产业作为一国经济的战略性先导产业，在经济发展中占据着越来越重要的位置。尤其是在经济全球化和新一轮技术革命、产业革命崛起的大背景下，国际的竞争实际上也是各国间科技创新水平的较量，一国高技术产业的发展程度和创新能力的强弱均为一国国际竞争力的重要体现。20世纪90年代，国外尤其是发达国家的高技术产业已进入快速发展阶段，势不可挡并以此推动着经济的增长。中国在此期间也提出了高技术产业的发展战略。现今，世界各国都更加重视科学技术的发展，纷纷加大对高技术产业的投入以及积极推动各种创新战略的实施，例如，美国的"2015 创新新战略"、德国的"工业4.0"，甚至是由欧盟启动的"地平线 2020 计划"等，而中国也在大力推进"中国制造 2025""互联网＋""创新驱动发展"等国家战略。在此引领下，我国的高技术产业获得了极大的发展，逐年稳步增长。未来，高技术产业的发展仍是各国关注的重点，而推动高技术产业发展的关键在于技术创新，由此所带来的市场竞争也会愈加激烈，但与此同时机遇和挑战并存。

技术创新是经济增长的内在动力，技术的来源有两种。一种是相对主动的，被称为"技术创新"，是自主研发的结果；另一种是相对被动的，被称为"技术扩散"，如技术转移。本节借鉴和运用技术创新理论、创新驱动增长理论，试图研究国际产业转移背景下国际技术转移和自主研发对我国和各区域高技术产业技术创新能力的影响，为我国各区域高技术产业协调发展提供借鉴。

一、模型构建与数据说明

（一）研究假设与模型构建

1. 研究假设

技术创新是经济增长的内在动力和首要来源，高技术产业作为我国国民经济的战略性先导产业，它的发展对经济的增长至关重要，而推动高技术产业发展的关键在于技术创新，因此技术创新能力是高技术产业发展最重要的基础。新的创造需要对 R&D 活动进行投入。R&D 投入在众多高技术产业技术创新能力的研究中都被列为是关键的影响因素。R&D 投入主要包括 R&D 资本投入和 R&D 人员投入，创新的过程需要有足够的资金支持，以购置先进设备和研究材料，以及维持研发人员的积极性。创新的主体更是需要拥有高知识水平、深厚理论基础和掌握尖端科技的研究人员。结合本书研究，高技术产业的可持续发展需要通过自主创新来实现，自主创新则主要依赖自主研发投入即 R&D 投入，包括 R&D 资本投入和 R&D 人员投入，两者可用于反映自主创新的努力程度。由此看来，在理论上，以 R&D 投入所体现的自主创新的努力程度无疑是高技术产业技术创新能力重要的积极影响因素。

纵观现有文献，国内外关于技术创新、技术进步及生产力发展的研究相当丰富。其中关于 FDI 技术溢出效应的研究一直都是一个热点。

国外一些学者，例如，库科（Kokko，1994）、博伦斯坦等（Borensztein et al.，1998）、迪梅利斯和卢里（Dimelis and Louri，2002）、阿佩吉斯等（Apergis et al.，2008）认为 FDI 存在明显的技术溢出效应。张和林（Cheung and Lin，2004）对中国的情况进行了研究，发现 FDI 的流入有助于中国的技术创新。也有部分学者，例如，詹科夫和霍克曼（Djankov and Hoekman，2000）、萨迪克和波波（Sadik and Bolbol，2001）、哈里斯和罗宾逊（Harris and Robinson，2004）持相反观点，认为 FDI 对科学技术进步和创新能力提升的影响并不显著。艾特肯和哈里森（Aitken and Harrison，1999）更是通过研究发现，FDI 对东道国产业的技术进步具有抑制作用。科尼斯（Konings，2001）也指出 FDI 对东道国所产生的技术外溢效应为负。凯夫斯（Caves，1974）较早的研究将 FDI 对东道国当地企业的技术溢出效应归为了三类：一是外资的进入使得垄断企业改善了资源配置效率；二是外资给本土企业带来的竞争促使其发生了技术和管理上的变革；三是本土企业的学习和模仿使得外资的先进技术和知识得到扩散和传播。卡维塔（Kavita，2003）则认为 FDI 的技术溢出效应会受到东道国的经济水平、人力资本情况、知识产权保护等多种因素的影响。布罗斯多姆和沃尔夫（Blomstrom and Wolff，1994）、巴拉苏布拉南（Balasubrananyam，1998）都曾提及类似的观点，认为 FDI 的溢出效应确实与接受国的发展水平、人力资源、经济环境等相关。吉尔马（Girma，2005）最先运用门槛回归模型分析 FDI 技术外溢过程中存在的"门槛效应"，认为只有当东道国的人力资本水平超过一个门槛值后才能有效吸收由 FDI 所带来的技术溢出效应。国内关于 FDI 技术溢出的研究相当之多，江小涓和冯远（2000）通过对高新技术企业的分析发现 FDI 并没有直接带来预期的高技术，但却促使我国企业更加注重自身的技术研发。蒋殿春和夏良科（2005）提出 FDI 的竞争效应对中国高技术产业的技术创新具有不利的影响，但其示范效应和研发人员的流动能推动国内企业的创新活动。陈柳和刘志彪（2006）认为由 FDI 所带来的技术外溢对经济增长的作用并不大，需投入人力资本与之相结合才能发挥出其真正的效用。赵国庆和张中元（2010）利用中国高科技产业 1995~2006 年 5 个行业的 28 个子行业的数据进行动态面板回归分析，研究发现单纯依靠 FDI 的外溢效应并不能促进我国高技术产业的技术进步。而钟鸣长和郑慕强（2009）则认为 FDI 对高新技术产业具有显著且积极的技术溢出效应。沙文兵和孙君（2010）基于 1995~2008 年我国高技术产业细分行业的面板数据也实证了 FDI 对技术创新的知识溢出效应。李晓钟和何建莹（2012）借助 C-D 生产函数所构建的模型通过实证分析同样证明了 FDI 对中国高新技术产业内资企业产出的正向溢出效应以及对高技术产业五大行业的自主创新能力和新产品研发所具有的不同影响，并为中国高新技术产业有效利用外资提出相关的发展建议。余泳泽（2012）认为 FDI 的技术外溢存在"门槛效应"，对此基于我国高技术产业的面板数据进行了门限回归分析。沙文兵（2013）、何兴强等（2014）都探讨过 FDI 技术溢出的门槛条件。而李斌等（2016）基于吸收能力和金融发展的角度，专门研究 FDI 技术溢出对高技术产业技术进步的"门槛效应"，实证结果表明 FDI 对高技术产业的技术外溢在这两方面确实存在明显的"门槛效应"。金春雨和王伟强（2016）却通过 1996~2011 年我国高技术产业 13 个细分行业的内外资企业数据，采用面板平滑迁移回归发现 FDI 对高技术产业的技术进步具有明显的非线性效应。

在技术创新能力影响因素的研究中，国际贸易往往容易被忽略，更是鲜少有研究贸易开放程度对技术创新能力的影响，大都集中在研究 FDI 的技术溢出效应上。然而，根据格罗斯曼和赫尔普曼（Grossman and Helpman，1991）提出的"创新驱动"增长理论以及科和赫尔普曼（Coe and Helpman，1995）所提出的贸易溢出模型，都肯定了国际贸易对技术创新的影响。国际贸易作为国际技术溢出的主要渠道之一必然会对一国的技术创新产生直接或间接的影响，而且贸易开放程度越高，资本和商品的流动速度就会越快，所得到的技术传播渠道也越多，理论上有利于促进一国的技术创新。但是也有学者对此提出相反的意见，霍夫曼（Hofmann，2013）的研究结果表明贸易开放导致竞争，会给创新和经济增长带来消极的影响。总的来说，贸易开放也理应是高技术产业技术创新重要的解释变量，但其对技术创新能力的具体作用还有待进一步的验证。

FDI 和国际贸易能够产生技术溢出的观点基本上得到了共识。然而，FDI 和国际贸易不仅能够产生技术溢出，还能带来国外技术转移（韩晶，2012）。技术溢出是无意识的技术扩散，而技术转移是有意识的转移。

贸易和投资是间接的技术转移，国外技术引进是直接的国外技术转移，我们有必要将其纳入研究框架。于是，本节将研究 R&D 投入、FDI、国际贸易、国外技术引进对高技术产业技术创新能力的影响。由此提出总体假设：R&D 投入、FDI、国际贸易、国外技术引进与高技术产业技术创新能力之间存在显著的正相关关系。

2. 计量模型构建

C-D 生产函数是 20 世纪 30 年代由美国数学家查尔斯·柯布（Charles Cobb）和经济学家保罗·道格拉斯（Paul Douglas）为了研究投入产出的关系提出来的。而在技术创新的相关研究中，许多学者认为技术创新可被看作是一种基于投入产出关系，生产要素投入变化所导致的结果，具体的过程是同一生产体系下不同创新要素投入经研究开发创造等活动产出创新成果。

基于此，本节可借鉴 C-D 生产函数来研究高技术产业技术创新的问题，将高技术产业技术创新能力的主要表现创新产出看作是创新投入即 R&D 投入（包括 R&D 资本投入和 R&D 人员投入）的函数，选取 C-D 生产函数作为本书研究模型的原型。据此将本书研究对象高技术产业的创新产出函数的基本形式设定为：

$$Y = f(L, K) \qquad (7-1)$$

代入投入产出相关指标可得：

$$Y_{it} = A K_{it}^{\alpha} L_{it}^{\beta} e^{\varepsilon} \qquad (7-2)$$

式中，i 表示个体，t 表示时间；Y 表示产出，A、K、L 分别表示技术、资本和劳动力要素投入；而 α、β 分别是资本投入和劳动力投入的产出弹性；e^{ε}

表示其他未知影响因素。

在开放的经济条件下研究高技术产业的技术创新能力，可以将创新产出看作是创新投入即 R&D 投入（包括 R&D 资本投入和 R&D 人员投入）的函数，代入创新投入产出相关指标得到对应的创新产出函数：

$$Y_{it} = A(RD)_{it}^{\alpha}(HRD)_{it}^{\beta}e^{\varepsilon} \qquad (7-3)$$

式中，i 表示个体，t 表示年份；Y 表示创新产出；RD 表示 R&D 资本投入，HRD 表示 R&D 人员投入，以这两者反映自主创新努力程度；A 为常数项；e^{ε} 则表示影响高技术产业技术创新能力的其他未知影响因素。

为了消除异方差，对公式（7-3）两边的被解释变量和解释变量取自然对数，得到线性面板数据模型：

$$\ln Y_{it} = \ln A + \alpha \ln RD_{it} + \beta \ln HRD_{it} + \varepsilon_{it} \qquad (7-4)$$

本书还将研究 FDI、国际贸易、技术引进带来的技术转移效应对高技术产业技术创新的作用，对公式（7-4）进行修正得到实证研究所需的静态面板模型：

$$\ln Y_{it} = c + \alpha \ln RD_{it} + \beta \ln HRD_{it} + \gamma \ln FDI_{it} + \delta \ln OPEN_{it} + \vartheta \ln FB_{it} + X_{it}'\theta + \varepsilon_{it}$$

$$(7-5)$$

式中，i 表示个体，t 表示年份；Y 为创新产出，RD 为 R&D 资本投入，HRD 为 R&D 人员投入，FDI 为外商直接投资，$OPEN$ 为国际贸易，FB 为国外技术引进，即国外技术转移；X_{it}' 表示其他影响高技术产业技术进步的控制变量，包括企业规模和政府支持；c 为常数项；而 ε_{it} 表示与个体和时间无关的随机误差项。

在实际中，经济的发展是动态的，前期的经济活动无可避免会对当期的经济活动产生一定的影响，前期的创新产出也会对当期的创新产出产生一定的影响，因此还需采用动态面板进行估计，引入被解释变量 $\ln Y$ 的滞后一期作为解释变量，可避免因遗漏其他重要变量所引致的估计有偏。然而，以因变量的滞后项作为解释变量又会导致解释变量与随机扰动项相关。考虑内生性问题，采用差分 GMM 方法，可以极大地改进由固定效应或随机效应模型估计动态面板数据模型导致的参数的非一致性。

据此建立动态面板模型如下：

$$\Delta \ln Y_{it} = \rho \Delta \ln Y_{it-1} + \alpha \Delta \ln RD_{it} + \beta \Delta \ln HRD_{it} + \gamma \Delta \ln FDI_{it}$$
$$+ \delta \Delta \ln OPEN_{it} + \vartheta \Delta \ln FB_{it} + \Delta X'_{it}\theta + \Delta \varepsilon_{it} \qquad (7-6)$$

由此可见，基于 C-D 生产函数，通过修正后所得到的计量模型，包括静态面板模型和动态面板模型，能够很好地反映 R&D 投入、FDI、国际贸易、国外技术引进与高技术产业技术创新能力之间的关系。

（二）指标选取与数据来源

高技术产业的技术创新能力主要表现在创新产出上，在此以高技术产业新产品销售收入表示。基于研究假设，R&D 资本投入以高技术产业 R&D 经费内部支出表示，R&D 人员投入以高技术产业 R&D 人员折合全时当量表示。国际贸易用高技术产业进出口贸易总额与 GDP 的比值，即贸易开放度表示。外商直接投资用高技术产业外资企业的固定资产投资表示，它不仅反映了 FDI 进入程度，而且在一定程度体现了外资企业在生产过程中资本的投入情况。国外技术引进用高技术产业国外技术引进合同金额表示。此外，本书还选取了对高技术产业创新产出具有重要影响的企业规模和政府支持作为控制变量，以高技术产业从业人员平均数衡量企业规模及以 R&D 经费中政府资金占比来衡量政府的支持力度。缺失的数据采用线性插值法补齐。各变量的具体指标和说明见表 7-1。

表 7-1　　　　　　　　　各变量的具体指标及说明

变量	变量	指标说明	单位
创新产出	Y	新产品销售收入	万元
R&D 资本投入	RD	R&D 经费内部支出	万元
R&D 人员投入	HRD	R&D 人员折合全时当量	人/年
贸易开放度	$OPEN$	进出口贸易总额与 GDP 的比值	%
企业规模	$SCALE$	从业人员平均人数	人
政府支持	GOV	政府资金占 R&D 经费内部支出比重	%
外商直接投资	FDI	外商投资高技术产业企业的新增固定资产	亿元
国外技术引进	FB	大中型高技术产业企业技术引进经费	万元

本书采用 2006~2015 年中国 29 个省份数据，研究除了不包括港澳台地区外还剔除了西藏和新疆，因为西藏和新疆的数据缺省过多，且这两个省份历年的创新产出和 R&D 投入均偏低，并不属于典型省份，对实证研究影响不大，分别进行全国总体和东、中、西部分区域模型的回归分析。

在东、中、西部分区域的模型估计中，结合本书的现状分析和我国的实际情况，发现相对于东部沿海地区而言，我国中、西部地区的自然条件、R&D 投入、创新产出、开放水平、经济发展等都是较为相似的，属于国际产业转入较少的区域。因此，在实证研究中可将中、西部地区合并起来进行回归分析。

本书中各变量的具体指标及说明详见表 7-1，而关于我国东、中、西部的划分如表 7-2 所示。本书所用数据均由历年的《中国高技术产业统计年鉴》和《中国统计年鉴》、EPS 统计数据整理计算得到。

表 7-2　　　　　　　　　　　我国东、中、西部地区的划分

地区	省份	数量（个）
东部	北京、天津、河北、辽宁、上海、江苏、浙江、福建、山东、广东、海南	11
中部	山西、吉林、黑龙江、安徽、江西、河南、湖北、湖南	8
西部	内蒙古、广西、重庆、四川、贵州、云南、西藏、陕西、甘肃、青海、宁夏、新疆	12

注：区域划分不包含港澳台地区。

二、实证过程与结果分析

（一）平稳性检验

为了避免出现伪回归，在进行面板模型估计之前需先对面板数据进行单位根检验以确定数据的平稳性。本书所采用的单位根检验方法包括 LLC 检验、Breitung 检验，均为相同根的检验方法，以及 IPS 检验、Fisher-ADF 检验、Fisher-PP 检验，均为不同根的检验方法。各检验的原假设都是含有单位根，单位根检验结果详见表 7-3。

表 7 - 3

面板数据的单位根检验结果

变量	水平值					一阶差分值				
	LLC	Breitung	IPS	Fisher-ADF	Fisher-PP	LLC	Breitung	IPS	Fisher-ADF	Fisher-PP
$\ln Y$	14.6451 (1.0200)	-0.18518 (0.4265)	2.2330 (0.9856)	2.5935 (0.9944)	16.0564 (0.1070)	-15.8899*** (0.0000)	-11.8738*** (0.0001)	-15.1645*** (0.0000)	-12.3588*** (0.0000)	-17.8990*** (0.0000)
$\ln RD$	16.5238 (1.0000)	-0.1457 (0.4882)	3.0670 (0.9789)	3.2569 (0.9954)	2.0677 (0.9746)	-20.4277*** (0.0000)	-9.9580*** (0.0000)	-16.7603*** (0.0000)	-15.4446*** (0.0000)	-21.2343*** (0.0000)
$\ln HRD$	10.9567 (0.1200)	0.3777 (0.6261)	3.5801 (0.9978)	3.7553 (0.9569)	12.9760 (1.0000)	-21.1814*** (0.0000)	-11.3466*** (0.0000)	-17.7723*** (0.0000)	-13.4364*** (0.0020)	-17.5344*** (0.0000)
$\ln OPEN$	0.5562 (0.7242)	4.3935 (1.0000)	1.8117 (0.2443)	2.0212 (0.9682)	4.1591 (1.0000)	-15.7322*** (0.0000)	-7.5457*** (0.0000)	-11.0527*** (0.0000)	-10.0563*** (0.0050)	-12.6154*** (0.0000)
$\ln SCALE$	8.3724 (0.1560)	4.1604 (0.1530)	2.0637 (0.2596)	2.42468 (0.1774)	0.9743 (0.1252)	-14.4863*** (0.0006)	-5.55144*** (0.0000)	-10.5714*** (0.0000)	-8.3291*** (0.0000)	-9.1573*** (0.0000)
$\ln GOV$	0.9199 (0.8191)	0.5600 (0.7006)	0.3809 (0.6881)	3.1881 (0.9780)	18.4900 (1.0000)	-14.8083*** (0.0000)	-10.4999*** (0.0000)	-15.7623*** (0.0080)	-13.1442*** (0.0000)	-18.0511*** (0.0000)
$\ln FDI$	-2.85240 (0.1022)	-0.43789 (0.3307)	-0.96930 (0.1662)	67.5729 (0.1015)	162.463*** (0.0000)	-7.66812*** (0.0000)	-2.68350*** (0.0036)	-3.91826*** (0.0000)	110.749*** (0.0000)	309.162*** (0.0000)
$\ln FB$	-1.66510 (0.0479)	-0.84247 (0.1998)	-0.14805 (0.4412)	45.8404 (0.7774)	58.7355 (0.3062)	-11.2988*** (0.0000)	-3.20046*** (0.0007)	-0.84999 (0.1977)	77.0463** (0.0214)	229.597*** (0.0000)

注：括号内为该统计量的伴随概率；***、**、*分别表示在1%、5%、10%的水平上显著。

如表 7 – 3 所示，在 1% 显著性水平下，所有方法的检验结果都表明 lnY，lnRD，lnHRD，lnOPEN，lnSCALE，lnGOV 水平形式下均存在单位根，是非平稳的，而在一阶差分后均不存在单位根，是平稳的。由此可见，本书所用的 6 个变量都是一阶单整，满足协整检验的前提。

（二）协整检验

运用 Kao 检验和 Pedroni 检验对本书所用变量进行面板协整检验，各模型的检验结果如表 7 – 4 所示。

表 7 – 4　　　　　　　　　　所用变量的面板协整检验结果

检验方法		模型 1	模型 2	模型 3
		全国总体	东部地区	中西部地区
Kao 检验	ADF 统计量	− 5. 1189 *** (0. 0010)	− 3. 5078 *** (0. 0002)	− 8. 5596 *** (0. 0000)
Pedroni 检验	Panel V-Statistic	− 0. 9568 (0. 8306)	− 0. 6485 (0. 4566)	− 0. 3206 (0. 6277)
	Panel rho-Statistic	− 0. 1567 (0. 4400)	− 1. 4608 * (0. 0714)	0. 1808 (0. 5785)
	Panel PP-Statistic	− 7. 4854 *** (0. 0000)	− 10. 0884 *** (0. 0000)	− 4. 7638 *** (0. 0003)
	Panel ADF-Statistic	− 7. 6032 *** (0. 0000)	− 10. 6304 *** (0. 0000)	− 4. 7860 *** (0. 0000)
	Group rho-Statistic	2. 5669 (0. 9946)	1. 4577 (0. 9275)	2. 1620 (0. 9847)
	Group PP-Statistic	− 7. 9967 *** (0. 003)	− 5. 7226 *** (0. 0000)	− 5. 6168 *** (0. 0000)
	Group ADF-Statistic	− 8. 8969 *** (0. 0000)	− 6. 9066 *** (0. 0000)	− 5. 886 *** (0. 0000)

注：除 Panel V-Statistic 为右尾检验外，其余统计检验量均为左尾检验；括号内为该统计量的伴随概率；*** 、** 、* 分别表示在 1%、5%、10% 的水平上显著。

依据表 7-4，各模型的 Kao 检验结果都在 1% 的显著性水平上拒绝了不存在协整关系的原假设。在 Pedroni 检验结果中，除了东部地区面板有 5 个统计量通过检验外，其他模型均为 4 个统计量通过检验，且达到 1% 的显著性水平。Pedroni 基于回归残差所构造的 7 个统计量可用来进行面板协整检验，基于本书数据的小样本性质，样本期 $T \leqslant 20$，在 Pedroni 检验结果中可着重依据 Panel ADF-Statistic 和 Group ADF-Statistic 这 2 个统计量来判断变量之间是否存在协整关系，它们较其他统计量具有更好的小样本性质。由表 7-4 可得所有模型的 Pedroni 检验结果中，Panel ADF-Statistic 和 Group ADF-Statistic 都是在 1% 的水平上显著的。因此，结合 Kao 检验和 Pedroni 检验的结果来综合判断，对于各面板模型而言，所用变量之间都是存在协整，即长期稳定关系的。

（三）静态面板模型 LS 估计

表 7-5 报告了方程（7-5）所得到的静态面板模型 LS 的估计结果。经 Hausman 检验，结果均拒绝了原假设，各模型都适用于固定效应模型，回归方程的可决系数 R^2 均达 0.9 以上，模型的拟合效果较好，可见 R&D 投入（包括 R&D 资本投入和 R&D 人员投入）以及 *FDI*、*FB* 等变量都对高技术产业的创新产出具有很好的解释能力。F 检验统计量的 P 值都为 0.0000，也说明模型十分显著。各回归模型的估计结果和显著性水平均是较为一致的，据此可得 3 个静态面板模型都具有很高的稳健性。

表 7-5　　　　　　　　　静态面板模型 LS 估计结果

变量	模型 1 全国总体		模型 2 东部地区（国际产业主要承接地）		模型 3 中、西部地区（国际产业次要承接地）	
	(1)	(2)	(3)	(4)	(5)	(6)
常数项	2.3455 *** (11.4563)	0.1245 (0.1566)	2.7876 *** (7.6659)	-0.6400 *** (-3.2183)	1.72434 *** (40.4553)	-0.3905 *** (-5.8899)
ln*RD*	0.8093 *** (16.1247)	0.5654 *** (7.1223)	0.7554 *** (11.8671)	0.7229 *** (26.4171)	0.7168 *** (84.6758)	0.6596 *** (133.8031)

续表

变量	模型 1		模型 2		模型 3	
	全国总体		东部地区 （国际产业主要承接地）		中、西部地区 （国际产业次要承接地）	
	(1)	(2)	(3)	(4)	(5)	(6)
ln*HRD*	0.1235 *** (3.2234)	0.1908 * (1.6234)	0.2168 *** (2.6454)	0.1338 *** (4.1874)	0.3143 *** (12.1224)	0.1468 *** (17.7828)
ln*OPEN*	0.4234 *** (13.1567)	0.2456 *** (3.8976)	0.4373 *** (9.0442)	0.4143 *** (21.9145)	0.3566 *** (20.4748)	0.2758 *** (23.0281)
ln*FDI*	0.0120 ** (2.3425)	0.0134 ** (2.3578)	0.5672 *** (8.2455)	0.4569 ** (5.3462)	0.4456 *** (3.1455)	0.3648 ** (4.2563)
ln*FB*	0.0017 ** (2.2634)	0.0102 ** (2.8744)	0.3778 *** (3.2668)	0.3531 ** (2.20124)	0.3348 *** (3.5485)	0.3571 ** (2.3581)
控制变量	否	是	否	是	否	是
Hausman 检验	15.0124 *** (0.0003)	15.6777 ** (0.0243)	45.7187 *** (0.0000)	34.8479 *** (0.0000)	39.3367 *** (0.0000)	53.0663 *** (0.0000)
F 检验值	531.6359 *** (0.0000)	202.0923 *** (0.0010)	672.6788 *** (0.0000)	5446.5623 *** (0.0000)	37100.6445 *** (0.0000)	39030.3456 *** (0.0000)
R^2	0.9035	0.9016	0.9123	0.9934	0.9971	0.9984
Adjusted R^2	0.9018	0.8892	0.9897	0.9907	0.9768	0.9197
样本数	290	290	110	110	180	180

注：各变量括号内为 t 统计量；各检验括号内为该统计量的伴随概率；*** 、** 、* 分别表示在 1% 、5% 、10% 的水平上显著。

1. 全国总体

根据模型 1 的估计结果，R&D 资本投入、R&D 人员投入、FDI、贸易开放、技术引进对高技术产业的创新产出均具有显著的正向作用，在此基础上加入控制变量后，三者的回归系数仍显著为正，对创新产出的作用方向和影响程度都未发生根本性的变化。

该模型中，R&D 资本投入对创新产出的贡献最大；其次是贸易开放，其对创新产出的提高也有较大的影响；而国外技术引进的作用最小。具体来看，在加入控制变量之后的估计结果中，R&D 资本投入每增加 1% 就能引起新产品销售收入 0.5654% 的增长；虽然 R&D 人员投入的作用较小，但其每 1% 的增长也能引起新产品销售收入 0.1908% 的增长；而贸易开放对创新产出的影响较为明显，每增加 1% 就能引起新产品销售收入 0.2456% 的增长；FDI 和国外技术引进对创新产出的影响较小，每增加 1% 就能引起新产品销售收入分别增长 0.0134% 和 0.0102%。据此可见，高技术产业的技术创新依然更多的是依靠自主创新，即自主研发的投入和努力以维持创新的积极性和效率。

2. 东、中、西部地区的比较

由模型 2 和模型 3 的估计结果可见，两模型在加入控制变量前后，5 个关键解释变量 R&D 资本投入、R&D 人员投入、FDI、贸易开放、技术引进对高技术产业的创新产出的作用方向和影响程度也均未发生明显的变化，且基本上都通过了变量的显著性检验。由此可见，各变量对创新产出的作用具有较高的稳健性。

基于模型 2 和模型 3，无论对东部地区还是中、西部地区，R&D 资本投入都是促使高技术产业技术创新最重要的影响因素，其对创新产出的促进作用都要明显大于 R&D 人员投入和其他变量。

其中，东部地区 R&D 经费量每 1% 的增长所能引起的该地区新产品销售收入的增长大于中、西部地区。中、西部地区 R&D 人员投入对技术创新的推动作用则大于东部地区。究其原因，中、西部地区的经济水平、科技水平、开放程度等均低于东部地区，对研发人员的需求大于东部地区，并且长期以来东部沿海发达省份的知识储备和人才储备丰富，都高于中、西部地区，地区的经济平稳快速发展，但是随着要素逐渐饱和后，发达地区生产要素的过度拥挤可能会产生挤出效应，从而导致效率下降。因此，每一单位研发人员的投入对中西部地区来说都非常重要，为其所能带来的促进作用也大于东部地区。

国际贸易、FDI 和国外技术引进对东部地区及中、西部地区来说都能提升高技术产业的技术创新，但是对东部地区的效应要大于中、西部地区。

3. 小结

由上述模型的静态面板 LS 估计结果来看，R&D 投入、FDI、贸易开放、技术引进都能推动高技术产业的技术创新，但高技术产业的技术创新主要是依靠自主创新，尤其是 R&D 资本投入，而 FDI、贸易开放、技术引进也是较为重要的影响因素之一，不容忽视。基于区域间的比较，东部 R&D 资本投入和 FDI、贸易开放、技术引进对高技术产业技术创新的正向作用大于中、西部地区，而中、西部地区 R&D 人员投入所带来的促进作用却大于东部地区。

（四）动态面板模型 GMM 估计

表 7-6 报告了方程（7-6）所得到的动态面板模型 GMM 的估计结果。为检验工具变量的有效性，需要对估计结果进行 Sargan 检验，并对残差项进行二阶自相关检验。Sargan 检验 P 值大于 0.1，表明所有解释变量和残差项不相关，工具变量有效。AR（2）检验 P 值大于 0.1 表明残差项不存在二阶自相关，模型的设定合理。据此，各模型的 Sargan 检验和 AR（2）检验的结果都表明 GMM 估计是有效的。如表 7-6 所示，模型 1～模型 3 中的核心解释变量 R&D 资本投入、R&D 人员投入、贸易开放、FDI、技术引进在加入控制变量前后对高技术产业创新产出的作用方向即回归系数的正负号、通过 t 检验的显著性水平以及影响程度均体现了较高的一致性，由此说明各动态面板模型具有很好的稳健性。

表 7-6 动态面板模型 GMM 估计结果

变量	模型 1		模型 2		模型 3	
	全国总体		东部地区 （国际产业主要承接地）		中西部地区 （国际产业次要承接地）	
	(1)	(2)	(3)	(4)	(5)	(6)
$\ln Y(-1)$	0.38011 *** (13.1234)	0.3423 *** (13.1223)	0.3022 *** (10.6231)	0.2762 *** (72.6409)	0.3856 *** (21.1241)	0.3234 *** (15.2441)

续表

变量	模型 1		模型 2		模型 3	
	全国总体		东部地区 (国际产业主要承接地)		中西部地区 (国际产业次要承接地)	
	(1)	(2)	(3)	(4)	(5)	(6)
lnRD	0.4456 *** (14.2341)	0.2646 *** (8.2292)	0.3813 *** (5.635)	0.5308 *** (71.4212)	0.4843 *** (14.3530)	0.4543 *** (10.6234)
lnHRD	0.1812 *** (3.8243)	0.2756 *** (4.1234)	0.2453 *** (3.4885)	0.2634 *** (18.0922)	0.2227 *** (3.5865)	0.4674 *** (6.8436)
lnOPEN	0.2308 *** (3.2344)	0.2455 *** (4.4558)	0.6256 *** (4.5361)	0.6167 *** (60.2346)	0.2563 *** (7.4663)	0.3677 *** (4.2476)
lnFDI	0.0121 ** (2.3234)	0.0120 ** (2.3425)	0.5894 *** (6.3743)	0.4852 *** (7.3832)	0.4394 ** (2.1474)	0.3568 *** (4.3455)
lnFB	0.0018 *** (2.8674)	0.0017 * (2.0284)	0.3602 *** (3.2668)	0.3846 ** (2.1644)	0.2503 *** (3.0143)	0.2734 ** (2.3481)
控制变量	NO	NO	YES	NO	YES	NO
AR (2)	−0.6743 (0.5234)	0.4565 (0.6912)	1.2821 (0.2026)	1.301565 (0.1950)	0.3656 (0.7677)	−0.3673 (0.7023)
Sargan 检验	25.82354 (0.4772)	25.4146 (0.3212)	9.6044 (0.2125)	94.10588 (0.647233)	15.5761 (0.3504)	132.3455 (0.5746)
样本数	261	261	99	99	162	162

注：各变量括号内为 t 统计量；各检验括号内为该统计量的伴随概率；*** 、** 、* 分别表示在 1% 、5% 、10% 的水平上显著。

依据表 7-6，各模型动态面板的 GMM 估计结果与静态面板的 LS 估计结果趋于一致，R&D 资本投入依然是各模型中极为关键的解释变量，特别是对东部地区，该地区 R&D 经费量每增长 1% 就能引起新产品销售收入 0.5308% 的增长，对高技术产业技术创新的促进作用十分明显。由模型 1 ~ 模型 3 可见，贸易开放对创新产出也有非常重要的影响，并且各模型该变量的回归系数均在 1% 的显著性水平上为正，其中它对东部地区高技术产业技术创新的推动作用也是最明显的，每 1% 的增加能带来该区域新产品销售收入

0.6167%的增长。FDI和技术引进对东部高技术产业技术创新的促进作用也大于中、西部地区。

对于动态面板模型GMM估计结果，模型1~模型3中R&D人员投入除对加入控制变量后的中、西部地区创新有较大改变外，对其他模型技术创新的提高作用并不存在特别大的差异，每提高1%，所引致的新产品销售收入的增加均维持在0.2%左右。

总之，关于区域间的比较，加入控制变量之后，R&D资本投入和贸易开放、FDI、技术引进对东部地区高技术产业技术创新的推动作用仍比中、西部地区明显，而R&D人员投入对中、西部地区的作用更显著。

综上所述，无论是静态LS估计结果还是动态GMM估计结果，都表明R&D投入和贸易开放、FDI、技术引进对我国高技术产业的技术创新能力均具有显著的正向作用。其中自主创新是推动高技术产业技术创新最重要的影响因素，特别是R&D资本投入对创新产出的提升极其关键，但贸易开放对技术创新能力的促进作用也较为明显，同样需要得到更多的关注。基于东、中、西部地区的比较，R&D资本投入和贸易开放、FDI、技术引进对东部地区的促进作用比中、西部地区显著，而R&D人员投入对中、西部地区正向作用更大。

（五）基于分位数回归的稳健性检验

分位数回归（quantile regression）是1978年由科恩克尔和巴塞特（Koenkel and Bassett）提出的。采用分位数回归能够更精确更全面地反映出不同创新产出水平下投入要素的边际贡献及其变化规律。R&D资本投入、R&D人员投入、贸易开放、FDI和技术引进是本部分的核心解释变量，五项的估计结果对模型至关重要，由此采用分位数回归对五项与被解释变量创新产出即新产品销售收入进行估计，以得到进一步的稳健性检验分析。关于分位数的划分，分位数太少难以揭示投入要素的贡献变化，而太多容易损失自由度。因此参照经验采用5分位（$\tau = 0.1$，0.3，0.5，0.7，0.9）进行估计，估计结果如表7-7所示。

表7-7 分位数回归估计结果

模型分类	变量	$\tau=0.1$	$\tau=0.3$	$\tau=0.5$	$\tau=0.7$	$\tau=0.9$
模型1 全国总体	常数项	-0.3113 (-0.7523)	1.3956*** (7.4933)	2.5188*** (17.0564)	3.0337*** (13.4565)	3.778*** (28.1345)
	lnRD	0.6994*** (7.2017)	0.85653*** (15.3414)	0.8403*** (51.9566)	0.8324*** (41.0891)	0.6653*** (26.4603)
	lnHRD	0.54088*** (5.4805)	0.2061*** (3.0591)	0.0928*** (3.7564)	0.05389*** (2.8071)	0.2285*** (8.5520)
	lnOPEN	0.2352*** (2.9206)	0.2343*** (4.9038)	0.3665*** (7.7893)	0.4067*** (10.4024)	0.47587*** (18.5917)
	lnFDI	0.0022** (2.3335)	0.0043** (2.3567)	0.0167*** (2.6635)	0.0135** (3.3675)	0.0156** (3.5679)
	lnFB	0.0013** (2.4456)	0.0018** (2.0456)	0.0021** (2.3644)	0.0023*** (2.8765)	0.0024** (2.4577)
	Pseudo R²	0.7176	0.7032	0.7087	0.7075	0.6677
	样本数	290	290	290	290	290
模型2 东部地区 （国际产业 主要承接地）	常数项	-0.4117 (-0.8018)	0.6121*** (5.0870)	2.2461*** (11.6836)	3.1124*** (19.1634)	3.5956*** (19.8235)
	lnRD	0.9027*** (8.6459)	0.7536*** (44.7547)	0.8747*** (23.83456)	0.7045*** (55.7459)	0.6818*** (80.7156)
	lnHRD	0.4277*** (3.7812)	0.4063*** (15.7134)	0.0560** (2.4990)	0.1663*** (11.5834)	0.1112*** (10.6414)
	lnFDI	0.3744*** (5.3562)	0.3956*** (6.3789)	0.4245*** (7.3564)	0.4467*** (7.7832)	0.4672*** (7.3899)
	lnFB	0.3023** (2.0766)	0.31233** (2.2347)	0.3455** (2.1567)	0.3786 (1.2366)	0.3824** (2.1454)
	Pseudo R²	0.7875	0.7024	0.6567	0.6309	0.6510
	样本数	110	110	110	110	110

续表

模型分类	变量	$\tau = 0.1$	$\tau = 0.3$	$\tau = 0.5$	$\tau = 0.7$	$\tau = 0.9$
模型3 中西部地区 （国际产业 次要承接地）	常数项	0.7556 *** （10.2447）	1.78766 *** （23.2930）	2.6677 *** （35.8984）	3.0368 *** （35.2465）	3.7294 *** （60.4418）
	lnRD	0.7017 *** （55.6078）	0.9632 *** （163.0049）	0.8734 *** （134.0896）	0.8445 *** （81.1763）	0.6326 *** （128.4996）
	lnHRD	0.4454 *** （40.6288）	0.0445 *** （3.4096）	0.0682 *** （10.2849）	0.0737 *** （15.3269）	0.3480 *** （26.3054）
	lnOPEN	− 0.0352 *** （− 2.8799）	0.1734 *** （3.1879）	0.2634 *** （17.4904）	0.3146 *** （21.6089）	0.2384 *** （3.9231）
	lnFDI	− 0.1233 ** （− 2.0125）	0.1232 **** （5.2385）	0.2543 **** （5.2467）	0.3524 **** （6.4537）	0.3657 **** （4.2367）
	lnFB	0.1123 ** （2.2351）	0.1357 ** （2.1128）	0.1560 *** （2.8921）	0.2116 *** （3.2456）	0.2668 ** （2.4241）
	Pseudo R^2	0.6593	0.6379	0.6456	0.6367	0.6082
	样本数	180	180	180	180	180

注：括号内为 t 统计量；*** 、** 、* 分别表示在1%、5%、10%的水平上显著。

由表7 – 7可见，各回归结果的 R^2 值均在0.7左右，拟合度较高强。R&D资本投入对创新产出的贡献仍然是最大的；贸易开放基本稳居第二位，并且当 τ 越大时，贸易开放、FDI和技术引进对技术创新的促进作用就越明显；而R&D人员投入在其中的促进作用最小，回归系数基本上呈U形分布，呈现出中间小，两头大的规律。根据各分位数回归的估计结果显示，模型中各变量的系数符号和显著性也基本保持不变，系数的大小变化较为稳定，且几乎均在1%的水平上显著。对比表7 – 5和表7 – 6静态和动态面板模型的估计结果，分位数回归的估计结果基本与之保持一致。

综上所述，可以说明本书的研究结果是可靠的，R&D资本投入、R&D人员投入、贸易开放、FDI和技术引进对高技术产业的创新产出均具有显著的正向作用，都能推动高技术产业技术创新。

第二节　国内产业转移背景下技术转移
对技术创新的影响分析

　　本书运用我国省级面板数据，构建动态面板模型，运用系统 GMM 方法实证研究自主创新投入、国内技术转移和国内产业转移对我国高技术产业技术创新绩效的影响。厘清国内产业转移背景下国内技术转移和国内产业转移对我国高技术产业技术创新的影响，对理解中国地区间高技术产业技术创新差异乃至地区间经济发展不平衡具有重要的启示意义。

　　与已有研究相比，本书将从以下几个方面进行扩展：第一，将自主创新投入、国内技术转移和国内产业转移等纳入统一框架，将各地高技术产业创新的内外影响因素相结合，运用计量经济学方法进行实证分析；第二，从高技术产业科技成果产出能力和创新成果市场转化能力两个角度衡量高技术产业技术创新绩效，不仅整体研究各个变量的影响，同时分区域研究，既从创新绩效的角度进行了双重检验，还从地域角度进行了双重检验；第三，从创新水平差异的角度，对比考察了国内技术转移和创新投入对原创性强的发明专利以及技术水平相对较低的实用新型和外观设计专利申请影响效应和作用渠道的差别；第四，建立了动态面板模型，并运用系统 GMM 方法进行估计，使得研究结果更为可靠。

一、模型建立

（一）基本计量模型

　　格里利谢斯－贾菲（Griliches-Jaffe）知识生产函数被国内外学者广泛应用于技术创新等方面的研究，该模型假设创新产出是创新投入的函数，即：

$$RD_{output} = a(RD_{input})^b \qquad (7-7)$$

本书继承并扩展这一模型。一方面，投入要素包括产业自身的研发经费投入和研发人员投入；另一方面，随着科技发展的日新月异，任何产业都主动或被动地嵌入各种复杂网络内，企业必须结合内外部创新资源，走网络化创新之路。因此，本书将研发经费投入（RD）、研发人员投入（L）和国内技术转移（DB）和国内产业转移（IR）引入公式（7-7）。用 $Y_{i,t}$ 代表创新产出，采取 C-D 生产函数形式来表示知识生产函数模型，再对方程两边取对数。具体的模型如下：

$$\ln Y_{it} = \propto_0 + \propto_1 \ln RD_{it} + \propto_2 \ln HRD_{it} + \propto_3 \ln DB_{it} + \propto_4 IR_{it} + \mu_{it} \quad (7-8)$$

由于国内产业转移 IR 包括转出和转入，为了衡量转入和转出的区别，计算数据会出现负值，所以变量 IR 不取对数。

（二）计量模型的拓展

本书在模型中加入因变量的滞后项，构建动态面板模型，这不仅能够捕捉创新产出的动态特征，而且还可以克服遗漏变量引起的偏误。具体的模型扩展为：

$$\ln Y_{it} = \propto_0 + \beta_1 \ln Y_{i,t-1} + \propto_1 \ln RD_{it} + \propto_2 \ln HRD_{it} + \propto_3 \ln DB_{it} + \propto_4 IR_{it} + \mu_{it}$$

$$(7-9)$$

为进一步检验各变量对高技术产业技术创新绩效的影响，本书将高技术产业技术创新绩效分为科技成果产出能力以及创新成果市场转化情况，前者以高技术产业专利申请数 PAT 来表示，后者以新产品销售收入 PR 表示，则公式（7-9）扩展为：

$$\ln PAT_{it} = \propto_0 + \beta_1 \ln PAT_{i,t-1} + \propto_1 \ln RD_{it} + \propto_2 \ln HRD_{it}$$
$$+ \propto_3 \ln DB_{it} + \propto_4 IR_{it} + \mu_{it} \quad (7-10)$$

$$\ln PR_{it} = \propto_0 + \beta_1 \ln PR_{i,t-1} + \propto_1 \ln RD_{it} + \propto_2 \ln HRD_{it}$$
$$+ \propto_3 \ln DB_{it} + \propto_4 IR_{it} + \mu_{it} \quad (7-11)$$

二、数据来源和处理

（一）创新产出

高技术产业科技成果产出能力用其专利申请数用 PAT 表示，高技术产业创新成果市场转化情况以新产品销售收入用 *PR* 表示。根据创新层次和技术含量的差异，专利可分为两类：发明、实用新型与外观设计，其中前者的原创性和技术水平较高，后者次之。为了比较创新水平差异下创新网络结构和创新投入的影响，本书还分别以企业发明专利申请量 *INV*、实用新型和外观设计专利申请量 *UD* 作为因变量。

（二）创新投入

创新投入包括研发人员投入和研发经费投入。采用高技术产业 R&D 人员折合全时当量表示研发人员投入。

研发经费投入利用高技术产业 R&D 经费内部支出，采用永续盘存算法：

$$RD_{2000} = LRD_{2000} / (g_i + \delta)，\quad RD_{i,t} = (1 - \delta) RD_{i,t-1} + LRD_{i,t}$$

其中，$RD_{i,t}$ 表示 i 省 t 期的 R&D 存量，$LRD_{i,t}$ 为 R&D 内部支出流量，g_i 表示省份 i 的研发经费内部支出的年平均增长速度，δ 为研发资本的折旧率。参考朱平芳和徐伟民（2003）的做法构建 R&D 指数，并且利用该指数将 $S_{i,t}^d$ 调整为 2000 年不变价。没有特殊说明的，本书涉及的所有折旧率均以常用的 5% 计算（唐保庆等，2011）。

（三）国内技术转移和国内产业转移

结合创新网络结构特征的内涵及现有研究成果，本书构建相应的指标。

国内技术转移 *DB* 用各地区技术市场成交合同金额表示，国内产业转移 *IR* 的计算方法见本书第三章。

本书使用的数据为 2007～2019 年 30 个省份的面板数据（不含西藏、港澳台地区）。高技术产业 R&D 经费、人员等数据来自《中国高技术产业统计年鉴》，价格指数和 GDP 等数据来自中经网统计数据库，国内技术转移、产业转移等数据来自 EPS 统计数据库，数据以 2000 年不变价表示。个别缺失的值采用增长率法补齐。

三、实证分析

(一) 基本回归结果分析

本书建立的是动态面板模型，为了克服内生性问题，同时利用更多样本信息，本节选择系统 GMM 方法进行参数估计。由表 7-8 可知，所有模型的 Sargan 统计量和 AR (2) 检验的 P 值均大于 1%，滞后被解释变量系数的估计值介于混合 OLS 和 FE 之间[①]，以上检验表明系统 GMM 的估计结果是有效的。

表 7-8 系统 GMM 估计结果

变量	$\ln PAT_{i,t}$	$\ln PR_{i,t}$	$\ln INV_{i,t}$	$\ln UD_{i,t}$
$\ln Y_{i,t-1}$	0.4738 *** (3.3370)	0.3241 *** (11.0181)	0.1262 ** (2.5278)	-0.1295 *** (-4.0203)
$\ln RD$	0.4738 *** (7.1699)	0.3622 *** (7.2167)	0.8143 *** (11.005)	0.6101 *** (12.5702)
$\ln HRD$	0.6482 *** (17.5603)	0.5154 *** (9.9188)	0.4407 *** (13.1262)	0.4997 *** (10.1547)
$\ln DB$	0.2207 *** (3.671052)	-0.2162 *** (-4.8277)	0.0341 (0.9191)	0.4583 *** (5.7341)
IR	0.0003 * (1.6705)	0.0003 *** (2.9002)	-8.54E-05 (-0.4185)	0.0003 * (1.6938)
AR (2)	0.7734	0.8899	0.7677	0.3566
Sargan 统计量	0.3548	0.2967	0.2789	0.3445
样本量	308	308	308	308

注：括号内为 t 统计量；AR (2) 和 Sargan 检验报告值是 P 值；***、**、* 分别表示在 1%、5%、10% 的水平上显著；$\ln Y_{i,t-1}$ 表示滞后一期的因变量，分别代表 $\ln PAT_{i,t}$、$\ln PR_{i,t}$、$\ln INV_{i,t}$ 和 $\ln UD_{i,t}$ 的滞后一期；下同。

---

① 限于篇幅，本书省略了 OLS 和 FE 的估计结果。

无论是对高技术产业专利申请量还是新产品销售收入而言，前一期都产生了显著且正相关影响，体现了高技术产业技术创新绩效具有传承性和累积性特点，同时也说明有必要建立动态面板数据模型。

高技术产业 R&D 经费投入和 R&D 人员投入对其专利申请和新产品销售收入都产生了显著的积极影响，而且 R&D 人员的作用大于经费投入的作用，这说明内生创新努力尤其是加大 R&D 人才的使用是提高其创新绩效的重要措施。

国内技术转移有利于高技术产业专利申请，不利于其新产品销售收入。国内产业转移对高技术产业专利申请和新产品销售收入都产生了积极的影响。

（二）分区域回归

鉴于我国不同地区技术转移和产业转移情况不同，我们有必要考察不同地区的各个变量对高技术产业创新绩效的影响程度。本书接下来按国家统计局划分标准将各地区划分为东部、中部、西部三大地区，分类方法同本章第一节。东部地区是国内产业转出地和技术主要转移地，中、西部地区是国内产业承接地。再分别用公式（7－10）和公式（7－11）进行回归。由于分区域之后，样本量变少，而解释变量较多，使用系统 GMM 估计失效，我们使用静态面板模型进行回归，结果在表7－9中显示。

表7－9　　　　　　　　　　　分区域面板数据回归结果

变量	lnPAT			lnPR		
	东部（国内产业转出地）	中部（国内产业承接地）	西部（国内产业承接地）	东部（国内产业转出地）	中部（国内产业承接地）	西部（国内产业承接地）
常数项	−7.8745 *** （−16.8293）	−6.5168 *** （−7.0319）	−2.7003 *** （−3.9511）	3.2063 *** （4.5410）	10.5471 *** （3.0769）	3.2827 *** （5.0362）
lnRD	0.7933 *** （12.8163）	0.6864 *** （5.3510）	0.4379 *** （4.2051）	0.3517 **** （3.0472）	−0.0369 （−0.1238）	0.3822 *** （3.9423）
lnHRD	0.3669 *** （4.7293）	0.3466 ** （2.3562）	0.2871 ** （2.4789）	0.6647 *** （6.1085）	0.5246 *** （3.1035）	0.5884 *** （5.3570）

续表

变量	lnPAT			lnPR		
	东部（国内产业转出地）	中部（国内产业承接地）	西部（国内产业承接地）	东部（国内产业转出地）	中部（国内产业承接地）	西部（国内产业承接地）
lnDB	0.2112 *** （2.7389）	0.2979 ** （2.0488）	0.1799 *** （2.6878）	0.2880 *** （3.8875）	－ 0.4376 ** （－ 2.5889）	0.1384 ** （2.1366）
IR	0.0002 （1.6016）	0.0007 *** （3.0124）	0.0014 ** （2.4056）	0.0003 （1.3089）	0.0010 *** （3.9634）	－ 0.0002 （－ 0.4051）
FE/RE	FE	RE	FE	FE	FE	FE
R^2	0.9563	0.7361	0.8528	0.8674	0.8526	0.9280

注：括号内为 t 统计量；*** 、** 、* 分别表示在 1%、5%、10% 的水平上显著。

经 Hausman 检验，结果均拒绝了原假设，各模型基本上都适用于固定效应模型，只有一个模型不适合，见表 7 - 9。当以高技术企业专利申请为被解释变量时，创新 R&D 经费投入和 R&D 人员投入都对三大区域产生了积极影响，而且这两个变量的影响基本上呈现出由东至西逐步减少的形式。技术市场成交合同金额同样产生了积极效应，对中部地区的影响最大。产业转移对中部的影响不显著，对中、西部地区尤其是西部地区产生了积极的正影响。从各个变量的系数比对来看，无论是东部地区还是中、西部地区，创新 R&D 经费投入和 R&D 人员投入仍旧是高技术企业专利申请增加的最主要因素。

当以高技术企业新产品销售收入为被解释变量时，各个变量的影响符号与以专利申请为被解释变量结果基本类似，从另一方面表明分区域的实证研究结果具有稳健性和可靠性。

（三）创新水平差异下的研究结果

本书进一步从创新水平差异的视角，将专利申请分为发明专利和实用新型与外观设计，对各个解释变量对高技术产业差异化创新的影响进行对比分析，结果合并在表 7 - 8 中。

无论是对发明专利还是实用新型和外观设计申请而言，创新经费和创新投入、国内技术购买都有利于其增加，R&D 人员的作用高于经费的作用，国内产业转移的影响不显著。

第三节　国内外产业转移背景下技术转移对人力资本的多维影响分析

要实现区域经济协调发展，首先区域经济要发展，技术进步、人力资本等都有利于区域经济发展。找到区域经济发展的重要动力，落后地区和产业可以更好发挥后发优势。前面两节，我们已经分析了技术转移的技术进步效应，接下来分析技术转移对人力资本的影响。

自从中国经济进入新常态以来，通过深化供给侧结构性改革引领中国经济实现高质量发展已成为当前中国经济工作的核心。供给侧结构性改革强调劳动、资本与技术等要素结构的优化升级。人力资本作为主要的生产要素之一，不仅可能呈现边际报酬非递减的现象，而且还可能产生一定外部效应，其对经济增长的重要贡献已成为共识（Fleisher et al.，2010；Murphy and Topel，2016；周少甫等，2013；赵莎莎，2019），于是各国都非常重视人力资本投资，中国也不例外。根据《中国人力资本报告（2018）》，按照 1985 年可比价格计算，中国的人力资本存量从 1985 年的大约 33 万亿元上升至 2016 年的 342 万亿元，年均增长率达 7.98%，但低于同期中国平均经济增长率，中国劳动人口受教育程度仍旧偏低，2016 年高中及以上受教育程度人口占比只有 34.08%。不仅如此，对中国中小型企业而言，无论是从外部雇用的高技术人员还是内部培训投资都存在不足（李静等，2017；郭磊和曲进，2019）。因此，寻找影响人力资本投资水平的因素，有效解决人力资本投资问题，成为中国的当务之急。

一、文献综述

影响劳动者人力资本投资水平的因素众多，但国内外相关研究主要集中在以下两方面：

一方面，部分学者从人力资本投资预期收益方面去寻找原因。一些学者认为国际贸易引起人力资本投资收益的变化，从而影响劳动者人力资本投资水平。李坤望等（2014）研究发现，贸易开放会不利于发展中国家的高技术产业发展，致使高技能劳动报酬相对下降，削减了劳动者人力资本投资意愿。法尔维等（Falvey et al.，2010）认为对于发达国家，对外贸易反而能强化比较优势，提高其高技能劳动者报酬，促进其人力资本投资。然而，如果考虑贸易结构、贸易方式等因素后，上述结论可能出现不同（邵敏和刘重力，2010）。也有学者认为外资进入会扩大东道国的技能溢价（包群和邵敏，2008；刘玉海和张默涵，2017），从而影响劳动者投资；也有学者认为外资进入对东道国技能溢价的影响不确定（Fajnzylber and Fernandes，2009）。但劳动者报酬对人力资本的影响是存在的（徐常建和黄铁苗，2009）。阿斯莫格鲁（Acemoglu，2003）认为国际贸易和经济全球化会导致技能溢价，但本质原因可归结于技术进步。由此，部分学者研究技术进步对技能溢价的影响，发现技能偏向型技术进步会提高高技能劳动力相对报酬（董直庆等，2013），促进其人力资本投资。

另一方面，还有学者研究直接影响人力资本投资的因素。芬德利和基尔茨科夫斯基（Findlay and Kierzkowski，1983）的研究发现最终贸易扩大了要素禀赋的初始差异，促使人力资本集中于技术充裕型国家。严伟涛和盛丹（2014）的研究发现对外贸易不利于低技能劳动者投资人力资本，但随着企业平均生产率的提升，城市劳动者倾向于增加教育投资。陈维涛等（2014）指出地区出口企业生产率提高对中国人力资本积累具有积极影响。赵莎莎（2019）研究发现 R&D 资本和异质型人力资本存在显著的空间相关性。

根据以上分析，国际贸易、FDI、技术进步、就业人才结构等都会直接或间接影响一国劳动者人力资本投资，但是相关结论存在争议。

国际贸易和 FDI 是国际产业转移和技术转移的主要载体，技术进步除了自主研发，还可以通过国内技术转移、国外技术直接转移实现，国内产业转移也可能会造成技术转移。因此，国内外技术转移和国内外产业转移都会影响我国人力资本水平。本书将研究国内外产业转移背景下技术转移对我国人力资本的影响。

与现有研究比较，本书从以下三方面进行扩展：第一，将技术进步、人力资本技能和就业人才结构等纳入一个统一的理论框架，同时将技术进步分解为内部自主创新和海外技术冲击，本书不是分析贸易、投资直接对人力资本投资的影响，而是分析通过贸易（进出口）和投资（FDI 和 OFDI）渠道的海外技术溢出对劳动者人力资本产生的影响；第二，以省级人均受教育年限作为被解释变量，将人力资本分解为低技术人力资本、高技术人力资本和总体平均人力资本，并运用系统 GMM 方法针对面板数据进行估计，使得研究结论更为可信；第三，不仅关注了国内外技术冲击对劳动者人力资本投资的影响，还分别研究了各个渠道单独对外资企业和非外资企业通用性和专用性人力资本的影响。

二、模型的建立

（一）劳动者人力资本投资水平影响因素的计量模型

1. 劳动者人力资本投资决策

根据法尔维等（Falvey et al.，2010）、陈维涛等（2014）的研究，用 W_S、W_U 分别代表高、低技能劳动者的工资，a、T 分别代表劳动者的外生能力和工作时间，c、E 分别是人力资本投资的单位成本和花费的时间，r 代表均衡利率，那么人力资本投资的净收益 $R(a, t)$ 为：

$$R(a, t) = \int_{t+E}^{T} (aW_S - W_U) e^{-r(z-t)} dz - \int_{t}^{t+E} (cW_S + W_U) e^{-r(z-t)} dz \qquad (7-12)$$

令 $R(a, t) = 0$，可得：

$$\tilde{a}(t) = \gamma c + (1+\gamma) \frac{1}{W} \qquad (7-13)$$

其中，$W = \dfrac{W_S}{W_U}$，$\gamma = \dfrac{e^{rT}(e^{rE}-1)}{e^{rT} - e^{r(t+E)}}$，$t \neq T - E$。

假设 $R(a, t) > 0$，劳动者就进行人力资本投资，反之则不投资。那么公式（7-13）就是人力资本投资的门槛值，该值随着 W 的变动而变化。既然人力资本投资决策是由 W 决定的，那么有哪些因素会影响 W 呢？

2. 高、低技能劳动者相对报酬的决定

根据墨菲等（Murphy et al.，1998）、邵敏和刘重力（2010）等的研究：

$$\omega = \frac{\gamma}{1 - \gamma}\left[\frac{TS}{TU}\right]^{(\theta-1)/\theta}\left[\frac{S}{U}\right]^{-1/\theta} \qquad (7-14)$$

其中，$0 < \gamma < 1$，γ 为分配参数，代表要素密集程度，S/U 表示高、低技能劳动者就业量之比，TS 和 TU 分别为决定高、低技能劳动者劳动生产率的技术进步。因为假定技能劳动力和非技能劳动力的替代弹性 $\theta > 1$，则 $\partial\ln(W)/\partial\ln(TS/TU) > 0$，$\partial\ln(W)/\partial\ln(S/U) < 0$。由上分析可知，随着 TS/TU 的提高和 S/U 减少，W 将会提高。

3. 技术水平、高低技能劳动力的相对就业量对劳动者人力资本投资的影响

由上分析可知，随着 TS/TU 的提高和 S/U 减少，W 将会提高，劳动者继续进行人力资本投资的能力门槛值为：

$$\tilde{a}(t) = \gamma b + (1 + \gamma)w < \gamma b + (1 + \gamma)w \qquad (7-15)$$

4. 计量模型的建立

无论是文献分析还是理论模型，高、低技能劳动者的相对就业量和技术进步影响劳动者报酬，从而影响劳动者投资门槛，最终影响人力资本投资水平。本书据此建立实证模型，在模型中加入被解释变量的滞后项，得到动态面板模型如下：

$$\ln H_{i,t} = a_0 + a_1\ln H_{i,t-1} + a_2\ln T_{i,t} + a_3\ln\frac{S_{i,t}}{U_{i,t}} + \mu_{i,t} \qquad (7-16)$$

其中，$H_{i,t}$ 表示人力资本水平，$T_{i,t}$ 表示技术冲击，即技术进步的影响，$\mu_{i,t}$ 为综合误差项，其余变量含义同上。

技术进步来源于自主研发的技术和外部技术：

$$T_{i,t} = f(S_{i,t}^d, \, S_{i,t}^f)$$

其中，S^d 为自主研发的技术，S^f 为外部技术。

在开放经济条件下，一国的技术进步来源于多方面，包括自主研发、有意识的技术转移和无意识的技术溢出，其中后两者为外部技术冲击（刘小鲁，2011）。技术转移包括国外技术引进和国内其他地区技术转移。国内产业转移也有可能会带来间接的技术转移。就海外技术溢出渠道而言，本书选取4 个常见的渠道：通过进口和 FDI 获得正向国际技术溢出；利用出口和对外直接投资获取国际逆向技术溢出。由于贸易和投资是国际产业转移的主要形式，于是这 4 个渠道既衡量了国际产业转移带来的技术溢出，也暗含了国际产业转移带来的间接技术转移。

最后，为了分析国内外技术进步影响中国人力资本的渠道，我们构建以下模型：

$$\ln H_{i,t} = a_0 + a_1 \ln H_{i,t-1} + a_2 \ln \frac{S_{i,t}}{U_{i,t}} + a_3 \ln S_{i,t}^d + a_4 \ln S_{i,t}^{f-FB} + a_5 \ln S_{i,t}^{f-FDI} + a_6 \ln S_{i,t}^{f-EX}$$
$$+ a_7 \ln S_{i,t}^{f-OFDI} + a_8 \ln S_{i,t}^{f-IM} + a_9 \ln S_{i,t}^{DB} + a_{10} S_{i,t}^{IR} + \mu_{i,t} \qquad (7-17)$$

其中，i 表示中国各省份，t 表示年份，S^{f-IM}、S^{f-FDI}、S^{f-EX} 和 S^{f-OFDI} 分别表示 i 省 t 期通过进口、FDI、出口和对外直接投资路径获得的国外技术溢出，S^d 表示自主研发投入，S^{f-FB} 代表国外技术引进，S^{DB} 表示国内技术转移，S^{IR} 表示国内产业转移，产业转移由于包含转入和转出，存在负数，所以不取对数①。

（二）企业人力资本投资水平影响因素的计量模型

不仅劳动者会做出人力资本投资决策，企业也会进行人力资本投资。企业的技术水平需要相应的人力资本匹配，才有可能实现最优产出。无论是自

---

① 在前面的章节，国际产业转移用 FDI 表示，国内产业转移用 IR 表示，国外技术转移用 FB 表示，国内技术转移用 DB 表示，但是本节用 S^{f-FDI} 表示 FDI 路径获得的国外技术溢出，S^{f-FB} 代表国外技术引进，S^{DB} 表示国内技术转移，S^{IR} 表示国内产业转移，目的是和本节前面的理论分析字母相统一。

主研发还是进出口等产生的技术溢出，这都是企业的行为，直接影响企业的技术进步，企业需要相应的人力资本匹配，才能发挥最大的产出效应。由于研究的是开放条件下的技术进步，外资和非外资企业产生的技术进步可能存在差异，本节需要考虑各个渠道对外资企业人力资本的 *FH* 和非外资企业人力资本 *DH* 的影响，建立模型如下：

$$\ln DH_{i,t} = a_0 + a_1 \ln DH_{i,t-1} + a_3 \ln S_{i,t}^d + a_4 \ln S_{i,t}^f + \mu_{i,t} \qquad (7-18)$$

$$\ln FH_{i,t} = a_0 + a_1 \ln FH_{i,t-1} + a_3 \ln S_{i,t}^d + a_4 \ln S_{i,t}^f + \mu_{i,t} \qquad (7-19)$$

其中，$\ln S^f$ 外部技术冲击，分别考察进口、FDI、出口、对外直接投资、国外技术引进、国内技术转移、国内产业转移情形，其余变量含义同上。

三、变量的测算方法和数据来源

（一）变量的测算方法

1. 人力资本水平（*H*）

人力资本水平用常用的人均受教育年限来计算（Barro and Lee，2000）。其中，小学、初中、高中、中专和高等教育的教育年限分别取 6 年、9 年、12 年、12 年和 16 年。*H* 为各类毕业生教育受年限总和与 6 岁及以上人口比值。为了考虑各省人力资本结构，本书用低技术人力资本 *LH*（劳动力接受高中、中专及其以下教育水平人数所占的比重）和高技术人力资本 *HH*（劳动力接受的大专及以上教育水平人数所占的比重）作为人力资本另一度量方法进行经验分析。

企业人力资本与劳动者人力资本不同。莱帕克和斯内尔（Lepak and Snell，1999）指出企业人力资本投资有四种不同的模式：内部开发、购买、合同和联盟。马歇尔将人的能力划分为"通用能力"和"特殊能力"。从狭义角度可以认为，人力资本可分为通用性与专用性。由外部购买等方式得到的人力资本一般是通用性人力资本，由内部开发等形成的一般是专用性人力资本。本书也对此进行划分。考虑数据的可得性，本节借鉴何兴强等

（2014）的研究，用 R&D 人员占就业人数比重作为通用性人力资本水平 *GH* 的代理变量，用培训投资占总产值比重 *TH* 作为专用性人力资本水平的代理变量，前者还可作为企业人力资本水平的代表，后者可作为企业人力资本投资水平的代表。

2. 高、低技能劳动力就业之比

学术文献和统计年鉴数据对高技能劳动都没有统一界定。沿用黄灿（2014）的做法，使用 R&D 人员折合全时当量表示高技能劳动力就业情况，低技能劳动力用"各省就业人数"与"R&D 人员数"差值表示。

3. 国内外技术冲击渠道

本书用 R&D 存量表示自主研发投入。技术引进则选取各省国外技术引进合同经费存量表示。R&D 存量、国外技术引进存量以及后面各国的 R&D 存量都用永续盘存法计算，按照肖文和林高榜（2011）的做法，折旧率为 5%。参考朱平芳和徐伟民（2003）的做法构建 R&D 价格指数，上述变量运用该指数处理以 2005 年不变价格表示。

由于国际投资和国际贸易的金额只能代表各渠道自身的发展情况，本书运用利希滕伯格和波特尔斯伯格（Lichtenberg and Pottelsberghe，1998）给出的方法测度通过这些渠道溢出的国外 R&D 资本存量，即：$S_t^{f-FDI} = \sum_j \dfrac{FDI_{jt}}{K_{jt}} \times$

S_{jt}^d，$S_t^{f-OFDI} = \sum_j \dfrac{OFDI_{jt}}{K_{jt}} \times S_{jt}^d$，$S_t^{f-IM} = \sum_j \dfrac{IM_{jt}}{GDP_{jt}} \times S_{jt}^d$，$S_t^{f-EX} = \sum_j \dfrac{EX_{jt}}{GDP_{jt}} \times S_{jt}^d$。其中，$FDI_{jt}$ 代表第 t 期从 j 国流入中国的实际外商直接投资存量，$OFDI_{jt}$ 代表中国对第 j 国的实际外商直接投资存量，K_{jt} 为 j 国固定资本，IM_{jt} 表示中国从 j 国的进口额，EX_{jt} 表示中国对 j 国的出口额，GDP_{jt}、S_{jt}^d 分别表示 j 国的 GDP 和国内 R&D 资本存量，后者采用永续盘存法计算。其余变量含义同上。

根据上述测算方法，按照各省份的比重进行计算，则 i 省通过进口溢出渠道获得的海外 R&D 资本为：$S_{it}^{f-IM} = \dfrac{IM_{it}}{IM} \sum_j \dfrac{IM_{jt}}{GDP_{jt}} \times S_{jt}^d$。其中，$IM_{it}$ 为 i 省的 t

年进口额，IM 为当年全国进口额，其他三个变量的构造类似：$S_{it}^{f-EX} = \dfrac{EX_{it}}{EX} \sum\limits_{j}$

$\dfrac{EX_{jt}}{GDP_{jt}} \times S_{jt}^{d}$，$S_{it}^{f-FDI} = \dfrac{FDI_{it}}{FDI} \sum\limits_{j} \dfrac{FDI_{jt}}{K_{jt}} \times S_{jt}^{d}$，$S_{t}^{f-OFDI} = \dfrac{OFDI_{it}}{OFDI} \sum\limits_{j} \dfrac{OFDI_{jt}}{K_{jt}} \times S_{jt}^{d}$。$S^{DB}$

表示国内技术转移，用各省份技术市场成交金额表示，S^{IR} 表示国内产业转移，计算方法见公式（3-1）。

（二）数据来源

由于人力资本和与各国贸易投资相关数据主要是从 2004 年开始完整统计，前面年份缺失较多，考虑数据的可得性和统计口径的一致性，本书采用 2004～2017 年的数据，企业相关的数据也使用的是 2007～2017 年，西藏地区由于缺失数据较多进行了删除处理。这样实际数据为 30 个省份的面板数据（不含西藏、港澳台地区）。各省份各级学校毕业生数、6 岁及以上人口总数和教育支出等来自 EPS 全球统计数据库、《中国工业经济统计年鉴》和中经网统计数据库等；各省份就业人数、进出口、FDI 和 OFDI 等数据来自《新中国 60 年统计资料汇编》和各省份统计年鉴、中经网统计数据库、《中国统计年鉴》和中国对外投资公报等；各省份 R&D 人员、R&D 经费、国内技术交易成交金额、工业增加值等来自 EPS 全球统计数据和《中国科技统计年鉴》；国外相关数据来自 IMF、EPS 和联合国教科文组织数据库等。

在选取技术溢出的来源国（地区）方面，考虑了各国（地区）R&D 投入和各国（地区）与中国的主要贸易投资关系，选取了 10 个国家和地区：日本、韩国、新加坡、德国、英国、法国、意大利、美国、加拿大和中国香港。

四、实证分析

（一）技术进步对中国劳动者人力资本水平与结构影响的回归结果分析

为了克服内生性问题，同时利用更多样本信息，本书建立动态面板模型，并且选择系统 GMM 方法进行参数估计。首先，利用建立的模型估计技术进步对中国劳动者人力资本水平与结构的影响，结果见表7－10。

表7－10　　　　技术进步对劳动者人力资本影响的系统 GMM 估计

变量	模型1	模型2	模型3
	ln$H$	lnHH	lnLH
ln$H$（－1）	－0.2125 *** （－4.5325）		
lnHH（－1）		0.7553 *** （9.7825）	
lnLH（－1）			0.7531 *** （11.4789）
ln（S/U）	－0.1160 *** （－2.9971）	0.0706 ** （2.7421）	－0.0998 * （－1.9564）
lnS^d	0.0866 *** （3.3137）	0.0973 ** （2.4658）	－0.0544 ** （－2.4483）
lnS^{f-FB}	－0.0769 *** （－3.5623）	－0.0504 （－0.6117）	0.0377 （1.1582）
lnS^{f-FDI}	0.0494 *** （4.2177）	－0.0037 （－0.1193）	0.0039 （0.4271）
lnS^{f-EX}	0.0211 （1.2511）	0.0435 ** （1.8774）	－0.0302 （－1.4806）
lnS^{f-OFDI}	0.0450 *** （6.7034）	－0.0603 *** （－2.9040）	－0.0081 （－0.5649）
lnS^{f-IM}	－0.0708 *** （－4.0955）	－0.0252 （－0.4629）	0.1302 *** （3.8160）
lnS^{DB}	0.0146 * （1.9418）	0.0029 ** （2.1786）	0.0329 *** （3.1851）
S^{IR}	－2.14E－05 * （－1.8315）	－4.09E－05 （－0.9103）	－2.65E－06 （－0.1661）

变量	模型 1	模型 2	模型 3
	ln$H$	lnHH	lnLH
AR（2）	0.5345	0.4677	0.5677
Sargan 统计量	0.2678	0.4257	0.1835

注：括号内为 t 值；AR（2）和 Sargan 检验是 P 值；***、**、* 分别表示在 1%、5% 和 10% 的显著性水平上显著。

由表 7 – 1 可知，模型的 AR（2）检验和 Sargan 统计量的 P 值均大于 1%，以上检验表明系统 GMM 的估计结果是有效的。

根据表 7 – 10 的模型 1，就业人才结构对中国劳动者人力资本水平的影响为负数，符合预期。说明其他条件不变条件下，随着高技能劳动力相对就业量的不断增加，高技能劳动者相对低技能劳动者的实际报酬逐渐减少，劳动者人力资本的门槛提高，人力资本水平下降。国内自主研发、FDI 溢出、出口溢出、FDI 投资溢出、国内技术转移都有利于中国人力资本水平增加，而国外技术引进和进口技术溢出反而不利于中国人力资本增加，国内产业转移的影响很小。

由于技术水平需要和相应水平的人力资本相匹配才能获得最优的经济效应。基于此，本节将人力资本划分为高技术和低技术人力资本，能够更准确测度各个变量对不同层次的人力资本产生的影响。

对于高技术人力资本而言，除了 FDI 技术溢出和 OFDI 技术溢出变量的系数发生变化外，其余的变量系数未变，但是部分变量的系数没有通过显著性检验。可见，就业人才结构、自主创新、出口逆向技术溢出、国内技术转移是有利于中国高技术人力资本增加。随着自主研发投入的增长，企业增加高技能劳动的雇佣数量，进而提高了对高技能劳动的相对需求。为了维持海外市场的竞争力，企业须不断提升产品质量，增加研发强度，从而提高了对科技人员的需求。国内技术转移，需要高水平技术人才才能使用其技术。OFDI 溢出系数小于零，可能由于 OFDI 类似地"增加"了国外的高技能劳动力的相对供给，造成本国人力资本水平下降等。其余变量的影响不显著。

对于低技术人力资本而言，与研究高技术人力资本时各变量的影响符号相比，除了 OFDI 溢出、国际技术转移、国内产业转移变量的符号相同，其余变量符号相反。一方面，国外技术引进、进口、对外直接投资和国内技术转移也有利于中国低技术人力资本增加，说明中国获取的国内外技术转移是有利于低层次中国人力资本投资的；另一方面，说明研发投入、国外技术引进等产生的技术存在差异，从而需要不同技能的人力资本匹配。

（二）技术进步对中国企业人力资本水平与结构影响的实证结果

根据表 7-11，对外资企业通用性人力资本而言，除了进出口溢出渠道外，其余变量都有利于外资企业通用性人力资本增加，尤其是 FDI 溢出。对于非外资企业通用性人力资本而言，上述渠道产生的技术进步都有利于其通用性人力资本增加，尤其是出口和 FDI 溢出。

然而，根据表 7-12，对于外资企业专业性人力资本而言，国内技术转移影响不显著，其余变量都产生了积极的正影响；对于内资企业专业性人力资本而言，FDI 溢出、进口溢出、国内技术转移、国内产业转移产生了消极影响。

总之，国内外产业转移和国内技术转移有利于非外资企业通用性人力资本增加和外资企业专业性人力资本，部分有利于外资企业通用性人力资本增加和内资企业专业性人力资本增加。

（三）分区域回归

鉴于我国不同地区技术转移和产业转移情况不同，我们有必要考察不同地区的各个变量的影响程度。本书接下来按国家统计局划分标准将各地区划分为东部、中部、西部三大地区，分类方法同本章第一节，其中东部地区是国际产业主要承接地，中、西部地区是国内产业主要承接地。由于分区域之后，样本量变少，而解释变量较多，使用系统 GMM 估计失效，我们使用静态面板模型进行回归，结果在表 7-13 中显示。经 Hausman 检验，结果均拒绝了原假设，各模型都适用于固定效应模型。

表 7-11　技术进步对外资和非外资企业通用性人力资本 $\ln GH$ 影响的 SYS-GMM 回归结果

变量	外资企业								非外资企业							
$\ln GH(-1)$	0.0244 (1.4577)	0.0456* (1.9676)	0.0178 (1.1946)	0.031*** (2.5325)	0.0277* (1.9891)	0.0421* (1.9603)	−0.0371*** (−4.5871)	−0.1118*** (−9.0733)	0.5233*** (34.4559)	0.5567*** (14.62244)	0.6788*** (5.9666)	0.4688*** (16.4668)	0.4677*** (7.55)	0.7785*** (10.5679)	0.0869*** (4.6022)	0.7794*** (23.8036)
$\ln S^d$	0.1349** (2.9678)								0.7673*** (5.3045)							
$\ln S^{f-FB}$		0.2456* (1.654)								1.6352*** (6.7883)						
$\ln S^{f-FDI}$			0.2912** (2.1161)								2.3223*** (6.3814)					
$\ln S^{f-EX}$				−0.0321*** (−2.2527)								2.9334*** (4.2325)				
$\ln S^{f-ODI}$					0.0884*** (2.4370)								0.6231*** (7.3557)			
$\ln S^{f-IM}$						−0.5124*** (−2.9123)								1.6746*** (2.3457)		
$\ln S^{DB}$							0.1579*** (3.8189)								1.6250*** (15.5911)	
S^{DB}								0.0018*** (6.7221)								0.0013*** (3.5483)
AR (2)	0.034	0.1567	0.1807	0.1784	0.1674	0.1994	0.0245	0.1924	0.0712	0.1174	0.0377	0.1332	0.0457	0.1462	0.2104	0.2147
Sargan 统计量	0.6432	0.5273	0.5343	0.4213	0.4347	0.5770	0.3648	0.4821	0.3782	0.5582	0.4172	0.5568	0.3745	0.5672	0.5478	0.5697

注：括号内为 t 值；AR（2）和 Sargan 检验是 P 值；***、**、*分别表示在 1%、5% 和 10% 的显著性水平上显著。

表 7 - 12　　技术进步对外资和非外资企业专业性人力资本 $\ln TH$ 影响的 SYS-GMM 回归结果

变量	外资企业								非外资企业							
$\ln TH(-1)$	0.0347*** (9.1224)	0.0714 (0.5411)	0.145* (1.987)	0.0474 (0.4117)	0.0755*** (2.3245)	0.15154*** (5.2311)	0.1768*** (3.8587)	-0.0530 (-0.5728)	0.3644*** (4.555)	0.3545*** (6.2455)	0.3312*** (4.9312)	0.3452*** (4.4211)	0.3545*** (4.1402)	0.3542*** (5.1788)	0.4096*** (33.2352)	0.2550*** (9.2915)
$\ln S^{d}$	1.9345*** (4.0217)								0.0302*** (3.6984)							
$\ln S^{f-FB}$		3.3845** (2.4786)								0.0545*** (7.0157)						
$\ln S^{f-FDI}$			5.9874*** (3.9752)								-0.0456*** (-6.4571)					
$\ln S^{f-EX}$				10.2542*** (9.4575)								-0.1125*** (-3.2464)				
$\ln S^{f-OFDI}$					1.5112*** (3.1503)								0.0287*** (4.35474)			
$\ln S^{f-IM}$						6.3571*** (3.4775)								-0.1036*** (-8.1124)		
$\ln S^{UB}$							-0.7309 (-0.9746)								-0.0196*** (-4.7525)	
S^{UR}								0.0155** (2.6039)								-0.0003*** (-7.4294)
AR (2)	0.1354	0.1689	0.5664	0.1899	0.1402	0.1405	0.1563	0.1467	0.1928	0.2881	0.2100	0.1772	0.1253	0.2166	0.3157	0.2575
Sargan 统计量	0.6578	0.6884	0.7870	0.5725	0.6545	0.8354	0.5572	0.6543	0.4557	0.4671	0.7585	0.5567	0.6127	0.6079	0.5711	0.6482

注：括号内为 t 值；AR（2）和 Sargan 检验是 P 值；***、**、* 分别表示在 1%、5% 和 10% 的显著性水平上显著。

表 7 - 13　分区域面板数据回归结果

变量	lnH 东部（国际主要承接地）	lnH 中部（国内主要承接地）	lnH 西部（国内主要承接地）	lnHH 东部（国际主要承接地）	lnHH 中部（国内主要承接地）	lnHH 西部（国内主要承接地）	lnLH 东部（国际主要承接地）	lnLH 中部（国内主要承接地）	lnLH 西部（国内主要承接地）
常数项	1.8723*** (9.1549)	3.0193*** (24.9506)	3.2451*** (29.6638)	-3.5282** (-2.3764)	-0.0619 (-0.1075)	1.2675*** (3.7800)	2.1334* (1.9763)	-0.3816 (-0.6887)	1.6452*** (6.3981)
$\ln(S/U)$	0.0449*** (2.9614)	0.1088*** (8.3646)	0.1340*** (13.0921)	0.3193*** (3.6144)	0.3601*** (4.6612)	0.5253*** (14.7619)	0.2787*** (4.3389)	-0.2972*** (-4.9896)	0.0105 (0.3858)
$\ln S^d$	-0.0344*** (-2.9605)	-0.0251 (-1.2139)	-0.0156* (-1.9389)	0.1927 (1.4309)	0.5196*** (7.0707)	0.1553*** (6.2593)	-0.2254** (-2.3018)	0.4367*** (4.6172)	0.0515*** (2.7038)
$\ln S^{f-FB}$	0.0462*** (4.0765)	-0.0188*** (-2.8116)	-0.0297*** (-5.0719)	0.0174 (0.3181)	0.0308 (0.7610)	-0.0335* (-1.6952)	0.0292 (0.7349)	-0.1213*** (-3.9506)	-0.0172 (-1.1327)
$\ln S^{f-FDI}$	0.0335*** (3.2582)	0.0478** (2.6450)	0.0331** (2.9027)	0.1204** (2.2315)	-0.1640** (-2.2585)	-0.0739** (-2.0158)	0.0666* (1.6984)	-0.1271 (-1.5349)	-0.1460*** (-5.1918)
$\ln S^{f-EX}$	-0.0575*** (-5.4673)	-0.0212** (-2.2574)	0.0239** (2.1806)	0.4596*** (2.9159)	-0.0149 (-0.2657)	-0.0119 (-0.3750)	0.1672 (1.4586)	0.0052 (0.1204)	0.0875*** (3.6041)
$\ln S^{f-OFDI}$	0.0171*** (2.8969)	0.0106* (1.9853)	0.0120** (2.0887)	0.1077*** (3.5079)	-0.1240*** (-4.2380)	0.0585*** (4.3719)	0.1057*** (4.7365)	-0.0904*** (-3.6920)	-0.0407*** (-3.9631)

续表

变量	lnH			lnHH			lnLH		
	东部（国际主要承接地）	中部（国内主要承接地）	西部（国内主要承接地）	东部（国际主要承接地）	中部（国内主要承接地）	西部（国内主要承接地）	东部（国际主要承接地）	中部（国内主要承接地）	西部（国内主要承接地）
$\ln S^{f-IM}$	0.0032 (0.2539)	-0.0136 (-0.9998)	-0.0175** (-2.1273)	-0.1104 (-1.2993)	-0.1693** (-2.1203)	-0.0106 (-0.4062)	-0.1075* (-1.7400)	0.0018 (0.0293)	0.0529*** (2.6416)
$\ln S^{DB}$	0.0183** (2.0324)	0.0145* (1.8631)	-0.0135** (-2.5918)	0.0779** (2.1543)	-0.1268*** (-2.8574)	-0.0270* (-1.8275)	0.0309 (1.1732)	-0.0980*** (-2.7478)	0.0117 (1.0347)
S^{JR}	-8.86E-06 (-0.7517)	-8.89E-06 (-0.7227)	9.37E-06 (0.3329)	5.80E-06 (0.1427)	-5.71E-06 (-0.0799)	0.0002** (2.1478)	-0.0001** (-2.1405)	-1.88E-05 (-0.3340)	-9.73E-06 (-0.1411)
FE/RE	FE	FE	FE	FE			FE	FE	
R²	0.8547	0.8487	0.8361	0.9536	0.8019	0.9132	0.966785	0.6408	0.3043

注：括号内为 t 统计量；***、**、*分别表示在1%、5%、10%的水平上显著。

对东部地区总人力资本增加起推动作用的主要是就业人才结构、国外技术引进、FDI 溢出、OFDI 溢出和国内技术转移；对东部地区高技术人力资本起推动作用的主要是就业人才结构、FDI 溢出、出口溢出、OFDI 溢出和国内技术转移；对东部地区低技术人力资本起推动作用的是就业人才结构、FDI 溢出、OFDI 溢出、进口溢出。

对中部地区而言，就业人才结构、国外技术引进、FDI 溢出、OFDI 溢出和国内技术转移也是促进总人力资本增加的重要变量，与东部地区情形类似；对中部地区高技术人力资本起推动作用的主要是就业人才结构、国内 R&D 投入；对东部地区低技术人力资本起推动作用的是国内 R&D 投入。

对西部地区而言，促进总人力资本增加的主要是就业人才结构、FDI 溢出、出口溢出和 OFDI 溢出；促进高技术人力资本增加的主要是就业人才结构、国内 R&D 投入、OFDI 溢出和国内产业转移；促进低技术人力资本增加的主要是国内 R&D 投入、出口溢出、进口溢出和国内技术转移。

第四节　对我国区域协调发展的启示

根据前文的实证分析，国内产业转移、国际产业转移、国内技术转移、国际技术转移对我国以及三大区域技术进步、人力资本增加产生了不同的作用，而且大部分都是促进作用。

区域经济协调发展是国家国民经济和社会发展的需要，也是目前"十四五"规划纲要的重要内容。协调区域经济是一个国家实现可持续、高效发展的前提和基础。区域协调发展包括经济协调发展、科技协调发展、资源协调发展等多方面。

国内产业转移带来的间接技术转移、直接技术转移对于区域产业、科技、人力的促进作用已经得到共识。如果能够有效利用国内外产业转移带来的技术转移，实现产业链和创新链的高效对接与共赢互动，将对促进我国区域协调发展具有重要意义。

第八章

考虑空间关联性后国内外技术
转移的空间效应分析

借鉴空间杜宾模型、莫兰指数等方法，实证分析技术转移对人力资本、TFP技术进步和经济发展的空间效应分析。

第一节　空间杜宾模型的建立

一方面，在空间邻接或地理距离相近的省份间，两省之间经济、技术交流越方便；另一方面，在空间邻接或地理距离相近的省份间，其科技政策容易出现相互学习、模仿和攀比等现象，会呈现空间依赖。

由于地方企业之间会相互竞争和相互模仿，一个省份的技术转移不仅会影响本地技术进步，还会对其他省份技术进步产生影响。独立地考察某个省份技术转移对本省的影响有可能因忽视其他省份的空间溢出效应的影响而得到有偏结果。因此，考虑空间溢出效应很有必要。由于空间杜宾模型同时考虑被解释变量和解释变量的空间溢出效应，将建立空间杜宾模型来分析技术转移的空间效应。

将借鉴莱萨奇和佩斯（LeSage and Pace，2009）的研究，构建如下空间面板杜宾模型：

$$y = \alpha I_n + \lambda Wy + X\beta + WX\rho + \varepsilon \qquad (8-1)$$

式中，被解释变量 y 是 n 阶矩阵，X 为解释变量矩阵，β 是对应的解释变量的系数矩阵；α 为常数项，I_n 为 $n \times 1$ 阶单位矩阵，n 为城市个数；W 为 $n \times n$ 阶空间权重矩阵，反映不同城市之间的空间关联；Wy 与 WX 分别为 y 和 X 的空间滞后项；ε 为随机误差，且满足 $\varepsilon \sim N(0, \sigma^2 I_n)$。

根据莱萨奇和佩斯（LeSage and Pace，2009）的研究，在空间计量模型的估计结果中，在被解释变量的空间自相关系数显著不为零（$\lambda \neq 0$）的情况下，则不能直接用解释变量及其空间滞后项的回归系数来度量解释变量对被解释变量的空间溢出效应，否则会得到有偏的估计结果。为克服上述问题，莱萨奇和佩斯（LeSage and Pace，2009）进一步提出了一种空间回归模型的偏微分方法，将解释变量对被解释变量空间溢出的直接效应和间接效应从总效应中分解出来，以实现对模型估计结果更为合理的解释。直接效应表示的是地区内的影响，间接效应体现的是地区间的影响，两者相加为总效应，总效应表示解释变量对所有地区被解释变量造成的平均影响。

为了获得以上三种效应，本书将公式（8-1）转变成如下形式：

$$(I_n - \lambda W)y = I_n\alpha + X\beta + WX\rho + \varepsilon \qquad (8-2)$$

令 $\varphi(W) = (I_n - \lambda W)^{-1} = I_n + \lambda W + \lambda^2 W^2 + \lambda^3 W^3 + \cdots$，$S_r(W) = \varphi(W)$ $(I_n\beta_r + W\rho_r)$，则公式（8-2）可进一步转变为：

$$y = \sum_{r=1}^{k} S_r(W)x_r + \varphi(W)I_n\alpha + \varphi(W)\varepsilon \qquad (8-3)$$

其中，k 为解释变量的个数，x_r 为第 r 个解释变量，β_r 为解释变量向量 X 中第 r 个解释变量的回归系数，ρ_r 表示 WX 的第 r 个变量的估计系数。公式（8-3）的矩阵形式为：

$$\begin{bmatrix} y_1 \\ y_2 \\ \vdots \\ y_n \end{bmatrix} = \sum_{r=1}^{k} \begin{bmatrix} S_r(W)_{11} & S_r(W)_{12} & \cdots & S_r(W)_{1n} \\ S_r(W)_{21} & S_r(W)_{22} & \cdots & S_r(W)_{2n} \\ \vdots & \vdots & & \vdots \\ S_r(W)_{n1} & S_r(W)_{n2} & \cdots & S_r(W)_{nn} \end{bmatrix} \begin{bmatrix} x_{1r} \\ x_{2r} \\ \vdots \\ x_{nr} \end{bmatrix} + \varphi(W)I_n\alpha + \varphi(W)\varepsilon$$

$$(8-4)$$

则：

$$y_i = \sum_{r=1}^{k} \left[S_r(W)_{i1}x_{1r} + S_r(W)_{i2}x_{2r} + \cdots + S_r(W)_{in}x_{nr} \right]$$
$$+ \varphi(W)_i I_n\alpha + \varphi(W)_i\varepsilon \qquad (8-5)$$

根据上式，将 y_i 对其他省份 j 的第 r 个解释变量 x_{jr} 求偏导得到公式（8-6），将 y_i 对本省份的第 r 个解释变量 x_{ir} 求偏导得到公式（8-7）：

$$\frac{\partial y_i}{\partial x_{jr}} = S_r(W)_{ij} \qquad (8-6)$$

$$\frac{\partial y_i}{\partial x_{ir}} = S_r(W)_{ii} \qquad (8-7)$$

其中，$S_r(W)_{ij}$ 为 $S_r(W)$ 中的第 i 行第 j 列的元素，表示省份 j 的第 r 个解释变量 x_{jr} 对其他省份 i 被解释变量 y_i 的间接效应。$S_r(W)_{ii}$ 为矩阵 $S_r(W)$ 主对角线上的第 i 个元素，表示省份 i 的第 r 个解释变量 x_{ir} 对本省内被解释变量 y_i 的直接效应。$S_r(W)_{ij}$ 和 $S_r(W)_{ii}$ 之和为总效应，即对所有省份造成的平均影响。

将矩阵 $S_r(W)$ 主对角线上的所有元素取算术平均值，即得到变量 x_r 的平均直接效应 ADE：

$$ADE = \frac{1}{n}\text{trace}\left[S_r(W) \right] \qquad (8-8)$$

其中，$\text{trace}\left[S_r(W) \right]$ 代表矩阵 $S_r(W)$ 的迹。假设所有地区的变量 x_r 都变化一个单位，其对地区 i 被解释变量的总效应则为矩阵 $S_r(W)$ 的第 i 行元素之和，即 $\sum_{j=1}^{n} S_r(W)_{ij}$。取所有地区总效应的算术平均值，得到变量 x_r 的平均总效应 ATE：

$$ATE = \frac{1}{n} \sum_{i=1}^{n} \sum_{j=1}^{n} S_r(W)_{ij} \tag{8-9}$$

用公式（8-9）减去公式（8-8）得到变量 x_r 的平均间接效应 AIE：

$$AIE = \frac{1}{n} \left\{ \sum_{i=1}^{n} \sum_{j=1}^{n} S_r(W)_{ij} - \mathrm{trace}\left[S_r(W) \right] \right\} \tag{8-10}$$

由此可见，技术溢出对人力资本投资的空间效应可以分为直接效应和间接效应，但是这些效应的方向需要进一步验证。

第二节　技术转移的空间自相关分析

一、空间权重矩阵设定

空间邻接权重矩阵（W_1）。本节设置空间邻接 0-1 矩阵来反映这种区位空间邻接关系。该矩阵元素在省域 i 与 j 相邻则取值为 1，不相邻时则为 0，对角线设为 0。这种权重矩阵设定简单易行，但是不能够反应地理距离相近但不相邻省份之间的影响。

地理距离权重矩阵（W_2）。借鉴冯林等（2016）的做法，W_2 采用各省间地理距离平方的倒数来计算，地理距离用各省会城市之间的球面距离来测量，对角线元素设置为 0。该矩阵意味着省域之间地理距离越远，空间关联越弱。

地理经济距离权重矩阵（W_3）。相邻地区间的经济联系并非完全相同，考虑到不同地区的经济发展水平存在显著的空间相关性，经济发展水平较高的地区对经济发展水平较低的地区可能有更强的空间作用。经济地理距离权重矩阵的生成方式如下：首先，计算每个省份所研究时间段的总的人均实际地区生产总值平均值；其次，计算两省份之间人均实际地区生产总值平均值差距的绝对值，再将这一绝对值的倒数作为两个省份关系矩阵的元素，其中对角线元素设置为 0；最后，将上述矩阵元素与地理距离矩阵（W_2）元素对应相乘，最终生成经济距离权重矩阵。

二、空间自相关分析

检验空间相关性通常有两类方法：第一类是分析空间数据在整个系统内表现出来的分布特征，通常被称为全局空间相关性，一般用 Moran's I 指数测度；第二类是用来分析局部子系统所表现出的分布特征，又被称为局部空间相关性，一般用 Moran 散点图来测度。

（一）全局空间相关性

本书用最常见的表示全域空间自相关性的指标 Moran's I 指数进行检验，其构造如下：

$$I = \frac{\sum_{i=1}^{N} \sum_{j=1}^{N} w_{ij}(Y_i - \overline{Y})(Y_j - \overline{Y})}{S^2 \sum_{i=1}^{N} \sum_{j=1}^{N} w_{ij}}$$

其中，$S^2 = \frac{1}{N} \sum_{i=1}^{N} (Y_i - \overline{Y})$，$\overline{Y} = \frac{1}{N} \sum_{i=1}^{N} Y_i$，$Y_i$ 代表第 i 省份的观测值，N 代表省份个数，w_{ij} 代表空间权重矩阵的 (i, j) 元素。I 指数在 $(-1, 1)$ 之间，$I > 0$ 表示存在空间正相关，$I < 0$ 表明空间负相关，$I = 0$ 表示各地区之间无关联。I 值越大意味着空间相关性越强，反之越小。

技术转移包括国际技术转移和国内技术转移。$\ln S^{f-FB}$ 表示取自然对数后的国外技术转移，用国外技术引进的自然对数表示。$\ln S^{DB}$ 表示取自然对数后的国内技术转移，用国内技术市场合同成交金额的自然对数表示。[①]

表 8-1 中显示了 3 种空间权重矩阵下国内外技术转移的空间自相关检验结果。从表中可知，除了国内技术转移外，W_1 的空间权重下空间关联不太显著，其余都显著正相关。也就是国内技术转移和国外技术转移主要在 W_2 和

---

① 在前面的章节，国际产业转移用 FDI 表示，国内产业转移用 IR 表示，国外技术转移用 FB 表示，国内技术转移用 DB 表示，但是本章用 S^{f-FDI} 表示 FDI 路径获得的国外技术溢出，S^{f-FB} 代表国外技术引进，S^{DB} 表示国内技术转移，S^{IR} 表示国内产业转移，目的是和前面的理论分析字母统一。

W_3 空间权重下呈现正向空间关联，下文分析我们主要以这两个权重为主。此外，对于国际技术转移，空间邻接权重矩阵空间关联最强；对于国内技术转移，地理距离权重和地理经济距离权重下空间关联程度相近。

表 8-1　　　部分年份国内外技术转移不同空间权重矩阵下的 Moran's I 指数

年份	W_1		W_2		W_3	
	$\ln S^{f-FB}$	$\ln S^{DB}$	$\ln S^{f-FB}$	$\ln S^{DB}$	$\ln S^{f-FB}$	$\ln S^{DB}$
2004	0.371 ***	0.121	0.112 ***	0.057 **	0.127 ***	0.06 **
2006	0.371 ***	0.121	0.112 ***	0.057 **	0.127 ***	0.06 **
2008	0.357 ***	0.176 **	0.113 ***	0.061 ***	0.128 ***	0.057 **
2010	0.364 ***	0.170 *	0.113 ***	0.072 ***	0.125 ***	0.065 **
2012	0.387 ***	0.155	0.117 **	0.059 **	0.125 ***	0.055 **
2014	0.384 ***	0.142	0.110 ***	0.068 ***	0.161 ***	0.062 **
2015	0.39 ***	0.128	0.111 ***	0.053 **	0.116 ***	0.049 **
2016	0.38 ***	0.152	0.101 ***	0.061 ***	0.106 ***	0.056 **
2017	0.346 ***	0.114	0.089 ***	0.054 **	0.096 ***	0.05 **
2018	0.387 ***	0.05	0.091 ***	0.028 *	0.100 ***	0.027

注：***、**、* 分别表示在 1%、5%、10% 的水平上显著。

（二）技术转移局部空间相关

以 2018 年为例，基于 W_3 空间矩阵，使用局部 Moran's I 散点图来检验局部地区是否存在集聚性。

从表 8-2 可知，国外技术转移主要分布在第一象限和第三象限内，呈现出明显的 H-H 集聚和 L-L 集聚状态，观测点高值与高值关系紧密，低值与低值关系紧密。这表明中国国外技术转移水平高的省份，其邻近省份国外技术转移也比较高，国外技术转移低的省份，其邻近省份的水平也同样比较低。但第一象限的集聚数量明显高于第三象限，这说明中国国外技术引进水平较高。

表8-2　　　　　2018 年基于 W_3 的国内外技术转移局部相关情况

变量	第一象限（H-H）	第二象限（L-H）	第三象限（L-L）	第四象限（H-L）
$\ln S^{f-FB}$	北京、天津、河北、山西、内蒙古、吉林、黑龙江、上海、浙江、安徽、江西	湖南、重庆、甘肃、青海、宁夏	山东、河南、湖北、广东、广西、海南、四川、贵州、云南、陕西、新疆	辽宁、江苏、福建
$\ln S^{DB}$	北京、天津、辽宁、黑龙江、上海、江苏、浙江、安徽、山东、湖北、湖南	河北、山西、内蒙古、吉林、福建、江西、河南、宁夏	广西、海南、贵州、云南、青海、新疆	广东、重庆、四川、陕西、甘肃

国内技术转移的主要集聚在第一象限，第二象限和第三象限的省份数量相近，说明观测点高值与高值关系紧密，低值与高值、低值与低值关系紧密。

第三节　技术转移对人力资本的空间效应分析

在第七章第三节，我们分析了国内外产业转移背景下技术转移对人力资本的影响。接下来，我们接着第七章第三节的内容，考虑空间关联后，分析技术转移对人力资本的影响。

一、引言

在新常态下，为了加快建设创新型的国家，促进中国经济高质量发展，我们需要释放发展新动能。当前，我国经济增长的动力逐步从人口红利向人才红利、从投资驱动向人力资本驱动转换。人力资本供给质量正取代人力资源数量，逐步成为我国经济高质量发展的新动力。根据中央财经大学发布的《中国人力资本报告（2020）》（李海峥，2020），中国的劳动力人口平均受教育程度从 1985 年的 6.24 年上升为 2018 年的 10.36 年，但中国劳动人口受教育程度仍旧偏低。[①] 不仅如此，2018 年，劳动力人口中获得大专及以上教育

---

① 统计数据不包括我国港澳台地区。

程度的占比只有 19.24%；1985～2018 年，中国实际的人力资本年均增长率为 7.27%，但世界排名不高。根据《2019 年世界发展报告》，在有统计的 157 个国家和地区中，中国人力资本指数排第 46 位，得分为 0.67。因此，我国未来的工作需要加大人力资本投资。中国经济实现高质量发展，既离不开技术的创新，更加离不开能驾驭新技术的人力资本。为了贯彻落实党的十九届四中全会提出的"扩大人力资本，建设技能型劳动者队伍"目标，寻找影响人力资本尤其是高质量人力资本的影响因素，有效解决人力资本投资问题，成为中国的当务之急。

近年来，随着改革开放和"一带一路"的深入，我国的对外经济活动更加频繁。在全球化的视角下，通过国际贸易、国际投资、技术扩散等产生的技术进步通过就业需求、技能溢价等渠道影响人力资本投资收益和成本，进而影响劳动者人力资本投资决策，最终影响一国的人力资本水平（Greenland and Lopresti，2016；潘莹和张华容，2018）。

现有关各个渠道产生的技术进步对人力资本水平影响效果的研究忽视了技术进步及其影响效果在区域间的相互关联性。随着经济全球化和区域经济一体化的不断推进，各经济体之间的空间依赖性正逐渐增强。赵莎莎（2019）研究发现研发资本和异质型人力资本存在显著的空间相关性。因此，考虑空间溢出效应很有必要。

与已有研究相比，本书将从以下方面进行扩展：第一，以省级人均受教育年限作为被解释变量，将人力资本分解为低技术人力资本、高技术人力资本和总人力资本，运用空间计量方法揭示省级人力资本水平空间关联效应，从人力资本的视角为省级经济间存在空间关联提供新证据；第二，通过构建三种权重的空间杜宾模型，同时考虑省级人力资本自身的空间关联性和技术进步的空间效应，揭示多渠道技术转移对省内和省份之间人力资本水平的空间效应，以及呈现何种空间溢出效应。

二、理论模型、方法和研究假说

本节借鉴法尔维等（Falvey et al.，2010）、陈维涛等（2014）、阿西莫格鲁（Acemoglu，2003）等学者的研究，并适当扩展，从理论的角度分析技术转移等渠道带来的技术进步对我国人力资本积累水平的异质性影响，以此提出了相关经验假说。

（一）基本模型

1. 劳动者人力资本投资的决策模型

本节借鉴法尔维等（Falvey et al.，2010）、陈维涛等（2014）的研究，用 W_S、W_U 分别代表高、低技能劳动者的效率工资，a、t、T 分别代表高技能劳动者的外生能力、年龄与预期寿命，c、E 分别是劳动者成为高技能劳动者进行人力资本投资的单位成本和花费的时间，r 代表均衡利率，a、c 处于（0，1）之间。那么人力资本投资的净收益 $R(a, t)$ 为：

$$R(a, t) = \int_{t+E}^{T} (aW_S - W_U) e^{-r(z-t)} \mathrm{d}z - \int_{t}^{t+E} (cW_S + W_U) e^{-r(z-t)} \mathrm{d}z$$

$$(8-11)$$

令 $R(a, t) = 0$，可得：

$$\tilde{a}(t) = \gamma c + (1+\gamma) \frac{1}{\omega} \qquad (8-12)$$

其中，$\omega = W_S / W_U$，$\gamma = [e^{rT}(e^{rE} - 1)]/[e^{rT} - e^{r(t+E)}]$，$t \neq T - E$。

假设 $R(a, t) > 0$，劳动者就进行人力资本投资，成为高技能的劳动者，反之则不投资，成为低技能的劳动者。那么公式（8-12）就是人力资本投资的门槛值，该值随着 ω 的增加而降低。

既然人力资本投资决策是由 ω 决定的，那么有哪些因素会影响 ω 呢？

2. 技术进步、劳动者相对报酬和人力资本投资

（1）高、低技能劳动者相对报酬的决定。

根据墨菲等（Murphy et al.，1998）、阿西莫格鲁（Acemoglu，2003）、董直庆等（2014）等人的研究，假设厂商使用高技能劳动 L_s 和低技能劳动 L_u 以及资本 K 进行生产，用 A_s 和 A_u 分别表示高技能和低技能劳动的技术效率参数，A 代表中性技术进步，假定充分就业和规模报酬不变，生产技术满足

不变替代弹性的 CES 函数形式，则：

$$Y = F(K, L_u, L_s) = AK^{\alpha}\big[(1-\lambda)(A_u L_u)^{\rho} + \lambda(A_s L_s)^{\rho}\big]^{\beta/\rho} \quad (8-13)$$

其中，α，β，$\lambda \in (0, 1)$，$\alpha + \beta = 1$，$-\infty < \rho < 1$，α 和 β 分别代表资本和劳动的产出弹性；λ 为分配参数，代表要素密集程度；ρ 是高技能劳动与低技能劳动者之间的替代参数，高技能劳动 L_s 和低技能劳动 L_u 的替代弹性为 $\sigma = 1/(1-\rho)$。当 $\sigma > 1$ 时，高技能劳动力对低技能劳动力是替代关系；当 $0 < \sigma < 1$ 时，两者为互补关系。

假设劳动力市场完全竞争，工资等于劳动的边际产出，依据厂商利润最大化条件，对公式（8-13）求偏导有：

$$W_s = \frac{\partial Y}{\partial L_s} = \lambda AK^{\alpha}\beta\big[(1-\lambda)(A_u L_u)^{\rho} + \lambda(A_s L_s)^{\rho}\big]^{\beta/\rho-1} A_s^{\rho} L_s^{\rho-1} \quad (8-14)$$

$$W_u = \frac{\partial Y}{\partial L_u} = (1-\lambda)AK^{\alpha}\beta\big[(1-\lambda)(A_u L_u)^{\rho} + \lambda(A_s L_s)^{\rho}\big]^{\beta/\rho-1} A_u^{\rho} L_u^{\rho-1}$$

$$(8-15)$$

其中，W_s 和 W_u 分别为高技能劳动者和低技能劳动者的效率工资。

将公式（8-14）除以公式（8-15）得：

$$\omega = \frac{W_s}{W_u} = \frac{\lambda}{1-\lambda}\frac{A_s^{\rho} L_s^{\rho-1}}{A_u^{\rho} L_u^{\rho-1}} = \frac{\lambda}{1-\lambda}\left(\frac{A_s}{A_u}\right)^{\rho}\left(\frac{L_s}{L_u}\right)^{\rho-1} = \frac{\lambda}{1-\lambda}\left(\frac{A_s}{A_u}\right)^{(\sigma-1)/\sigma}\left(\frac{L_s}{L_u}\right)^{-1/\sigma}$$

$$(8-16)$$

从上式可以看到，高、低技能劳动者相对报酬是由其相对技术水平与相对劳动力的供给来决定的。当 $\sigma > 1$，则 $\partial\ln(\omega)/\partial\ln(A_s/A_u) > 0$，$\partial\ln(\omega)/\partial\ln(L_s/L_u) < 0$；当 $0 < \sigma < 1$，则 $\partial\ln(\omega)/\partial\ln(A_s/A_u) < 0$，$\partial\ln(\omega)/\partial\ln(L_s/L_u) < 0$。

随着 A_s/A_u 的提高，ω 将会提高到 ω'，劳动者继续进行人力资本投资的能力门槛值会降低：

$$\tilde{a}(t) = \gamma c + (1+\gamma)\frac{1}{\omega'} < \gamma c + (1+\gamma)\frac{1}{\omega} \quad (8-17)$$

因此，随着偏向高技能型技术水平的提高，我国高技能与低技能劳动者的相对报酬趋于增加，我国劳动者继续进行人力资本投资的能力门槛值将会降低，有利于其进行人力资本投资，其作用强度取决于其本身的水平及 ρ；

高技能和低技能劳动相对供给、偏向低技能型技术水平的提高对 ω 的影响则相反。

（2）技术进步与人力资本投资。

在开放经济条件下，一国的技术进步来源于多方面：自主研发、有意识的技术转移和无意识的技术溢出，其中后两者为外部技术冲击（刘小鲁，2011）。

根据皮萨里德斯（Pissarides，1997）的研究，我们假设相对生产率方程为：

$$\left[\frac{A_s}{A_u} = f(S^d,\ S^f) \right] \tag{8-18}$$

其中，S^d 为各省自主研发投入，S^f 为通过国内和国际技术转移等渠道获取的外部技术。

根据公式（8-16）、公式（8-17）、公式（8-18），我们得知，技术进步导致高技能与低技能劳动者的相对报酬发生变动，从而影响人力资本投资决策。由此，本书可以得到以下假说：

假说1：技术进步对人力资本投资会产生影响，其影响取决于技术进步的偏向和性质。

（二）计量模型

为了检验我国技术进步和人力资本的关系，本书根据前面的分析建立以下回归方程：

$$\ln H_{i,t} = a_0 + a_1 \ln \frac{S_{i,t}}{U_{i,t}} + a_2 \ln S_{i,t}^d + a_3 \ln S_{i,t}^f + a_4 \ln X_{i,t} + \mu_{i,t} \tag{8-19}$$

其中，$H_{i,t}$ 表示人力资本投资水平，$S_{i,t}/U_{i,t}$ 为高、低技能劳动力供给量之比，$X_{i,t}$ 为控制变量，$\mu_{i,t}$ 为综合误差项，其余变量含义同上。

为了考虑各省人力资本结构，本节将人力资本分为低技术人力资本 *LH* 和高技术人力资本 *HH*。

外部技术主要包括有意识的技术转移和无意识的技术溢出。技术转移包括国外技术引进和国内其他地区技术转移。国内产业转移也有可能会带来间接的技术转移。就海外技术溢出渠道而言，本书选取四个常见的渠道：通过进口和 FDI 获得正向国际技术溢出；利用出口和对外直接投资获取国际逆向技术溢出。由于贸易和投资是国际产业转移的主要形式，于是这四个渠道既衡量了国际产业转移带来的技术溢出，也暗含了国际产业转移带来的间接技术转移。

最后本节建立的回归方程拓展为：

$$\ln H_{i,t} = a_0 + a_1 \ln \frac{S_{i,t}}{U_{i,t}} + a_2 \ln S_{i,t}^d + a_3 \ln S_{i,t}^{f-FDI} + a_4 \ln S_{i,t}^{f-EX} + a_5 \ln S_{i,t}^{f-OFDI}$$
$$+ a_6 \ln S_{i,t}^{f-IM} + a_7 \ln S_{i,t}^{f-FB} \mu_{i,t} + a_8 \ln S_{i,t}^{DB} + a_9 S_{i,t}^{IR} + a_{10} \ln X_{i,t} + \mu_{i,t}$$
$$(8-20)$$

$$\ln HH_{i,t} = a_0 + a_1 \ln \frac{S_{i,t}}{U_{i,t}} + a_2 \ln S_{i,t}^d + a_3 \ln S_{i,t}^{f-FDI} + a_4 \ln S_{i,t}^{f-EX} + a_5 \ln S_{i,t}^{f-OFDI}$$
$$+ a_6 \ln S_{i,t}^{f-IM} + a_7 \ln S_{i,t}^{f-FB} \mu_{i,t} + a_8 \ln S_{i,t}^{DB} + a_9 S_{i,t}^{IR} + a_{10} \ln X_{i,t} + \mu_{i,t}$$
$$(8-21)$$

$$\ln LH_{i,t} = a_0 + a_1 \ln \frac{S_{i,t}}{U_{i,t}} + a_2 \ln S_{i,t}^d + a_3 \ln S_{i,t}^{f-FDI} + a_4 \ln S_{i,t}^{f-EX} + a_5 \ln S_{i,t}^{f-OFDI}$$
$$+ a_6 \ln S_{i,t}^{f-IM} + a_7 \ln S_{i,t}^{f-FB} \mu_{i,t} + a_8 \ln S_{i,t}^{DB} + a_9 S_{i,t}^{IR} + a_{10} \ln X_{i,t} + \mu_{i,t}$$
$$(8-22)$$

其中，S^{f-IM}、S^{f-FDI}、S^{f-EX} 和 S^{f-OFDI} 分别通过进口、FDI、出口和对外直接投资路径获得的国外技术溢出，S^d 表示自主研发投入，S^{f-FB} 代表国外技术引进，S^{DB} 表示国内技术转移，S^{IR} 表示国内产业转移，产业转移由于包含转入和转出，存在负数，所以不取对数，ln 表示取自然对数，下文一样。

（三）空间杜宾模型及其分解

一方面，在空间邻接或地理距离相近的省份间，两省之间交流越方便，劳动力流动更加频繁；另一方面，在空间邻接或地理距离相近的省份间，其人力资本政策容易出现相互学习、模仿和竞争等现象，进而使得此类省份人力资本投资水平具有相似性，会呈现空间依赖。此外，由于经济发展水平是人力资本投资的经济基础，而不同省份之间的经济发展水平存在显著空间相关性，尤其是经济发展水平较高的省份对较低的省份具有更强的空间作用，于是在经济基础相对较好的地区，会有更多工作机会和更高工资报酬，会吸引大量人才流入，形成人力资本集聚。基于此，本书可以得到以下假说。

假说2：空间邻接或地理距离相近的省份人力资本投资存在空间关联效应，经济发展水平也会对人力资本投资存在空间溢出效应。

由于地方企业之间会相互竞争和相互模仿，一个省份的技术进步不仅会影响本省技术进步，还会对其他省份技术进步产生影响，从而影响其人力资本投资。独立地考察某个省份技术进步对本省人力资本投资的影响有可能因忽视其他省份的空间溢出效应的影响而得到有偏结果。因此，考虑空间溢出效应很有必要。借鉴莱萨奇和佩斯（LeSage and Pace，2009）的研究，我们构建如下空间面板杜宾模型：

$$y = \alpha I_n + \lambda Wy + X\beta + WX\rho + \varepsilon \qquad (8-23)$$

式中，被解释变量 y 是 n 阶矩阵，为各省人力资本水平，本节将分别用 $\ln H$、$\ln HH$ 与 $\ln LH$ 作为被解释变量；X 为解释变量矩阵，在实证研究过程中，我们将用 $\ln(S/U)$、$\ln S^d$、$\ln S^{f-FDI}$、$\ln S^{f-EX}$、$\ln S^{f-OFDI}$、$\ln S^{f-IM}$、$\ln S^{f-FB}$、$\ln S^{DB}$、S^{IR} 作为核心解释变量，同时加入 $\ln PGDP$、$\ln POP$、$\ln EDU$ 等控制变量，β 是对应的解释变量的系数矩阵；α 为常数项，I_n 为 $n \times 1$ 阶单位矩阵，n 为省份个数；W 为 $n \times n$ 阶空间权重矩阵，反映不同省份之间的空间关联；Wy 与 WX 分别为 y 和 X 的空间滞后项；ε 为随机误差，且满足，$\varepsilon \sim N(0, \sigma^2 I_n)$。

根据莱萨奇和佩斯（LeSage and Pace，2009）的研究，在空间计量模型的估计结果中，在被解释变量的空间自相关系数显著不为零（$\lambda \neq 0$）的情况下，需要使用一种空间回归模型的偏微分方法，将解释变量对被解释变量空间溢出的直接效应和间接效应从总效应中分解出来，以实现对模型估计结果更为合理的解释。直接效应表示的是地区内的影响，间接效应体现的是地区间的影响，两者相加为总效应。但是这些效应的方向需要进一步验证。为此，由假设1延伸出以下假说。

假说3：各渠道技术进步对中国各地区内人力资本投资存在空间溢出效

应,也对各地区间人力资本投资存在空间溢出效应,但效应方向需要进一步
验证。

三、指标选择和数据来源

(一)指标选择

1. 空间权重矩阵设定

同本章第二节。

2. 被解释变量

人力资本投资水平(H)用常用的人均受教育年限计算(Barro and Lee,2000)。H 是各类毕业生教育受年限总和与 6 岁及以上人口比值。小学、初中、高中、中专和高等教育的教育年限分别取 6 年、9 年、12 年、12 年、16年。为了考虑各省人力资本的结构,本书借鉴魏下海(2010)的做法,用低技术人力资本 LH(劳动者接受高中、中专及以下教育水平人数所占比重表示)和高技术人力资本 HH(劳动者接受大专及以上教育水平人数所占的比重表示)作为人力资本水平的另一度量方法进行经验分析。

3. 解释变量

高、低技能劳动力供给量之比 S_{it}/U_{it}。目前学术文献和统计年鉴都没有对高技能劳动进行统一界定,沿用黄灿(2014)的做法,使用研究与实验发展(R&D)人员折合全时当量表示高技能劳动力就业情况,低技能劳动力用"各省就业人数"与"R&D 人员折合数"差值来表示。当 $\sigma>1$,则 $\partial\ln(\omega)/\partial\ln(A_s/A_u)>0$,当 $0<\sigma<1$,则 $\partial\ln(\omega)/\partial\ln(A_s/A_u)<0$。

用 R&D 存量表示自主研发投入(S^d)。技术引进(S^{f-FB})用各省国外技术引进合同经费存量来表示。国内技术购买(S^{DB})用各省国内技术购买经费存量表示。R&D 存量、国外技术引进存量、国内技术购买存量以及后

面各国的 R&D 存量都用永续盘存法来计算，按照肖文和林高榜（2011）的做法设定折旧率为 5%。参考朱平芳和徐伟民（2003）的做法构建 R&D 价格指数，上述变量运用该指数处理以 2005 年不变价格表示。单位都是亿元。

由于国际贸易、国际投资金额只能代表各技术进步渠道自身的发展情况，本节借鉴利希滕贝格和波特尔斯伯格（Lichtenberg and Pottelsberghe, 1998）的方法测算通过这些渠道溢出的国外 R&D 的资本存量，即：$S_t^{f-FDI} = \sum_j \dfrac{FDI_{jt}}{K_{jt}} \times S_{jt}^d$，$S_t^{f-OFDI} = \sum_j \dfrac{OFDI_{jt}}{K_{jt}} \times S_{jt}^d$，$S_t^{f-IM} = \sum_j \dfrac{IM_{jt}}{GDP_{jt}} \times S_{jt}^d$，$S_t^{f-EX} = \sum_j \dfrac{EX_{jt}}{GDP_{jt}} \times S_{jt}^d$。其中，$FDI_{jt}$ 表示第 t 年从 j 国流入我国的实际外商直接投资存量，$OFDI_{jt}$ 为我国 t 年流入到第 j 国的实际外商直接投资存量，K_{jt} 为 j 国 t 年的固定资本；IM_{jt} 表示我国从 j 国 t 年的进口额，EX_{jt} 表示我国对 j 国 t 年的出口额，GDP_{jt}、S_{jt}^d 分别表示 t 年 j 国的 GDP 与国内 R&D 的资本存量，其中后者采用了永续盘存法计算，其余变量含义同上。

基于上述测算的方法，按照各个省份的比重进行评估，则 i 省通过进口溢出获得的海外 R&D 资本为：$S_{it}^{f-IM} = \dfrac{IM_{it}}{IM} \sum_j \dfrac{IM_{jt}}{GDP_{jt}} \times S_{jt}^d$。其中，$IM_{it}$ 为 i 省 t 年的进口额，IM 是当年全国总进口额，其余三个变量的构造方法类似，单位都是亿元，即 $S_{it}^{f-EX} = \dfrac{EX_{it}}{EX} \sum_j \dfrac{EX_{jt}}{GDP_{jt}} \times S_{jt}^d$，$S_{it}^{f-FDI} = \dfrac{FDI_{it}}{FDI} \sum_j \dfrac{FDI_{jt}}{K_{jt}} \times S_{jt}^d$，$S_{it}^{f-OFDI} = \dfrac{OFDI_{it}}{OFDI} \sum_j \dfrac{OFDI_{jt}}{K_{jt}} \times S_{jt}^d$。$S^{DB}$ 表示国内技术转移，用各省技术市场成交金额表示，S^{IR} 表示国内产业转移，计算方法见第三章。

4. 控制变量

控制变量包括：经济发展水平（PGDP），该指标决定了劳动者进行人力资本投资的经济基础；财政教育支出（EDU），代表了各省对教育发展的支持，但在中国式财政集权下，其作用效果受到其支出规模、结构的影响；地区人口数量（POP），各省人口数量代表了各种技能劳动者的数量，但中国

"人口红利"主要利用的是低技能劳动力，可能阻碍了人力资本投资（中国经济增长与宏观稳定课题组，2007）。

（二）数据来源

由于 2004 年才开始完整统计我国与主要国家贸易投资相关的数据，考虑数据的可得性和统计口径的一致性，本节采用的数据为 2004 ～ 2018 年的数据，我国西藏地区由于缺失的数据较多便进行了删除处理，这样本节的实际数据为 30 个省份的面板数据（不含西藏、港澳台地区）。我国各省各级学校毕业生人数、6 岁及以上人口总数和教育支出等数据来自 EPS 全球统计数据、《中国人口统计年鉴》等；各省份就业人数、进出口、FDI 和 OFDI 等数据来自各省份统计年鉴、EPS 全球统计数据等；省 R&D 人员、R&D 经费、技术市场成交金额、工业增加值、控制变量的数据等来自 EPS 全球统计数据和《中国科技统计年鉴》；国外相关数据来自 IMF、EPS、世界银行和联合国教科文组织数据库等。

在选取技术进步的来源地区方面，本书综合考虑了各地区的研发投入额和各地区与我国的主要贸易投资额度，选取了 10 个国家和地区，分别是：日本、韩国、新加坡、英国、德国、意大利、法国、美国、加拿大和中国香港。表 8 - 3 介绍了各变量的定义及其取对数后数据的描述性统计结果。

表 8 - 3　　　　　　　　　变量的定义及其描述性统计

变量类别	变量名称	变量代码	计算方法	平均值	标准差	最小值	最大值
被解释变量	人力资本	$\ln H$	人均受教育年限计算	2.1222	0.1037	1.8532	2.3684
	高技术人力资本	$\ln HH$	高等教育人口比重	-1.0831	0.4928	-2.5396	-0.145
	低技术人力资本	$\ln LH$	初中等教育人口比重	1.2769	0.2843	0.3066	2.075

续表

变量类别	变量名称	变量代码	计算方法	平均值	标准差	最小值	最大值
核心解释变量	高、低技能劳动力就业之比	$\ln(S/U)$	R&D 人员折合数/(各省就业人数 – R&D 人员数)	– 6.1175	0.8391	– 8.0664	– 3.8284
	自主研发投入	$\ln S^d$	永续盘存法计算的 R&D 存量	5.6562	1.5684	1.1551	8.7613
	FDI 技术溢出	$\ln S^{f-FDI}$	见正文公式	1.2988	1.3891	– 1.7064	4.3165
	出口技术溢出	$\ln S^{f-EX}$	见正文公式	1.7243	1.6227	– 2.0189	5.2431
	对外直接投资技术溢出	$\ln S^{f-OFDI}$	见正文公式	9.5543	2.1414	3.41	13.9497
	进口技术溢出	$\ln S^{f-IM}$	见正文公式	1.6381	1.6928	– 2.5818	5.1738
	国外技术引进	$\ln S^{f-FB}$	永续盘存法计算的国外技术引进合同经费存量	11.6208	1.6998	6.2409	15.4563
	国内技术转移	$\ln S^{DB}$	各省技术市场成交金额	3.3793	1.6919	– 1.6607	7.9557
	国内产业转移	S^{IR}	见第三章	– 0.0079	311.7425	– 1877.4670	820.8669
控制变量	经济基础	$\ln PGDP$	人均地区 GDP	10.082	0.6492	8.3464	11.514
	人口数量	$\ln POP$	各省总人口	8.1556	0.7552	6.2897	9.2726
	教育支出	$\ln EDU$	财政性教育经费占财政支出的比例	– 1.8257	0.1621	– 2.3132	– 1.5043

注："计算方法"中除了国内产业转移，其余变量都取了自然对数。

四、实证分析

(一) 空间自相关检验

表 8 – 4 至表 8 – 6 显示了三种空间权重矩阵下部分主要解释变量和人力

资本及其组成部分的空间自相关检验结果。国内外技术转移变量的空间相关性本章第二节已经分析了，不再赘述。

表 8−4　　　　主要变量空间邻接权重 W_1 下的 Moran's I 指数

年份	$\ln H$	$\ln HH$	$\ln LH$	$\ln S^d$	$\ln S^{f-FDI}$
2004	0.187 *	0.460 ***	0.172 *	0.136 *	0.495 ***
2005	0.330 ***	0.451 ***	0.197 *	0.177 *	0.496 ***
2006	0.268 **	0.459 ***	0.154 *	0.208 **	0.509 ***
2007	0.230 **	0.460 ***	0.222 **	0.229 **	0.548 ***
2008	0.226 **	0.434 ***	0.266 **	0.241 **	0.517 ***
2009	0.227 **	0.444 ***	0.265 **	0.249 **	0.510 ***
2010	0.307 ***	0.428 ***	0.335 ***	0.253 **	0.484 ***
2011	0.117 *	0.411 ***	0.431 ***	0.262 **	0.490 ***
2012	0.137 *	0.410 ***	0.363 ***	0.270 **	0.483 ***
2013	0.135 *	0.399 ***	0.364 ***	0.277 **	0.503 ***
2014	0.168 **	0.402 ***	0.362 ***	0.256 **	0.489 ***
2015	0.145 *	0.419 ***	0.302 ***	0.247 **	0.511 ***
2016	0.151 ***	0.463 ***	0.311 *	0.266 **	0.523 ***
2017	0.152 **	0.498 ***	0.403 ***	0.218 **	0.517 ***
2018	0.163 ***	0.496 ***	0.369 **	0.238 **	0.561 ***

注：***、**、* 分别表示在1%、5%、10%的水平上显著。

表 8−5　　　　主要变量地理距离空间权重 W_2 下的 Moran's I 指数

年份	$\ln H$	$\ln HH$	$\ln LH$	$\ln S^d$	$\ln S^{f-FDI}$
2004	0.114 ***	0.161 ***	0.034 *	0.059 ***	0.146 ***
2005	0.129 ***	0.168 ***	0.051 **	0.072 ***	0.152 ***
2006	0.126 ***	0.170 ***	0.041 **	0.081 ***	0.161 ***

年份	lnH	lnHH	lnLH	$\ln S^d$	$\ln S^{f-FDI}$
2007	0. 109 ***	0. 172 ***	0. 065 ***	0. 088 ***	0. 156 ***
2008	0. 109 ***	0. 162 ***	0. 082 ***	0. 093 ***	0. 146 ***
2009	0. 110 ***	0. 158 ***	0. 086 ***	0. 096 ***	0. 144 ***
2010	0. 130 ***	0. 145 ***	0. 117 ***	0. 098 ***	0. 143 ***
2011	0. 070 ***	0. 138 ***	0. 135 ***	0. 101 ***	0. 142 ***
2012	0. 088 ***	0. 132 ***	0. 133 ***	0. 104 ***	0. 143 ***
2013	0. 088 ***	0. 117 ***	0. 138 ***	0. 106 ***	0. 147 ***
2014	0. 108 ***	0. 168 ***	0. 125 ***	0. 103 ***	0. 152 ***
2015	0. 105 ***	0. 124 ***	0. 098 ***	0. 105 ***	0. 141 ***
2016	0. 996 ***	0. 161 ***	0. 123 ***	0. 101 ***	0. 143 ***
2017	0. 110 ***	0. 135 ***	0. 134 ***	0. 104 **	0. 151 ***
2018	0. 106 ***	0. 156 ***	0. 129 ***	0. 106 ***	0. 149 ***

注: *** 、 ** 、 * 分别表示在 1% 、5% 、10% 的水平上显著。

表 8 - 6　　主要变量地理经济距离空间权重下 W_3 的 Moran's I 指数

年份	lnH	lnHH	lnLH	$\ln S^d$	$\ln S^{f-FDI}$
2004	0. 101 ***	0. 179 ***	0. 029 *	0. 049 **	0. 143 ***
2005	0. 118 ***	0. 188 ***	0. 055 **	0. 064 **	0. 147 ***
2006	0. 115 ***	0. 188 ***	0. 043 **	0. 074 ***	0. 156 ***
2007	0. 099 ***	0. 184 ***	0. 071 ***	0. 080 ***	0. 151 ***
2008	0. 100 ***	0. 169 ***	0. 094 ***	0. 085 ***	0. 145 ***
2009	0. 101 ***	0. 165 ***	0. 097 ***	0. 087 ***	0. 143 ***
2010	0. 131 ***	0. 148 ***	0. 131 ***	0. 089 ***	0. 142 ***
2011	0. 069 ***	0. 139 ***	0. 152 ***	0. 091 ***	0. 140 ***
2012	0. 089 ***	0. 131 ***	0. 150 ***	0. 093 ***	0. 140 ***

续表

年份	$\ln H$	$\ln HH$	$\ln LH$	$\ln S^d$	$\ln S^{f-FDI}$
2013	0.089 ***	0.118 ***	0.152 ***	0.096 ***	0.144 ***
2014	0.108 ***	0.158 ***	0.157 ***	0.097 ***	0.151 ***
2015	0.097 ***	0.167 ***	0.136 ***	0.075 ***	0.146 **
2016	0.102 ***	1.715 ***	1.398 ***	0.824 ***	0.149 ***
2017	0.098 ***	1.789 ***	1.426 ***	0.816 ***	0.152 **
2018	0.126 ***	1.825 ***	1.469 ***	0.907 **	0.159 ***

注：***、**、*分别表示在1%、5%、10%的水平上显著。

　　从表中可知，三种权重矩阵下被解释变量和部分解释变量2004～2018年的 Moran's I 指数均为正且都通过了10%的显著性水平检验，表明它们均存在显著的正向空间关联，适合采用空间模型进行分析；而且结果在三种空间权重矩阵的假设均成立，初步验证了假说2的正确性。进一步比较发现，高技术人力资本的空间 Moran's I 指数值整体上大于全部人力资本和低技术人力资本的 Moran's I 指数，表明高技术人力资本水平空间关联程度整体大于全部人力资本和低技术人力资本水平。FDI 技术溢出的空间 Moran's I 指数值整体上大于自主 R&D 投入的 Moran's I 指数值，表明 FDI 技术溢出具有较高的空间关联强度。同时，各变量在权重 W_1 下的空间关联系数整体上大于权重矩阵 W_2 和 W_3 的空间关联系数，表明各主要变量在空间邻接权重下的空间关联强度大于地理距离和地理经济距离权重下的空间关联强度，但是地理经济距离的影响越来越重要。

（二）空间杜宾模型的估计

　　由于模型选择中的空间 Hausman 检验结果显示应该选择固定效应模型进行分析。为此，我们分别计算了三种权重矩阵下时间固定效应（FE-time）、地区固定效应（FE-area）和时间地区双向固定效应（FE-double）的估计结果。三种空间权重矩阵下三种固定效应模型的估计系数符号均具有很高的相似性，反映了空间杜宾模型估计的稳定性。同时，进一步根据赤池信息准则（AIC）和对数似然值（LL），可知双向固定效应模型的估计是最佳的。下面，就双向固定效应模型的估计结果进行具体分析。

从表 8 – 7 可知，九个模型估计中被解释变量的空间相关系数不为零且都通过了 10% 的显著性水平检验，进一步地表明我国各省人力资本水平及其组成部分存在显著的空间关联效应；正向的空间自相关系数说明，空间邻接、地理邻接或者地理经济距离邻近的地区人力资本发展水平的提高将会对其他地区的人力资本投资带来积极影响，反之则相反。同时，空间邻接和地理距离权重矩阵下的空间自相关系数要普遍大于地理经济距离矩阵下的空间自相关系数，表明空间或地理距离越近的人力资本水平的空间关联水平越高，并且其空间溢出效应要大于地理经济距离相近的省份。进一步验证了假说 2 的正确性。

由于被解释变量的空间相关系数显著不为零，我们进一步采用偏微分方法将空间溢出效应分解为直接效应、间接效应和总效应。

1. 总人力资本模型的结果分析

由表 8 – 7 中（1）（4）（7）列结果可知，在三种不同的空间权重矩阵下，各个技术进步变量对总人力资本投资的直接效应、间接效应和总效用基本上通过了显著性检验且表现稳健，验证了假说 1 和假说 3。

（1）FDI 技术溢出对我国总人力资本投资的直接效应、间接效应和总效用均正向显著，表明 FDI 技术溢出降低了我国劳动者进行人力资本投资的门槛值，有利于劳动者进行人力资本投资。这可能的原因是近年来，我国 FDI 投资结构优化，FDI 产生了外生的偏向高技能劳动者的技术溢出，或者高技能劳动者供给的市场规模效应大于价格效应，FDI 内生偏向性技术溢出使得我国劳动者进行人力资本投资的能力门槛值将会降低，有利于劳动者人力资本投资；同时，FDI 技术溢出的直接效应大于间接效应，说明这 FDI 渠道产生的技术溢出不仅有利于降低各省内人力资本投资的门槛，也有利于降低各省之间人力资本投资的门槛，但省内的作用更明显。

表8-7 基于三空间权重矩阵的空间杜宾模型估计及分解结果

效应类别	变量	W_1			W_2			W_3		
		(1) lnH	(2) lnHH	(3) lnLH	(4) lnH	(5) lnHH	(6) lnLH	(7) lnH	(8) lnHH	(9) lnLH
直接效应	$\ln(S/U)$	-0.0025*** (-3.45)	0.1801*** (3.67)	0.1278*** (3.56)	-0.0008** (-2.06)	0.1698*** (4.16)	0.1322*** (3.77)	-0.0011*** (-3.67)	0.1823*** (4.56)	0.1489*** (3.12)
	$\ln S^d$	0.0128** (2.17)	0.1667*** (3.32)	-0.1267*** (-3.18)	0.1032*** (5.23)	0.2327*** (4.69)	-0.0446** (-2.25)	0.1623** (2.53)	0.2234*** (4.23)	-0.0544* (-1.69)
	$\ln S^{f-FDI}$	0.0106* (1.74)	-0.0082** (-2.38)	0.0073*** (3.38)	0.2068* (2.01)	-0.0127** (-2.57)	0.0073** (2.47)	0.2079** (2.34)	-0.0132 (-034)	0.0131** (2.38)
	$\ln S^{f-EX}$	0.0411** (1.99)	0.0183* (1.78)	0.0230* (1.76)	0.2099* (1.69)	0.0041*** (3.23)	0.0389 (1.12)	0.2977** (2.33)	0.0135** (2.19)	0.0372** (2.03)
	$\ln S^{f-OFDI}$	-0.0108** (-2.33)	0.0046** (2.39)	0.0052** (2.41)	-0.0243*** (-2.89)	0.0018** (2.22)	0.0041*** (3.45)	-0.0056* (-1.67)	0.0136** (2.16)	0.0124** (2.02)
	$\ln S^{f-IM}$	-0.0184* (-1.66)	-0.0422* (-1.75)	0.0366* (1.84)	-0.0343* (-1.84)	-0.0201** (-1.86)	0.0057** (2.34)	-0.0781** (-2.15)	-0.0246*** (-3.12)	0.5025** (2.13)
	$\ln S^{f-FB}$	0.0160** (2.11)	0.0117 (1.22)	-0.0253** (-2.15)	0.0235** (2.16)	0.0268** (2.33)	-0.0342** (-2.39)	0.0246* (1.94)	0.0257** (2.35)	-0.0446*** (-2.88)
	$\ln S^{DB}$	0.0031 (1.11)	0.0110* (1.74)	-0.0022 (-0.19)	0.0047* (1.68)	-0.0085* (-1.74)	0.0064 (0.67)	0.0050* (1.76)	-0.0058** (-2.48)	0.0047 (0.50)
	S^{IR}	-0.0001* (-1.85)	-0.0004*** (-2.94)	-0.0001 (-0.94)	-0.0001 (-1.40)	-0.0011 (-0.82)	-0.0002* (-1.97)	0.0000 (-1.64)	-0.0002 (-1.20)	-0.0004*** (-2.97)

续表

效应类别	变量	W_1			W_2			W_3		
		(1) lnH	(2) lnHH	(3) lnLH	(4) lnH	(5) lnHH	(6) lnLH	(7) lnH	(8) lnHH	(9) lnLH
直接效应	$\ln PGDP$	0.0421* (1.87)	0.2342*** (2.65)	0.2073** (2.72)	0.0789*** (3.59)	0.0388** (2.56)	0.0253*** (3.45)	0.0614** (2.98)	0.2389 (0.43)	0.0911** (2.26)
	$\ln POP$	-0.0276** (-2.46)	-1.2248*** (-5.39)	0.1634* (1.78)	-0.0164** (-2.32)	-1.3656*** (-6.67)	0.3481* (2.15)	-0.0051* (-1.94)	-1.4790*** (-7.45)	0.3901** (2.45)
	$\ln EDU$	0.0055 (0.58)	0.0834 (1.37)	0.1835*** (3.75)	0.0052 (0.62)	0.0829** (2.23)	0.1336** (2.42)	0.0064 (0.37)	0.0897** (2.34)	0.1323** (2.31)
	$\ln(S/U)$	0.0029** (2.12)	0.3081** (2.45)	0.3255*** (3.40)	0.1189* (1.68)	0.0866*** (3.33)	0.2034*** (4.01)	0.1232 (0.17)	0.3268*** (3.67)	0.4688 (1.24)
间接效应	$\ln S^d$	0.0051* (1.93)	0.1551** (2.31)	-0.3239*** (-2.82)	0.1023 (1.33)	0.0125*** (3.45)	-0.6969*** (-3.24)	0.1124 (0.71)	0.1923*** (2.56)	-0.8345*** (-2.83)
	$\ln S^{f-FDI}$	0.0013** (2.13)	-0.1442* (-1.66)	0.0437** (2.75)	0.0297** (1.85)	-0.0051*** (-3.32)	0.1344** (2.37)	0.0723** (2.52)	-0.2223** (-2.12)	0.1880*** (3.11)
	$\ln S^{f-EX}$	0.0356*** (3.56)	0.0546* (1.98)	0.0126** (2.28)	0.0418** (2.38)	0.0007*** (5.98)	0.0846*** (2.99)	0.1146*** (2.96)	0.0546*** (3.63)	0.0789** (2.53)
	$\ln S^{f-OFDI}$	-0.0071* (-1.94)	0.0516* (1.75)	0.0489* (1.95)	-0.0143* (-1.68)	0.0733*** (4.61)	0.0125** (2.11)	-0.0079** (-2.12)	0.0769*** (4.43)	0.0521** (2.57)
	$\ln S^{f-IM}$	-0.0099* (-1.67)	-0.0047** (-2.07)	0.1126** (2.15)	-0.0211*** (-2.12)	-0.1523*** (-2.80)	0.1557* (1.79)	-0.0779** (-2.27)	-0.1534 (-0.24)	0.1234 (1.06)

续表

效应类别	变量	W₁			W₂			W₃		
		(1) lnH	(2) lnHH	(3) lnLH	(4) lnH	(5) lnHH	(6) lnLH	(7) lnH	(8) lnHH	(9) lnLH
间接效应	$\ln S^{f-FB}$	0.0164 (1.21)	0.0523 (1.23)	-0.0435 (-1.52)	0.0145 (1.25)	0.3024* (1.98)	-0.2590** (-2.14)	0.0247 (0.67)	0.3523* (1.78)	-0.3687** (-1.96)
	$\ln S^{DB}$	0.0082* (1.93)	-0.0641** (-2.42)	-0.0395 (-1.17)	0.0271** (2.34)	-0.1768*** (-2.64)	-0.0694 (-0.91)	0.0275* (190)	-0.2240*** (-2.70)	0.0007*** (3.01)
	S^{IR}	0.0011 (0.48)	0.0007** (2.04)	-0.0004 (-1.00)	0.0001 (0.44)	-0.0001 (-1.25)	0.0005 (0.45)	0.0001 (0.60)	-0.0001 (-0.73)	0.0001 (0.13)
	$\ln PGDP$	0.0094** (2.23)	0.5091** (2.34)	0.5534*** (3.46)	0.1394* (1.98)	0.4468 (0.90)	1.1179 (1.05)	0.0579** (2.46)	0.5223** (2.71)	1.4055* (2.41)
	$\ln POP$	-0.1321** (-2.25)	-0.3415*** (-3.59)	0.3166* (1.78)	-0.0335*** (-3.12)	-2.7255** (-2.31)	2.5835*** (3.92)	-0.2934* (-2.01)	-2.9646* (-1.85)	3.4146 (0.23)
	$\ln EDU$	0.0212** (2.53)	0.2360** (2.21)	0.4351*** (2.92)	0.0724*** (3.55)	0.3018*** (3.67)	0.7990* (1.99)	0.1868* (1.70)	0.2806*** (2.49)	0.4567* (1.88)
总效应	$\ln(S/U)$	0.0029* (1.96)	0.3081*** (4.55)	0.3255*** (4.38)	0.1189* (1.77)	0.0866** (2.28)	0.2034* (1.94)	0.1232*** (3.77)	0.3268** (2.24)	0.4688* (1.96)
	$\ln S^d$	0.0179** (2.11)	0.3218 (0.81)	-0.4506*** (-3.14)	0.2055* (1.74)	0.2452* (1.84)	-0.7415*** (-3.10)	0.2747** (2.58)	0.4157 (0.28)	-0.8889 (-1.05)
	$\ln S^{f-FDI}$	0.0119*** (2.23)	-0.1524* (-1.88)	0.0510** (2.69)	0.2365*** (3.68)	-0.0178** (-2.25)	0.1417** (2.46)	0.2802*** (2.69)	-0.2355** (-2.35)	0.2011** (2.57)

续表

效应类别	变量	W_1			W_2			W_3		
		(1) lnH	(2) lnHH	(3) lnLH	(4) lnH	(5) lnHH	(6) lnLH	(7) lnH	(8) lnHH	(9) lnLH
总效应	lnS^{f-EX}	0.0767*** (4.35)	0.0729* (1.92)	0.0356* (1.90)	0.2517 (1.62)	0.0048** (2.12)	0.1235*** (2.90)	0.4123*** (2.83)	0.0681** (2.34)	0.1161*** (2.87)
	lnS^{f-OFDI}	-0.0179*** (-3.86)	0.0562*** (2.61)	0.0541 (1.06)	-0.0386 (-0.24)	0.0751* (1.84)	0.0166 (0.68)	-0.0135 (-0.79)	0.0905*** (2.68)	0.0645** (2.21)
	lnS^{f-IM}	-0.0283** (-2.11)	-0.0469 (-0.25)	0.1492** (2.79)	-0.0554 (-1.58)	-0.1724* (-1.70)	0.1614** (2.15)	-0.1560** (-2.35)	-0.1780*** (-2.87)	0.6259*** (2.85)
	lnS^{f-FB}	0.0324* (1.97)	0.0640* (1.99)	-0.0688 (-1.56)	0.0380 (0.78)	0.3292* (1.94)	-0.2932** (-2.25)	0.0493 (0.79)	0.3780* (1.95)	-0.4133** (-2.14)
	lnS^{DB}	0.0114* (1.94)	-0.0531* (-1.75)	-0.0417 (-1.07)	0.0318** (2.53)	-0.1853*** (-2.67)	-0.0630 (-0.80)	0.0325** (2.04)	-0.2298* (-1.69)	0.0054*** (3.05)
	S^{IR}	0.0010 (-0.37)	0.0003 (0.79)	-0.0005 (-1.28)	0.0000 (0.23)	-0.0012 (-1.39)	0.0003 (0.19)	0.0001 (0.34)	-0.0003 (-0.88)	-0.0003 (-0.30)
	$lnPGDP$	0.0515*** (3.99)	0.7433*** (2.72)	0.7607*** (3.82)	0.2183* (1.662)	0.4856** (2.88)	1.1432*** (2.67)	0.1193*** (3.03)	0.7612*** (3.74)	1.4966** (2.46)
	$lnPOP$	-0.1597*** (-3.36)	-1.5663* (-1.95)	0.4800** (2.14)	-0.0499** (-2.32)	-4.0911*** (-3.82)	2.9316*** (4.02)	-0.2985** (-1.98)	-4.4436** (-2.17)	3.8047** (2.16)
	$lnEDU$	0.0267*** (2.68)	0.3194** (2.32)	0.6186*** (3.46)	0.0776*** (3.78)	0.3847*** (3.91)	0.9326** (2.31)	0.1932** (2.24)	0.3703** (2.67)	0.5890* (1.89)

续表

效应类别	变量	W_1			W_2			W_3		
		(1) $\ln H$	(2) $\ln HH$	(3) $\ln LH$	(4) $\ln H$	(5) $\ln HH$	(6) $\ln LH$	(7) $\ln H$	(8) $\ln HH$	(9) $\ln LH$
rho		0.453*** (8.30)	0.0819** (2.10)	0.525*** (7.75)	0.343*** (5.24)	0.196*** (2.74)	0.244*** (2.95)	0.453*** (6.82)	0.248*** (2.95)	0.584*** (6.90)
Log-likelihood		734.66769	356.9340	423.5678	341.1450	366.8561	421.087	712.1223	345.6707	455.0678
AIC		-1522.0345	-646.990	-777.1886	-144.3461	-634.1522	-802.4562	-982.2441	-675.3511	-796.2454
BIC		-1456.5767	-593.4993	-645.6744	-136.560	-612.354	-768.3214	-1023.5431	-587.92210	-714.2542
R^2		0.911	0.946	0.967	0.934	0.935	0.963	0.945	0.901	0.914

注：括号内为 t 统计量；***、**、* 分别表示在 1%、5%、10% 的水平上显著。

（2）出口渠道产生的逆向技术溢出对我国人力资本的影响与 FDI 技术溢出类似，但出口技术溢出的积极作用总体上大于 FDI 技术溢出，这可能与出口企业本身的高技术水平与主动获取逆向技术溢出与其人力资本更匹配有关。

（3）我国 OFDI 技术溢出的三类效应都不利于我国人力资本投资，表明我国 OFDI 产生了偏向低技能型的逆向技术溢出，提高了我国劳动者进行人力资本投资的能力门槛值，不利于其进行人力资本投资，这可能与对外投资的结构与区域有关，我国对外投资主要是亚洲和拉丁美洲的国家，投资行业主要是租赁和商务服务业，获取的高技能偏向性技术溢出较少，而且我国技术寻求型 OFDI 比重较小，对国内经济反馈作用可能存在滞后性（王碧珺，2013）；OFDI 技术溢出对人力资本投资的直接效应也大于间接效应，说明这个渠道产生的技术溢出不仅不利于降低各省内人力资本投资的门槛，也不利于降低各省之间人力资本投资的门槛，但各省间的抑制作用较小。

（4）进口渠道产生的技术溢出对我国人力资本的影响与 OFDI 技术溢出类似，且进口技术溢出的负作用更大，由于知识产权保护以及通过产品比直接参与企业生产经营获得技术溢出需要更多的成本，导致进口技术溢出负作用较大。

（5）高、低技能劳动者就业之比对总人力资本投资水平影响的直接效应显著为负。在技术进步内生的情况下，随着我国各地区内高技能劳动力相对就业人数增加，高技能劳动者供给的价格效应大于市场规模效应，降低高技能劳动者的相对工资，我国劳动者继续进行人力资本投资的门槛值将会提高，不利于地区内劳动者进行人力资本投资；但间接效应为正，即对地区间产生了显著的正向空间溢出效应，说明地区间出现了高技能劳动者供给的市场规模效应大于价格效应，即高技能劳动者供给上升通过促进高技能偏向性技术（或前沿技术）进步进而提升了地区间对高技能劳动的需求和相对工资，有利于地区间人力资本投资。由于正向的间接效应显著大于负向的直接效应，其总效用显著为正。意味着各省内部劳动力市场供给与投资的良性互动已经形成，但各省之间可能存在的劳动力市场的不良竞争导致人力资本向经济发展水平较高的地区集聚，总体上高技能人才对促进中国前沿技术进步极其重要，我们应该客观认识市场化进程中基于机会平等和人力资本带来的工资溢价，避免基于市场化程度较低的行业垄断和行政垄断带来的工资溢价。

（6）自主研发投入对总人力资本投资水平影响的直接效应和总效应显著为正，间接效应为正但不显著。表明自主研发投入有效促进了地区内人力资本投资，但未能有效促进地区间人力资本水平的提高。可能的原因是省内的技术水平与人力资本水平相匹配，省内自主研发经费投向较高层次的技术，导致研发投入越多，劳动者人力资本投资越多；然而，各省之间技术水平参差不齐，研发投入的规模和结构也不同，尚难以达到利用自主研发投入促进人力资本投资的目标，因而其对人力资本投资的影响不显著。

（7）国外技术引进对地区内人力资本投资的直接效应显著为正，间接效应与总效应均为正但都不显著。由于引进的先进的国外技术需要相应的高技能人才进行消化吸收，在地区内，根据需求自主引进的国外技术与引进地区的人力资本很好地耦合了，但是对地区间乃至全国未产生明显的正向溢出，这可能与各省引进的技术与其他省份的人力资本匹配性不高。

（8）国内技术转移的三类效应为正，由于购买的技术需要相应的人力资本使用才可以转化为生产力，企业需要引进新技术劳动者或者对原有劳动者进行培训，提高了人力资本水平。

（9）国内产业转移对人力资本的影响很小，主要表现为直接效应和总效用不显著。

另外，从其他变量的系数分解结果来看：第一，人均 GDP 对人力资本投资影响的直接效应、间接效应和总效应均正向显著，表明人均 GDP 有效促进了地区内和地区间的人力资本投资。由于人均 GDP 决定了劳动者进行人力资本投资的经济基础，人均 GDP 越高，劳动者更愿意进行人力资本投资。第二，财政教育支出（EDU），对人力资本投资影响的直接效应不显著、间接效应和总效应均正向显著，这可能与支出规模、地区、类别等有关。由于教育投资占 GDP 的比例不高，区域不平衡，投资结构以高等教育为主等，导致省内人力资本水平提高不显著，但是总效应为正。第三，地区人口数量对人力资本投资影响的三类效应为负。因为各省人口数量代表了各种技能劳动者的数量，但中国"人口红利"主要利用的是低技能劳动力，可能阻碍了人力资本投资（中国经济增长与宏观稳定课题组，2007）。

分权重来看，地理经济距离矩阵下各个技术进步渠道对人力资本投资水平的影响基本上比空间邻接权重、地理距离矩阵的影响大，说明在地理与经济的综合空间关联下（地理距离越近和经济距离越小），技术进步对于人力资本空间溢出效应就越明显，也意味着这些省份可以更好协同提高其人力资本水平。

2. 高技术人力资本模型的结果分析

由表 8-7 中（2）（5）（8）列结果可知，对于高技术人力资本来说，除了高、低技能劳动者就业之比的直接效应由负变为正，FDI 技术溢出、国内技术转移变量的系数由正变负外，其余变量的系数基本上没有改变。从总效用来看，FDI 与进口的逆向技术溢出、国内技术转移、人口数量对高技术人力资本产生了空间总负效应，国内产业转移的影响不显著，其余的变量基本上产生了空间正效应。这可能是因为对于高技术人力资本来说外资的"挤出效应"大于"溢出效应"，进口中间品类似地"增加"了国内的高技能劳动力的相对供给，造成了我国高技术人力资本水平下降。而且这种影响不仅是省内影响，还影响其他省份的高技术人力资本水平。

分权重来看，地理经济距离矩阵下各个技术进步渠道对高技术人力资本投资水平的影响比空间邻接权重、地理距离矩阵的影响大。中国劳动力从中西部流向东部、从农村流向城市，正是地理经济距离的综合影响，尤其是受教育程度较高的劳动者流动更明显。这说明地理经济水平综合距离越大，技术进步对于高技术人力资本空间溢出效应就越明显，也意味着这些省份可以共享技术进步，来协同提高高技术人力资本。在地理经济距离矩阵下，间接效应基本上大于直接效应。

3. 低技术人力资本模型的结果分析

根据总效用，除了 R&D 投入和国外技术引进对低技术人力资本的空间效应为负数外，国内产业转移的影响不显著，国内技术转移在空间邻接权重、地理距离矩阵的影响为负数，在地理经济距离矩阵下的影响为正，其余的变量影响基本上为正数。由于 R&D 投入和国外技术引进是根据自身需求获取先进技术，对高技能劳动者需求的增加更明显，减少对低技能劳动者的需求，于是不利于低技术劳动者投资。而且大部分解释变量的间接效应基本上大于直接效应，可见，各个变量对技术人力资本的省间效应大于省内效应。分权重看，地理经济距离的影响更大。

（三）分区域分析

鉴于我国不同地区技术转移和产业转移情况不同，我们有必要考察不同地区的各个解释变量对被解释变量的影响程度。本书接下来按国家统计局划分标准将各地区划分为东部、中部、西部三大地区，分类方法同本章第一节。其中东部地区是国际产业主要承接地，中、西部地区是国内产业主要承接地。由前文可知，地理经济距离的影响更大。因此，我们分析地理经济距离下各区域的空间异质效应。表 8-8 是选择的 W_3 的双向固定效应模型的估计结果，下面就总效用进行分析。

对于总人力资本而言，内生技术进步、国外技术引进、国内技术转移在三大区域都有利于人力资本水平提升；FDI 只有利于西部地区人力资本水平提升；产业转移并没有提高三大区域的人力资本水平；各个变量对中部地区的影响略大于东部地区和西部地区。

对于高技术人力资本而言，东部地区主要是自主 R&D 投入和国内技术转移促进其提高；中部地区类似；西部地区是自主 R&D 投入和国内产业转移促进其提高。

对于低技术人力资本而言，自主 R&D 投入能够促进三大区域人力资本水平提高；FDI 溢出只能促进中部地区低技术人力资本水平提高；国外技术引进只能促进东部地区低技术人力资本水平提高；国内技术转移和产业转移能促进三大区域低技术人力资本水平提高。

表8－8

分区域估计结果

变量	东部地区（国际产业主要承接地）			中部地区（国内产业主要承接地）			西部地区（国内产业主要承接地）		
	(1) $\ln H$	(2) $\ln HH$	(3) $\ln LH$	(4) $\ln H$	(5) $\ln HH$	(6) $\ln LH$	(7) $\ln H$	(8) $\ln HH$	(9) $\ln LH$
$\ln(S/U^I)$	-0.0370** (-2.82)	0.200*** (3.98)	0.202*** (4.51)	0.120*** (4.62)	0.124 (1.12)	-0.103 (-1.67)	-0.0218 (-0.98)	0.0502*** (-3.54)	0.00860 (0.20)
$\ln S^d$	0.0825** (2.63)	0.434*** (3.67)	0.125*** (4.75)	0.0986** (2.58)	0.602*** (3.61)	0.0539*** (3.58)	0.100*** (5.40)	0.103*** (5.90)	0.180*** (5.03)
$\ln S^{f-FDI}$	-0.0158* (-2.00)	-0.0176 (-0.59)	-0.0637** (-2.33)	-0.0139* (-1.71)	-0.0777 (-0.92)	0.181*** (3.82)	0.0172* (1.77)	-0.0713* (-1.99)	-0.00339 (-0.16)
$\ln S^{f-FB}$	0.00888* (1.92)	-0.0504 (-1.40)	0.0478*** (4.13)	0.0198* (1.80)	0.00680 (0.14)	-0.00467 (-0.18)	0.00638*** (3.55)	-0.00712 (-0.35)	-0.0434*** (-3.55)
$\ln S^{DB}$	0.00563** (2.18)	0.0366** (2.04)	0.0324* (1.98)	0.0405*** (3.73)	0.126** (2.68)	0.0567* (2.16)	0.00729* (1.84)	-0.0159 (-1.23)	-0.00292** (2.42)
S^{JR}	-0.0000832*** (-4.73)	-0.00000424 (-0.22)	-0.0000832*** (-4.73)	-0.0000256* (-2.49)	-0.0000939** (-2.12)	0.0000150** (2.61)	-0.000000323* (2.01)	0.000109*** (2.63)	0.0000500* (2.01)
其他变量	是	是	是	是	是	是	是	是	是

注：括号内为t统计量；***、**、*分别表示在1%、5%、10%的水平上显著。

（四）考虑产业转移与不考虑产业转移的比较分析

比较分析考虑产业转移因素和忽视产业转移两种情况下技术转移对人力资本的影响差异（见表 8 - 9）。本书的产业转移主要体现在 FDI 和国内产业转移。表 8 - 9 也是选择的 W_3 的双向固定效应模型的估计结果。下面就总效用进行分析，其中考虑产业转移的结果与表 8 - 7 一样。不考虑产业转移时，国内外技术转移对三类人力资本的影响减少。

表 8 - 9　　　　　考虑产业转移与不考虑产业转移的比较分析

变量	考虑产业转移			不考虑产业转移		
	（1）	（2）	（3）	（4）	（5）	（6）
	$\ln H$	$\ln HH$	$\ln LH$	$\ln H$	$\ln HH$	$\ln LH$
$\ln(S/U)$	0.1232 *** (3.77)	0.3268 ** (2.24)	0.4688 * (1.96)	0.00408 (0.05)	0.177 (0.55)	0.644 * (1.94)
$\ln S^d$	0.2747 *** (2.58)	0.4157 (0.28)	- 0.8889 (- 1.05)	- 0.0434 (- 0.53)	- 0.0691 (- 0.19)	- 0.942 ** (- 2.53)
$\ln S^{f-FDI}$	0.2802 *** (2.69)	- 0.2355 ** (- 2.35)	0.2011 ** (2.57)	NO	NO	NO
$\ln S^{f-FB}$	0.0493 (0.79)	0.3780 * (1.95)	- 0.4133 ** (- 2.14)	- 0.0300 (- 0.61)	0.322 * (1.91)	- 0.458 ** (- 2.37)
$\ln S^{DB}$	0.0325 ** (2.04)	- 0.2298 * (- 1.69)	0.0054 *** (3.05)	0.0311 (1.04)	- 0.2290 * (- 1.69)	0.00535 (0.05)
S^{IR}	0.0001 (0.34)	- 0.0003 (- 0.88)	- 0.0003 (- 0.30)	NO	NO	NO
其他变量	是	是	是	是	是	是

注：括号内为 t 统计量；*** 、** 、* 分别表示在 1%、5%、10% 的水平上显著。

（五）稳健性检验

上文中，我们利用了三种空间权重进行实证回归，在一定程度上检验了模型回归结果的稳健性。为了进一步解决模型是否遗漏变量或者解决测量误差造成的内生性问题，我们还选取解释变量的滞后一期作为工具变量进行回归。回归结果基本上与表8-7结果一致，回归结果是稳健可靠的。

第四节　技术转移对 TFP 的空间效应分析

一、模型的建立与变量的说明

（一）模型的建立

在本章第三节的基础上，建立的计量模型如下：

$$\ln TFP_{i,t} = a_1 + a_2 \ln S_{i,t}^d + a_3 \ln S_{i,t}^{f-FDI} + a_4 \ln S_{i,t}^{f-EX} + a_5 \ln S_{i,t}^{f-OFDI} + a_6 \ln S_{i,t}^{f-IM}$$
$$+ a_7 \ln S_{i,t}^{f-FB} \mu_{i,t} + a_8 \ln S_{i,t}^{DB} + a_9 S_{i,t}^{IR} + a_{10} \ln h_{i,t} + \mu_{i,t} \qquad (8-24)$$

其中，TFP 表示技术进步率，h 为人力资本水平，其余变量同第三节。于是，本书的空间模型如下：

$$y = \alpha I_n + \lambda W y + X\beta + W X \rho + \varepsilon$$

式中，被解释变量 y 是 n 阶矩阵，为各省 TFP，本节将用 $\ln TFP$ 作为被解释变量；X 为解释变量矩阵，在实证研究过程中，我们将用 $\ln S^d$、$\ln S^{f-FDI}$、$\ln S^{f-EX}$、$\ln S^{f-OFDI}$、$\ln S^{f-IM}$、$\ln S^{f-FB}$、$\ln S^{d-b}$、S^{IR}、$\ln h$ 作为解释变量，β 是对应的解释变量的系数矩阵；α 为常数项，I_n 为 $n \times 1$ 阶单位矩阵，n 为省份个数；W 为 $n \times n$ 阶空间权重矩阵，反映不同省份之间的空间关联；Wy 与 WX 分别为 y 和 X 的空间滞后项；ε 为随机误差，且满足，$\varepsilon \sim N(0, \sigma^2 I_n)$。

（二）变量的选择

1. 技术进步率

本书从创新能力和创新效率双重维度衡量了我国技术创新绩效。以创新效率为被解释变量，创新能力作为其替代变量进行模型稳健性检验。创新效率本书用技术进步率衡量，创新能力用当年的专利申请数作为衡量指标。

考虑变形的 C-D 生产函数：$Y_t = A_0 L_t^{\beta} K_t^{\alpha}$。假设我国技术进步是希克斯中性，初始技术 A_0，使用劳动 L_t 和物质资本 K_t 两种生产要素进行生产，产出为 Y_t。

根据 C-D 生产函数，我们用全要素生产率 TFP 的方法来计算技术进步率：$TFP_t = \dfrac{Y_t}{K_t^{\alpha} L_t^{\beta}}$，其 $0 < \alpha$、$\beta < 1$，$\alpha + \beta = 1$，只要求出 Y、K、L 和 α 即可。

总产出 Y 用我国国内生产总值表示。劳动投入 L_t 用我国年末城镇就业人员表示。资本存量 K 采用全社会固定资产投资额来代替，并采用戈德史密斯（Goldsmith，1951）开创的永续盘存法计算。其中基年 2004 年的固定资产存量可用下式计算：$K_{2004} = I_{2004} / (g + \delta)$。其中，$K_{2004}$ 为 2004 年的资本存量，I_{2004} 为 2004 年的固定资本，g 为固定资本形成对数形式增长率的平均数，本书根据统计年鉴的固定资本形成数据计算得出中国的 $g = 1.023\%$；δ 为资本的折旧率，设为 9.6%。其他年份的 K 的估算公式：$K_t = K_{t-1}(1 - \delta) + I_t$，$I_t$ 表示第 t 年固定资本形成额。

最后，根据 C-D 生产函数，两边取对数，可以变为：$\ln(Y/L) = \ln A + \alpha \ln(K/L)$，可计算出 α，从而得到 β，本书计算得到中国的 $\alpha = 0.55$，$\beta = 0.45$。再根据 TFP 的计算公式，得到我国的技术进步率。

2. 其他变量

其他变量的计量方法见本章第三节。所有的数据来自 EPS 统计数据库、《中国科技统计年鉴》、国家统计局、世界银行等。变量的定义及其描述性统计见表 8 - 10。

表 8 - 10　　　　　　　　　　变量的定义及其描述性统计

变量类别	变量名称	变量代码	计算方法	平均值	标准差	最小值	最大值
被解释变量	技术进步	$\ln TFP$	人均受教育年限计算	0.0044	0.1872	- 1.3100	0.4700

续表

变量 类别	变量名称	变量 代码	计算方法	平均值	标准差	最小值	最大值
解释 变量	自主 R&D 投入	$\ln S^d$	永续盘存法计算的 R&D 存量	5.6562	1.5684	1.1551	8.7613
	FDI 技术溢出	$\ln S^{f-FDI}$	见正文公式	1.2988	1.3891	-1.7064	4.3165
	出口技术溢出	$\ln S^{f-EX}$	见正文公式	1.7243	1.6227	-2.0189	5.2431
	对外直接投资技术溢出	$\ln S^{f-OFDI}$	见正文公式	9.5543	2.1414	3.4100	13.9497
	进口技术溢出	$\ln S^{f-IM}$	见正文公式	1.6381	1.6928	-2.5818	5.1738
	国外技术引进	$\ln S^{f-FB}$	永续盘存法计算的国外技术引进合同经费存量	11.6208	1.6998	6.2409	15.4563
	国内技术转移	$\ln S^{DB}$	各省技术市场成交金额	3.3793	1.6919	-1.6607	7.9557
	国内产业转移	S^{IR}	见第三章	-0.0079	311.7425	-1877.4670	820.8669
	人力资本	$\ln H$	见第八章第二节	2.1222	0.1037	1.8532	2.3684

注：计算方法中，除了国内产业转移，其余变量都取了自然对数，下同。

二、实证分析

(一) 空间自相关检验

表 8-11 显示了 3 种空间权重矩阵下被解释变量全局空间自相关检验（Moran's I 指数）结果。空间矩阵计算出的指数值均通过显著性检验，这表明中国各地区 TFP 存在非常显著的空间自相关性，即 TFP 相近的省份具有地理邻近性，但并不是简单正相关。

表 8-11　　　　　　　　被解释变量（*TFP*）的 Moran's I 指数

年份	W_1	W_2	W_3
2004	-0.160 **	-0.056 **	-0.04 ***

续表

年份	W_1	W_2	W_3
2006	0.001 *	− 0.037 ***	− 0.038 *
2008	0.108 *	0.011 **	− 0.001 *
2010	− 0.04 **	− 0.024 *	− 0.034 **
2012	− 0.075 *	− 0.031 *	− 0.026 **
2014	0.023 *	− 0.023 **	− 0.006 **
2015	0.178 **	− 0.003 *	0.011 **
2016	0.153 *	0.006 **	0.023 **
2017	0.156 ***	0.053 **	0.096 ***
2018	− 0.302 **	− 0.075 **	− 0.066 **

注：***、**、*分别表示在1%、5%、10%的水平上显著。

（二）空间杜宾模型的估计

由于模型选择中的空间 Hausman 检验结果显示应该选择固定效应模型进行分析。为此，我们分别计算了三种权重矩阵下时间固定效应（FE-time）、地区固定效应（FE-area）和时间地区双向固定效应（FE-double）的估计结果。三种空间权重矩阵下三种固定效应模型的估计系数符号均具有很高的相似性，反映了空间杜宾模型估计的稳定性。同时，进一步根据赤池信息准则（AIC）和对数似然值（LL），可知双向固定效应模型的估计是最佳的。下面，就双向固定效应模型的估计结果进行具体分析。

由表 8 – 12 中解释变量的系数分解结果可知，在三种不同的空间权重矩阵下，各个解释变量对 TFP 的直接效应、间接效应和总效用基本上通过了显著性检验且表现稳健。自主 R&D 投入对 TFP 影响的直接效应、间接效应和总效应显著为正，表明自主 R&D 投入有效促进了地区内和地区间 TFP 的提高。FDI 技术溢出对我国 TFP 的直接效应为正、间接效应和总效用均负向显著，表明 FDI 技术溢出并没有提高我国 TFP。同时，FDI 技术溢出的直接效应小于间接效应，这说明 FDI 渠道产生的技术溢出有利于促进各省份内 TFP提升，但不利于促进各省份之间 TFP 提升，而且省份之间的作用更明显。出口渠道产生的逆向技术溢出对我国 TFP 的影响与 FDI 技术溢出类似。我国 OFDI 技术溢出的三类效应都有利于我国 TFP 水平的提高，表明我国 OFDI 产生了正向的逆向技术溢出，而且间接效应大于直接效应。进口渠道产生的技术溢出三类效应都有利于我国 TFP 水平的提高，表明我国进口产生了正向的逆向技术溢出，而且直接效应基本上大于间接效应。国外技术引进对地区内 TFP 的直接效应显著为负，间接效应与总效应均为正。国内技术转移的三类效应为正，间接效应大于直接效应；国内产业转移对 TFP 的影响很小，三类效应基本上为正。人力资本对 TFP 的三类效应也为正，但直接效应大于间接效应。

表 8 - 12　　　　基于三种空间权重矩阵的空间杜宾模型估计及分解结果

效应类别	变量	(1)	(2)	(3)
		W_1	W_2	W_3
直接效应	$\ln S^d$	0.0587 * (1.75)	0.0367 ** (2.42)	0.0829 *** (2.99)
	$\ln S^{f-FDI}$	0.0311 * (1.71)	0.0235 ** (2.59)	0.0364 * (1.92)
	$\ln S^{f-EX}$	0.0713 * (1.88)	0.0844 * (1.73)	0.0862 ** (2.58)
	$\ln S^{f-OFDI}$	0.0306 (1.51)	0.0478 ** (2.38)	0.0475 ** (2.29)
	$\ln S^{f-IM}$	0.144 *** (3.19)	0.140 *** (2.92)	0.150 *** (3.22)
	$\ln S^{f-FB}$	- 0.0362 ** (- 2.36)	- 0.0234 * (- 1.81)	- 0.0200 * (- 1.70)
	$\ln S^{DB}$	0.0148 (0.63)	0.0214 * (1.91)	0.0161 * (1.70)
	S^{IR}	0.00000332 * (2.09)	0.00000628 (0.18)	0.00000465 ** (2.14)
	$\ln H$	0.818 * (1.74)	0.778 * (1.71)	0.738 * (1.83)

续表

效应类别	变量	(1)	(2)	(3)
		W_1	W_2	W_3
间接效应	$\ln S^d$	0.213 * (1.91)	0.272 ** (2.40)	0.2850 (1.02)
	$\ln S^{f-FDI}$	−0.0770 * (−1.85)	−0.0551 ** (−2.51)	−0.310 ** (−2.36)
	$\ln S^{f-EX}$	−0.0518 * (−1.76)	−0.120 ** (−2.01)	−0.144 * (−1.78)
	$\ln S^{f-OFDI}$	0.0740 ** (2.24)	0.144 ** (2.17)	0.244 * (1.95)
	$\ln S^{f-IM}$	0.109 ** (2.39)	0.158 ** (2.11)	0.0932 ** (2.36)
	$\ln S^{f-FB}$	0.137 *** (3.42)	0.0627 (0.74)	0.305 * (1.92)
	$\ln S^{DB}$	0.0155 *** (3.41)	0.0918 ** (2.37)	0.232 (1.77)
	S^{IR}	0.0000082 (0.66)	0.000187 * (1.61)	0.000189 * (1.96)
	$\ln H$	0.384 ** (222)	0.660 (1.55)	0.566 ** (2.36)
总效应	$\ln S^d$	0.2717 * (1.96)	0.3087 ** (1.98)	0.3679 *** (2.79)
	$\ln S^{f-FDI}$	−0.0459 ** (−2.58)	−0.0317 ** (−2.32)	−0.274 (−1.22)
	$\ln S^{f-EX}$	0.0195 ** (2.33)	−0.0358 ** (−2.37)	−0.0578 ** (−2.41)
	$\ln S^{f-OFDI}$	0.105 *** (3.06)	0.192 *** (2.88)	0.292 ** (2.26)

续表

效应类别	变量	(1)	(2)	(3)
		W_1	W_2	W_3
总效应	$\ln S^{f-IM}$	0.253 ** (2.46)	0.298 * (2.13)	0.2432 * (1.95)
	$\ln S^{f-FB}$	0.101 ** (2.52)	0.0393 (0.41)	0.285 * (1.87)
	$\ln S^{DB}$	0.0303 (0.83)	0.113 * (1.75)	0.248 * (1.90)
	S^{IR}	0.0000115 (0.85)	0.000193 * (1.79)	0.000194 ** (2.29)
	$\ln H$	1.202 (0.78)	1.438 ** (2.33)	1.304 ** (2.33)
rho		0.468 *** (5.17)	1.545 *** (5.63)	0.724 ** (2.89)
Log-likehood		356.2454	257.0043	245.2420
AIC		−132.212	−566.3210	−758.3492
BIC		−1243.2254	−1364.2121	−895.2132
R^2		0.923	0.924	0.936

注: 括号内为 t 统计量; *** 、 ** 、 * 分别表示在 1% 、 5% 、 10% 的水平上显著。

分权重来看, 地理经济距离矩阵下各个变量对 TFP 的影响基本上比空间邻接权重、地理距离矩阵的影响大, 说明在地理与经济的综合空间关联下 (地理距离越近, 经济距离越小), 各变量对于 TFP 空间溢出效应就越明显, 也意味着这些省份可以更好协同提高其技术进步率水平。

(三) 空间异质性分析

鉴于我国不同地区技术转移和产业转移情况不同, 我们有必要考察不同地区的各个变量对的影响程度。本书接下来按国家统计局划分标准将各地区划分为东部、中部、西部三大地区, 分类方法同本章第一节, 其中东部地区是国际产业主要承接地，中、西部地区是国内产业主要承接地。由前文可知，地理经济距离的影响更大。因此，我们分析地理经济距离下各区域的空间异质效应。表 8 - 13 是选择的 W_3 的双向固定效应模型的估计结果，下面就总效用进行分析。

表 8 - 13　　　　　　　基于 W_3 权重矩阵的区域检验结果

变量	东部地区 （国际产业主要承接地）	中部地区 （国内产业主要承接地）	西部地区 （国内产业主要承接地）
$\ln S^d$	0.143 * (1.86)	0.626 * (1.84)	0.242 * (1.73)
$\ln S^{f-FDI}$	0.0125 ** (2.22)	-0.260 (-1.23)	0.0430 (0.55)
$\ln S^{f-EX}$	-0.273 * (-1.78)	0.349 *** (2.83)	0.00448 (0.07)
$\ln S^{f-OFDI}$	0.00126 * (2.04)	0.172 *** (2.90)	0.0198 (0.53)
$\ln S^{f-IM}$	-0.0902 (-0.95)	0.105 * (1.73)	-0.0800 ** (-2.16)
$\ln S^{f-FB}$	0.0545 * (1.90)	0.121 ** (2.21)	0.0205 (0.42)
$\ln S^{DB}$	0.0610 * (1.88)	-0.199 ** (-2.10)	0.0125 (0.44)
S^{IR}	-0.000000598 (-0.02)	-0.0000207 (-0.20)	0.0000490 ** (2.44)
$\ln H$	1.502 ** (2.38)	2.354 * (2.03)	1.069 ** (1.98)

注：括号内为 t 统计量；***、**、* 分别表示在1%、5%、10%的水平上显著。

对于我国承接国际产业转移和国内主要产业转出地的东部地区而言，国内 R&D 投入、FDI、OFDI、国外技术引进、国内技术转移和人力资本是促进

TFP 提升的主要变量。对于国内产业主要承接地的中部而言，国内 R&D 投入、出口、OFDI、进口、国外技术引进和人力资本是促进 TFP 提升的主要变量。对于国内产业主要承接地的西部地区而言，除了进口产生了负作用，其余变量都产生了积极作用。

总体而言，各变量对中部地区的影响大于东部地区和西部地区。

（四）考虑产业转移与不考虑产业转移的比较分析

比较分析考虑产业转移因素和忽视产业转移两种情况下技术转移对 TFP 的影响差异。本书的产业转移主要体现在 FDI 和国内产业转移。表 8 – 14 也是选择的 W_3 的双向固定效应模型的估计结果，下面就总效用进行分析，其中考虑产业转移的结果与表 8 – 12 一样。不考虑产业转移时，国外技术转移对 TFP 的影响增加，但是国内技术转移对 TFP 产生了负影响。

表 8 – 14   考虑产业转移与不考虑产业转移的比较分析

变量	考虑产业转移	不考虑产业转移
$\ln S^d$	0. 3679 *** （2. 79）	0. 309 （1. 30）
$\ln S^{f-FDI}$	− 0. 274 （− 1. 22）	NO
$\ln S^{f-FB}$	0. 285 * （1. 87）	0. 330 * （1. 92）
$\ln S^{DB}$	0. 248 * （1. 90）	− 0. 270 * （− 1. 98）
S^{IR}	0. 000194 ** （2. 29）	NO
$\ln H$	1. 304 ** （2. 33）	2. 024 * （1. 85）
其他变量	是	是

注：括号内为 t 统计量；***、**、* 分别表示在 1%、5%、10% 的水平上显著。

第五节　技术转移对经济发展的空间效应分析

一、模型的建立与变量的说明

（一）模型的建立

在本章第三节的基础上，本书建立的计量模型如下：

$$\ln GDP_{i,t} = a_1 + a_2 \ln S_{i,t}^{d} + a_3 \ln S_{i,t}^{f-FDI} + a_4 \ln S_{i,t}^{f-EX} + a_5 \ln S_{i,t}^{f-OFDI} + a_6 \ln S_{i,t}^{f-IM}$$

$$+ a_7 \ln S_{i,t}^{f-FB} \mu_{i,t} + a_8 \ln S_{i,t}^{DB} + a_9 S_{i,t}^{IR} + a_{10} \ln K_{i,t} + a_{11} \ln L_{i,t} + \mu_{i,t}$$

$$(8-25)$$

其中，GDP 表示经济发展水平，K 和 L 分别为资本和劳动投入，其余变量同第三节。

本书的空间模型如下：

$$y = \alpha I_n + \lambda W y + X\beta + WX\rho + \varepsilon$$

式中，被解释变量 y 是 n 阶矩阵，为各省 GDP；X 为解释变量矩阵，在实证研究过程中，我们将用 $\ln S^{d}$、$\ln S^{f-FDI}$、$\ln S^{f-EX}$、$\ln S^{f-OFDI}$、$\ln S^{f-IM}$、$\ln S^{f-FB}$、$\ln S^{d-FB}$、S^{IR}、$\ln K$、$\ln L$ 作为解释变量，β 是对应的解释变量的系数矩阵；α 为常数项，I_n 为 $n \times 1$ 阶单位矩阵，n 为省份个数；W 为 $n \times n$ 阶空间权重矩阵，反映不同省份之间的空间关联；Wy 与 WX 分别为 y 和 X 的空间滞后项；ε 为随机误差，且满足，$\varepsilon \sim N(0, \sigma^2 I_n)$。

（二）变量的选择

各个变量的名称与计算方法见表 8 - 15。所有数据来源同本章第三节。

表 8 – 15　　　　　　　　　　　变量的定义及其描述性统计

变量类别	变量名称	变量代码	计算方法（取对数）	平均值	标准差	最小值	最大值
被解释变量	经济发展	$lnGDP$	国内生产总值	9.0285	0.9735	6.1444	11.0425
解释变量	自主 R&D 投入	lnS^d	永续盘存法计算的 R&D 存量	5.6562	1.5684	1.1551	8.7613
	FDI 技术溢出	lnS^{f-FDI}	见正文公式	1.2988	1.3891	–1.7064	4.3165
	出口技术溢出	lnS^{f-EX}	见正文公式	1.7243	1.6227	–2.0189	5.2431
	对外直接投资技术溢出	lnS^{f-OFDI}	见正文公式	9.5543	2.1414	3.41	13.9497
	进口技术溢出	lnS^{f-IM}	见正文公式	1.6381	1.6928	–2.5818	5.1738
	国外技术引进	lnS^{f-FB}	永续盘存法计算的国外技术引进合同经费存量	11.6208	1.6998	6.2409	15.4563
	国内技术转移	lnS^{DB}	各省技术市场成交金额	3.3793	1.6919	–1.6607	7.9557
	国内产业转移	S^{IR}	见第三章	–0.0079	311.7425	–1877.4670	820.8669
	资本	lnK	全社会固定资产投资	8.4621	1.0016	5.6671	10.5130
	劳动力	lnL	城镇就业人员数	6.3757	0.7610	4.3631	8.1989

二、实证分析

（一）空间自相关检验

表 8 – 16 显示了 3 种空间权重矩阵下被解释变量全局空间自相关检验（Moran's I 指数）结果。空间矩阵计算出的指数值均通过显著性检验，这表明中国各地区 GDP 存在非常显著的空间正自相关性，即 GDP 相近的省份具有地理邻近性。而且 W_1 权重下的被解释变量的 Moran's I 指数更大。

表 8 – 16　　　　被解释变量（ln*GDP*）的 Moran's I 指数

年份	W_1	W_2	W_3
2004	0. 259 **	0. 095 ***	0. 078 ***
2006	0. 258	0. 094 **	0. 075 ***
2008	0. 249 **	0. 091 ***	0. 072 **
2010	0. 249 **	0. 091 ***	0. 071 ***
2012	0. 249 **	0. 091 ***	0. 069 ***
2014	0. 256 **	0. 093 ***	0. 07 ***
2015	0. 252 **	0. 093 ***	0. 07 **
2016	0. 247 **	0. 091 ***	0. 068 ***
2017	0. 241 **	0. 089 ***	0. 065 **
2018	0. 239 **	0. 087 ***	0. 064 **

注：*** 、 ** 、 * 分别表示在 1%、5%、10% 的水平上显著。

（二）空间杜宾模型的估计

和前面类似，双向固定效应模型的估计是最佳的。下面，就双向固定效应模型的估计结果进行具体分析（见表 8 – 17）。

表 8 – 17　　　基于三空间权重矩阵的空间杜宾模型估计及分解结果

效应类别	变量	（1）	（2）	（3）
		W_1	W_2	W_3
直接效应	$\ln S^d$	0. 0398 ** (2. 09)	0. 105 *** (4. 84)	0. 0768 *** (3. 66)
	$\ln S^{f-FDI}$	0. 0385 *** (4. 01)	0. 0132 (1. 40)	0. 0173 * (1. 71)
	$\ln S^{f-EX}$	0. 0199 ** (2. 02)	0. 0236 ** (2. 19)	0. 0200 * (1. 87)
	$\ln S^{f-OFDI}$	0. 0200 *** (4. 03)	0. 0188 *** (3. 73)	0. 0218 *** (4. 19)

续表

效应类别	变量	(1) W_1	(2) W_2	(3) W_3
直接效应	$\ln S^{f-IM}$	-0.0301 *** (-2.92)	-0.0268 ** (-2.43)	-0.0335 *** (-2.89)
	$\ln S^{f-FB}$	0.0230 *** (3.66)	0.00955 (1.12)	0.0167 ** (2.08)
	$\ln S^{DB}$	0.0293 *** (5.37)	0.0272 *** (4.93)	0.0232 *** (4.25)
	S^{IR}	0.0000259 **** (3.06)	0.0000334 *** (4.03)	0.0000402 *** (4.79)
	$\ln K$	0.0930 ** (2.60)	0.0374 (1.10)	0.0649 * (1.89)
	$\ln L$	0.181 *** (9.64)	0.156 *** (8.22)	0.158 *** (8.07)
间接效应	$\ln S^{d}$	-0.029 *** (-4.27)	-0.0738 * (-1.82)	-0.0243 (-0.21)
	$\ln S^{f-FDI}$	0.0048 (0.15)	0.249 *** (3.71)	0.363 *** (2.91)
	$\ln S^{f-EX}$	-0.0173 * (-1.83)	-0.0232 (-0.52)	-0.0029 *** (-2.68)
	$\ln S^{f-OFDI}$	0.0177 (1.41)	0.0274 * (1.81)	0.0312 ** (2.07)
	$\ln S^{f-IM}$	0.0234 (0.93)	0.411 *** (4.48)	0.498 *** (3.81)
	$\ln S^{f-FB}$	-0.0725 *** (-4.38)	-0.137 ** (-2.10)	-0.193 *** (-2.28)
	$\ln S^{DB}$	0.000462 (0.04)	0.0251 * (1.72)	0.0710 ** (2.31)
	S^{IR}	-0.0000327 * (-1.71)	0.00000212 (0.04)	0.0000414 (0.75)

续表

效应类别	变量	(1)	(2)	(3)
		W_1	W_2	W_3
间接效应	$\ln K$	−0.0315 (−0.39)	−0.399* (−1.71)	−0.196* (−1.86)
	$\ln L$	0.0810** (2.01)	0.155 (1.37)	0.173* (1.81)
总效应	$\ln S^d$	0.0108*** (2.90)	0.0308** (2.34)	0.0525*** (2.46)
	$\ln S^{f-FDI}$	0.0433 (1.36)	0.2622*** (3.42)	0.3803*** (2.69)
	$\ln S^{f-EX}$	0.0026** (2.12)	0.0004** (2.07)	0.0171** (2.38)
	$\ln S^{f-OFDI}$	0.0377** (2.60)	0.0462** (2.24)	0.053 (0.39)
	$\ln S^{f-IM}$	−0.00671 (−0.23)	0.384*** (4.05)	0.464*** (3.44)
	$\ln S^{f-FB}$	−0.0495** (−2.56)	−0.128 (−1.80)	−0.176** (−1.96)
	$\ln S^{DB}$	0.029762** (2.00)	0.0523 (1.43)	0.0942* (1.69)
	S^{IR}	−0.00000684 (−0.35)	0.0000356 (0.68)	0.0000817 (1.44)
	$\ln K$	0.0615 (0.63)	−0.362 (−1.48)	−0.131 (−0.55)
	$\ln L$	0.262*** (5.64)	0.312*** (2.66)	0.332*** (3.31)
	rho	0.0519*** (2.61)	0.314** (2.33)	0.525*** (7.75)
	Log-likehood	456.320	245.331	355.487
	AIC	−122.213	−210.304	−150.388
	BIC	−111.230	−214.397	−534.328
	R^2	0.923	0.899	0.914

注：括号内为 t 统计量；***、**、* 分别表示在1%、5%、10%的水平上显著。

国内 R&D 投入对 GDP 的直接效应为正，间接效应为负数，直接效应大于间接效应，总效用为正数。FDI、OFDI、国内技术转移、劳动力对 GDP 的三类效应为正数。出口对 GDP 的直接效应和总效用为正数，间接效应为负数。进口对 GDP 的直接效应为负数，间接效应为正数。国外技术引进对 GDP 的直接效应为正，间接效应和总效用为负数。国内产业转移对 GDP 的直接效应显著，间接效应和总效用不显著。资本对 GDP 的直接效应为正，间接效应为负数。

分权重来看，地理经济距离矩阵下各个变量对 GDP 的影响基本上比空间邻接权重、地理距离矩阵的影响大，说明在地理与经济的综合空间关联下（地理距离越近，经济距离越小），各变量对于 GDP 空间溢出效应就越明显，也意味着这些省份可以更好协同提高其技术进步率水平。

（三）空间异质性分析

由前文可知，地理经济距离的影响更大，于是我们分析地理经济距离下三大区域的空间异质效应。表 8-18 也是选择的 W_3 的双向固定效应模型的估计结果，下面就总效用进行分析。

表 8-18　　　　　　　　　基于 W_3 权重矩阵的分区域检验结果

变量	东部（国际产业主要承接地）	中部（国内产业主要承接地）	西部（国内产业主要承接地）
$\ln S^d$	0. 0463 * (1. 85)	− 0. 0400 (− 0. 80)	0. 168 *** (4. 65)
$\ln S^{f-FDI}$	0. 2770 ** (2. 21)	0. 0744 ** (2. 53)	− 0. 122 *** (− 5. 14)
$\ln S^{f-EX}$	0. 0161 (0. 44)	− 0. 0205 (− 1. 28)	0. 0648 *** (3. 52)
$\ln S^{f-OFDI}$	0. 0387 *** (4. 44)	0. 0163 * (1. 73)	− 0. 0219 ** (− 2. 04)

续表

变量	东部（国际产业主要承接地）	中部（国内产业主要承接地）	西部（国内产业主要承接地）
$\ln S^{f-IM}$	−0.0519 ** (−2.50)	0.00594 ** (2.31)	0.0166 * (1.74)
$\ln S^{f-FB}$	0.0644 (0.40)	−0.0504 *** (−3.64)	0.0302 ** (2.17)
$\ln S^{DB}$	0.0508 ** (2.48)	0.0130 * (1.91)	0.0460 *** (5.43)
S^{IR}	0.0000170 ** (2.09)	0.0000373 *** (2.69)	0.00000790 (0.23)
$\ln L$	0.2372 * (1.87)	0.214 ** (2.22)	0.170 ** (2.52)
$\ln K$	0.169 *** (8.48)	0.0154 ** (2.26)	0.151 ** (2.36)

注：括号内为 t 统计量；***、**、* 分别表示在 1%、5%、10% 的水平上显著。

对于我国承接国际产业转移和国内主要产业转出地的东部而言，除了进口以外，其余变量都促进 GDP 的增加。对于国内产业主要承接地的中部而言，FDI、OFDI、进口、国内技术转移、国内产业转移、资本和劳动力都是促进 GDP 增长的主要变量。对于国内产业主要承接地的西部地区而言，除了 FDI 和 OFDI 产生了负作用，其余变量都产生了积极作用。总体而言，各变量对东部地区的影响大于中、西部地区。

（四）考虑产业转移与不考虑产业转移的比较分析

比较分析考虑产业转移因素和忽视产业转移两种情况下技术转移对 GDP 的影响差异。本节的产业转移主要体现在外商直接投资和国内产业转移。表 8−19 也是选择的 W_3 的双向固定效应模型的估计结果，下面就总效用进行分析，其中考虑产业转移的结果与表 8−17 一样。不考虑产业转移时，国外技术转移对 GDP 的负影响减少，国内技术转移对 TFP 的正影响增加。

表 8 – 19　　　　　　考虑产业转移与不考虑产业转移的比较分析

变量	考虑产业转移	不考虑产业转移
$\ln S^d$	0. 3803 *** (2. 46)	0. 120 (0. 96)
$\ln S^{f-FDI}$	0. 0171 *** (2. 69)	
$\ln S^{f-FB}$	− 0. 176 ** (− 1. 96)	− 0. 122 * (− 1. 83)
$\ln S^{DB}$	0. 0942 * (1. 69)	0. 0972 * (1. 72)
S^{IR}	0. 0000817 (1. 44)	
$\ln L$	− 0. 131 (− 0. 55)	− 0. 172 (− 0. 67)
$\ln K$	0. 332 *** (3. 31)	0. 278 *** (2. 62)
其他变量	是	是

注：括号内为 t 统计量；*** 、** 、* 分别表示在 1% 、5% 、10% 的水平上显著。

第九章

利用数字普惠金融、产业转移与技术转移联合推动区域科技成果转化

在前面的章节，我们已经分析了国内外产业转移、国内外技术转移对我国技术进步、经济发展、人力资本提升等的作用。技术创新是推动我国经济由高速增长转向高质量发展的持久动力，是培育我国企业竞争新优势、提升我国综合国力的重要引擎。产业转移、技术转移带来技术水平提升的同时，我们也希望能促进科技成果转化。促进科技成果转化不仅是落实我国创新驱动的重要措施，还是推动创新主体持续高质量创新的内在驱动力，更是引领产业变革、形成产业核心竞争力的关键，而科技成果转化离不开金融支持。因此，接下来，本章分析数字金融、产业转移与技术转移对区域科技成果转化的影响，并分区域进行分析，为我国区域科技成果转化协调共进提供参考。

第一节 研究假设

一、引言

中共十九大报告指出，创新是引领发展的第一动力。技术创新是推动我国经济由高速增长转向高质量发展的持久动力，是培育我国企业竞争新优势、提升我国综合国力的重要引擎。自我国实施创新驱动战略以来，我国创新活动正在蓬勃发展，创新投入与创新产出快速增长。然而，我国技术创新能力提升的同时，仍存在科技成果转化效率不理想的问题（熊曦等，2019）。促进科技成果转化不仅是落实我国创新驱动的重要措施，还是推动创新主体持续高质量创新的内在驱动力，更是引领产业变革、形成产业核心竞争力的关键。科技成果转化需要金融支持。目前我国传统普惠金融可能无法满足创新成果转化的金融需求（唐松等，2020）。近年来，以人工智能、物联网、大数据与云计算等为核心技术的数字普惠金融迅速发展。数字普惠金融能够降低金融服务的门槛、降低企业融资成本、缓解信息不对称、提高服务效率等，缓解了创新主体的融资约束，激发了创新主体的创新动力，为实现科技成果转化带来新的机遇（庄旭东和王仁曾，2021）。那么，数字普惠金融发展对科技成果转化有什么样的影响？其内在的传导渠道与传导机制又有哪些？这种影响是否存在异质性和动态性？等等，对这些问题的解答，对我国创新驱动发展战略的贯彻和实施具有重要的理论价值和现实意义。本章选用2011～2020年中国的省级面板数据，从市场参与者的视角，探究数字普惠金融对区域科技成果转化的影响机制与门槛效应，为促进区域科技成果转化提供参考。

二、文献综述

（一）传统金融对创新的不足

技术创新离不开金融发展（Hall，2002；易信和刘凤良，2015）。陈斌开和林毅夫（2012）、黄益平和黄卓（2018）等研究都认为中国金融体系发展还很不完善。白俊红和蒋伏心（2015）认为由于技术创新活动的高风险性，传统金融出于对风险的谨慎态度，在支持相关企业创新活动的时候会持有较强的目标性，这种指向性的信贷配给并不利于区域企业创新繁荣，可能抑制了产业整体的创新成果转化效果。艾伦等（Allen et al.，2004）认为在中国信贷市场上，卖方曾强势存在。布朗（Brown et al.，2012）指出尤其是中小企业创新活动更是饱受融资约束之苦。董骥等（2020）认为银行体系在信贷资金配置中存在"所有制歧视"和"规模歧视"。罗来军等（2016）指出国有企业和大企业由于其所有制优势和规模优势，获取资金便利且成本较低，而民营企业和中小企业由于财务信息不透明和缺乏抵押品，承担的资金成本较高或者面临融资约束。唐松等（2020）认为传统金融服务长期的供给不足严重制约了经济结构的转型和高质量发展，这也在一定程度上是数字金融跨越式发展的重要前提。

（二）数字金融对传统金融的改进

数字普惠金融拓展了传统普惠金融的服务范围和服务深度（郭峰等，2020），为我国创新活动发展带来了机遇。研究数字普惠金融与技术创新关系的相关文献主要集中在以下两个方面。

一方面，从微观视角分析数字普惠金融对企业技术创新的影响。例如，德姆塞茨等（Demertzis et al.，2018）研究发现，数字普惠金融方便快捷，具有低成本、低门槛等特征，可以实现精准的风险定价以及业务流程集约化，有利于推动企业创新；黄等（Huang et al.，2018）利用蚂蚁金服的信贷数据研究发现，数字普惠金融能增强信息对称度，提高企业的创新水平；梁榜和张建华（2019）认为数字普惠金融能降低中小企业的创新融资成本；唐松等（2020）对沪深 A 股上市公司的研究发现，数字普惠金融的可以有效填补传统金融存在的空白，有效驱动企业技术创新。但是这种影响会受企业特征、地区特征等因素的影响，例如：数字普惠金融对中小企业的技术创新作用更强（谢绚丽等，2018；李春涛等，2020）；数字普惠金融对非国有民营企业的创新激励效应也更强（郎香香等，2021；陈利等，2022）；与企业高管的政治关联背景相比，企业高管如果具有研发背景，数字普惠金融对其企业创新具有正向的促进作用（虞义华等，2018；何瑛等，2019）；经济发展水平较高（庄旭东和王仁曾，2021）、制度环境比较好的地区（喻平和豆俊霞，2020），数字普惠金融对企业科技活动能发挥更好的传导作用。

另一方面，数字普惠金融不仅可以从微观方面影响企业技术创新，还可以从宏观方面影响区域创新，为我国落实创新驱动战略提供支持。大部分学者认为数字普惠金融对区域创新具有促进作用（李晓龙和冉光和，2021；杨刚和张亨溢，2022）。而且传导机制具有多样性，例如：杜传忠和张远（2020）实证检验发现，数字金融通过创新信贷与消费扩张驱动区域创新；郑雅心（2020）证实了数字普惠金融可促进创新产出，高等教育、基础设施和劳动者工资起到了重要的中介作用。而且这种作用还存在地区异质性。例如，梁榜和张建华（2019）、徐子尧等（2020）等认为数字普惠金融对中西部城市和创新水平较低的城市的创新促进作用更显著。

上述研究为本书提供了重要的理论参考和逻辑起点，但这些研究没有考察数字普惠金融对科技成果转化的影响以及传导渠道。和已有的研究成果比较，我们进行了如下扩展：第一，大部分学者研究的是数字普惠金融对创新产出、创新效率或者创新投入的影响，很少研究对科技成果转化的影响，本书拓展了数字普惠金融发展和科技成果转化的相关研究；第二，研究基于创新参与度和创新产出能力两个中介变量实证研究数字普惠金融对科技成果转化的间接效应，为推动数字普惠金融促进科技成果转化提供了理论参考；第三，系统性地研究了数字普惠金融对科技成果转化的多种异质效应，不仅研究了时空异质性，还研究了水平异质性、创新主体异质性，为制定差异化、个性化政策提供经验证据；第四，利用门限回归模型，还研究了数字普惠金融的非线性传导机制，包括动态效应和调节效应，为进一步理解如何实现科技成果转化提供了一个新的视角。此外，本书还采用工具变量法、改变样本范围、替换变量等方法进行了多种内生性检验和稳健性检验，以确保研究结论的可靠性。

三、分析框架和研究假说

产业转移与技术转移对技术进步的影响机制在前面的章节已经分析了。技术进步是科技成果转化的前提，于是，本章不再分析它们对科技成果转化的影响机制。下面只分析数字普惠金融对科技成果转化的影响机制（见图 9-1）。

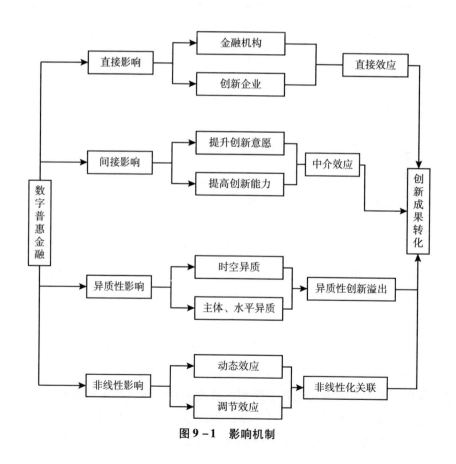

图 9-1　影响机制

（一）基本传导机制与研究假说

1. 途径一：直接传导机制

直接传导机制，主要表现为数字普惠金融对科技成果转化的直接效应。

（1）数字普惠金融可以通过金融部门缓解创新主体的创新资金约束，进而影响其成果转化活动。第一，降低了金融服务门槛，缓解创新主体的创新融资约束。创新成果转化活动具有周期长、高风险与不可逆等特征，于是企业在进行科技成果转化活动时易受到较强的外部融资约束，尤其是中小型企业的技术创新融资较易被传统金融服务排斥在门槛之外。数字普惠金融不仅降低了金融服务门槛，将数量大且创新活动活跃的中小企业等"尾部"客户群体纳入金融服务系统，还可以为其提供多样化服务和多渠道融资，有效缓解了各类创新企业尤其是中小企业的创新融资约束（李春涛等，2020）。有了资金保障，创新主体的成果转化更能顺利进行。第二，降低了企业创新融资成本。凭借先进数字技术，数字普惠金融可以使用更加低成本和低风险的方式来处理海量的金融数据，还可以通过互联网、手机等实现在线金融服务，加快审批流程，从而降低企业的信息成本与交易成本（Gomber et al.，2018），降低创新融资成本有利于创新企业尤其是中小型创新企业科技成果转化获取更多的外部资金。第三，缓解了信息不对称，提高了创新融资效率。数字普惠金融凭借大数据和云计算技术，能快速整合市场信息，充分了解创新主体的信息，精确评估创新主体的风险，进而实现金融服务双方信息快速匹配（Duarte et al.，2012），提高了创新主体获得金融支持的效率，进而有利于其科技成果转化。

（2）数字普惠金融可以通过实体部门直接影响创新主体的科技成果转化活动。第一，搭建交流平台，优化科技转化成果供需衔接。数字普惠金融通过大数据、人工智能等先进数字技术，搭建了科技转化成果供需双方良好的信息沟通与资源交换平台，可以帮助新兴的创新主体顺利实现从起步到站稳的过渡，如微信、支付宝等开发的创新产品众筹平台，不仅可以帮助创新主体获得融资，还可以宣传企业及其创新产品，创新企业可以借助曝光度更好地开拓销售渠道与增加消费者黏度，促进创新主体和创新结果的供需衔接。第二，引导创新方向。一方面，数字普惠金融深入应用数字技术，推动了数字经济、共享经济等兴起，企业可以借助这种新商业模式寻求合适的创新方向；另一方面，随着数字普惠金融平台如支付宝、微信等的大量使用，用户的生活习惯、消费行为、经济水平等以海量数据的形式存储在数字平台，创新主体可以挖掘数据进而分析消费者行为，探寻新市场需求，找到合适的创新方向（马香品，2020）。第三，提高创新效率。数字普惠金融可以提供融资效率，从而使得创新主体可以快速获得创新融资，再加上普惠金融引导了创新方向，使得创新活动更有市场性，从而促进企业创新效率提高，提高科技成果转化效率。第四，优化创新环境。数字普惠金融具有普惠性和数字性，可以通过分析企业的大数据而非简单的财务数据作出融资决定，从而有可能将部分中小企业纳入创新系统，中小企业虽然规模小，但是创新活动灵活多变和创新潜力巨大，他们的加入有利于加强市场竞争，优化创新环境。

基于上述分析，本书提出以下假说。

假说1：数字普惠金融对区域科技成果转化具有直接促进作用。

2. 途径二：间接传导机制

间接传导机制，主要表现为数字金融对科技成果转化的中介效应，主要通过影响创新主体的创新参与度和创新产出能力对科技成果转化产生效应。

数字普惠金融可以从以下两个方面提高创新主体的创新参与度。第一，刺激居民消费，倒逼企业创新。数字普惠金融通过提供多样化与个性化的在线金融投资产品，服务门槛低，拓宽了消费者投资渠道与增加了消费者收入，再加上数字普惠金融平台支付和交易及其便利，优化了消费体验，极大提高了消费者的支付效率，收入的增加与交易的便利刺激了居民消费（Li et al.，2020）。此外，数字技术的发展与应用促进了生产方式的融合和重组，大大促进了居民消费品质的迭代与升级（马香品，2020），企业为应对消费扩张和消费升级，提高市场竞争力，会主动进行创新，促进科技成果转化，创新参与度大大提高（范红忠，2007）。第二，数字普惠金融可以大大提高金融市场的透明度，改善创新资源与创新结果供需双方交互的情况。从创新资源的供需角度来看，数字普惠金融在信息搜寻、风险管理、覆盖面等方面有着独特的优势，可以有效地获取信息、管理金融风险与拓展服务边界，可以更精准、高效和优质地为企业科技活动提供金融服务，改善优质企业创新活动融资约束，从而提高他们的创新参与度；从创新结果的供需角度来看，创新主体可以基于需求方的交易、支付等数据分析市场需求和创新需要，提高产品的供需匹配度，节约企业的交易成本，提升企业的创新参与意愿。

数字普惠金融有利于促进创新投入，从而提高创新主体的创新产出能力。创新投入主要体现在资金和人力资本两个方面。第一，数字普惠金融为创新主体提供了创新资金。数字普惠金融可以使用数字技术工具分析和挖掘各类网络数据，对目标客户进行更全面的信用评估，为企业科技活动提供资金服务。第二，提供人力资本支持。金融发展不仅有利于提高人力资本存量（Dutta and Sobel，2018），还有利于人力资本结构优化（高春亮和李善同，2019）。

基于以上的推论，本书提出以下假说：

假说2：数字金融可以通过提高创新主体的创新参与度与创新产出能力，间接影响区域科技成果转化。

（二）异质性传导机制与研究假设

数字普惠金融在不同地区、不同时期、不同主体之间存在差异，从而对科技成果转化会产生不同的影响。

（1）区域异质性。数字普惠金融的科技成果转化效应与经济发展水平的异质性有关。中国东部、中部、西部地区经济发展差异明显，导致不同的地区的创新基础、创新投入、创新效率存在明显的差异，进而导致各区域创新产出能力存在差异，最终影响数字普惠金融对科技成果转化的效果。因此，数字普惠金融对科技成果转化存在区域异质性，但是具体效果有待检验。

（2）时期异质性。传统普惠金融已经发展一段时间了，它对科技成果转化的影响已经得到证实（易信和刘凤良，2015）。而数字普惠金融发展起步晚，但是它是在传统金融的基础上发展起来的，发展速度快，影响范围广。在数字普惠金融发展前阶段、初期和进展期，数字普惠金融的交易形式、交易内容、服务边界、数字信息挖掘程度等不一样，于是数字普惠金融对企业科技活动支持存在不一样，因此，需要比较数字金融发展前后的影响。

（3）创新主体异质性。创新系统主要存在高校、企业和科研机构三大主体，它们在创新投入、创新偏好、资源配置、功能定位等方面均存在显著差异。企业是该系统中最主要的主体，企业通常以市场为导向，利用自有和借贷资金进行应用研究与试验发展，并应用和扩散新技术，资源配置效率比较高。高校和科研机构是知识创新的主体，在我国通常是依靠政府投入，进行基础研究，偏重知识生产和传播。由于三大创新主体在创新价值链上扮演着不同的角色，导致他们对数字普惠金融的依赖程度不同。于是数字普惠金融对不同的创新主体的创新活动的影响存在差异性，从而对其创新成果转化也存在差异性。

由以上推论，本书提出以下假说：

假说3：数字普惠金融对科技成果转化存在地区、时期与主体的异质性。

（三）非线性传导机制与研究假设

数字普惠金融通过大数据、人工智能等先进数字技术，可以降低创新主体的交易成本、提高市场透明度，引导企业的创新方向等。但是这种影响不是线性的，而是动态非线性。一方面，数字普惠金融具有去媒介特征，可以快速发展，从而快速扩大服务范围、使用深度，有效缓解了企业的创新融资约束，其对创新主体的创新成果转化的影响可能存在动态演化特征；另一方面，数字普惠金融系统可以提供跨时空的信息，而且传播近乎零成本，这将使得更多创新主体在更大区域范围内享受创新收益，引起创新效应的动态演变。

于是，本书提出以下假说。

假说4：数字普惠金融对科技成果转化具有非线性化效应。

第二节　模型的建立与变量选择

一、计量模型

(一) 基准回归模型

参考杜塔和索贝尔 (Dutta and Sobel, 2018)、庄旭东和王仁曾 (2021)、李晓龙和冉光和 (2021) 的研究, 本书构建了如下的基础计量模型:

$$Tr_{it} = \alpha_0 + \alpha_1 Dif_{it} + \alpha_j X_{it} + \alpha_z Z_{it} + \lambda_t + \mu_i + \varepsilon_{it} \qquad (9-1)$$

其中, i 和 t 分别表示各省份、年份; Tr 表示区域科技成果转化水平; Dif 表示数字普惠金融发展水平; X 表示产业转移变量, 包含国际产业转移 FDI, 国内产业转移 IR; Z 表示技术转移变量, 包含国外技术转移 FB, 国内技术转移 DB; λ 表示时间固定效应, μ 表示个体固定效应, α 表示模型的待估计系数, 其中 α_j、α_z 是控制变量的系数, ε 是随机干扰项。

(二) 中介效应模型

借鉴巴伦和肯尼 (Baron and Kenny, 1987)、温忠麟和叶宝娟 (2014) 的做法, 本节构建创新参与度 (Rd) 和创新产出能力 ($Apat$) 中介效应模型, 探讨间接作用机制。

创新参与度中介模型:

$$Rd_{it} = b_0 + b_1 Dif_{it} + b_j X_{it} + b_z Z_{it} + \lambda_t + \mu_i + \varepsilon_{it} \qquad (9-2)$$

$$Tr_{it} = c_0 + c_1 Dif_{it} + c_2 Rd_{it} + c_j X_{it} + c_z Z_{it} + \lambda_t + \mu_i + \varepsilon_{it} \qquad (9-3)$$

创新产出能力中介模型:

$$Apat_{it} = b_0 + b_1 Dif_{it} + b_j X_{it} + b_z Z_{it} + \lambda_t + \mu_i + \varepsilon_{it} \qquad (9-4)$$

$$Tr_{it} = c_0 + c_1 Dif_{it} + c_2 Apat_{it} + c_j X_{it} + c_z Z_{it} + \lambda_t + \mu_i + \varepsilon_{it} \qquad (9-5)$$

如果 b_1、c_2 均显著，则说明模型存在中介效应；如果 c_1 显著，且 $b_1^* c^2$ 和 c_1 符号相同，说明有部分中介效应，中介效应占比是 $b_1^* c_2 / c_1$。

（三）异质性模型

对公式（9-1）进行拓展，可构建数字普惠金融影响科技成果转化的异质性特征的计量模型。不同区域、不同时间的异质性影响模型与基准回归模型一样，只是样本范围不一样。不同创新主体下数字普惠金融创新溢出效应的异质性特征模型表示如下：

$$Str_{it} = \alpha_0 + \alpha_1 Dif_{it} + \alpha_j X_{it} + \alpha_z Z_{it} + \lambda_t + \mu_i + \varepsilon_{it} \tag{9-6}$$

其中，Str 表示不同创新主体的科技成果转化水平和下一期的转化水平，在后文我们会带入企业科技成果转化（Tr）、研究与开发机构的科技成果转化（Ytr）、高等学校科技成果转化（Gtr）三大指标，其余变量含义同上。

（四）面板门槛模型

为检验数字普惠金融是否存在非线性溢出，在公式（9-1）的基础上，根据汉森（Hansen，1999）的面板门槛模型，构建本书的门槛模型如下：

$$Tr_{it} = \alpha_0 + \alpha_1 Dif_{it} \times I(Dif_{it} \leqslant \gamma) + \alpha_2 Dif_{it} \times I(Dif_{it} > \gamma)$$
$$+ \alpha_j X_{it} + \alpha_z Z_{it} + \lambda_t + \mu_i + \varepsilon_{it} \tag{9-7}$$

其中，Dif 是数字普惠金融门槛变量，γ 是需要估计的门槛值；$I(\cdot)$ 是取 0 或者 1 的指示函数，当 $Dif_{it} \leqslant \gamma$ 时，Dif_{it} 的系数为 $\alpha_1(\beta_1)$；当 $Dif_{it} > \gamma$ 时，Dif_{it} 的系数为 $\alpha_2(\beta_2)$；其他变量定义含义同公式（9-1）和公式（9-2）。

为了进一步研究数字普惠金融的非线性机制，这里将市场主体创新参与度和创新产出能力作为调节变量（adj），构建非线性调节效应模型如下[①]：

$$Tr_{it} = \alpha_0 + \alpha_1 Dif_{it} \times I(adj_{it} \leqslant \gamma) + \alpha_2 Dif_{it} \times I(adj_{it} > \gamma)$$
$$+ \alpha_j X_{it} + \alpha_z Z_{it} + \lambda_t + \mu_i + \varepsilon_{it} \tag{9-8}$$

---

① 这 4 个模型可能不止一个门槛，因篇幅所限，本节只列出了单门槛模型，但是在下文的实证分析中，本节将对 4 个模型的所有门槛均进行检验和估计。

二、变量选取与说明

(一) 被解释变量

本书的被解释变量为地区科技成果转化水平（Tr），考虑到科技成果转化的变现问题即成果创造的新市场价值，使用各地区新产品销售收入衡量科技成果转化水平（Tr），并对其进行自然对数化处理。

图 9-2 是科技成果转化的非参数核密度估计。首先，从曲线的中心位置演变看，5 条曲线的主峰中心线都随着时间推移不断右移，表明科技成果转化在全国层面呈现持续改善趋势；其次，从分布曲线的分布形态和延展性来看，在样本期内 5 条曲线的波峰高度大致呈现先平缓，再逐步上升后快速回落的过程，峰值越来越大，曲线覆盖宽度在逐步收窄。曲线覆盖的宽度与中心线右侧的拖尾宽度呈逐步收窄的态势，说明中国科技成果转化地区差异显著减小；最后，从波峰个数的演变趋势来看，5 条曲线基本上呈现双峰特征，但是第一个波峰明显低于第二个波峰，表明中国科技成果转化虽存在梯度效应，但单极化趋势明显。

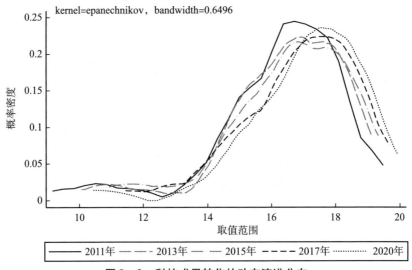

图 9-2　科技成果转化的动态演进分布

（二）解释变量

数字普惠金融发展水平（*Dif*）采用北京大学数字普惠金融省级总指数除以 100 进行衡量（郭峰等，2020）。国际产业转移 *FDI*、国内产业转移 *IR*、国外技术转移 *FB* 和国内技术转移 *DB* 的衡量在第三章已经介绍了，这里除 *IR* 外全部取自然对数。

（三）中介变量

创新参与度（*Rd*）用各地区有 R&D 活动的企业数量与企业总数的比值来衡量，有 R&D 活动企业数量越多，创新参与度越高。创新主体的创新产出能力（*Apat*）用创新活动产出专利来衡量，由于专利授权具有滞后性，本书用专利申请受理数来衡量创新产出能力，该指标取了自然对数。

（四）异质性创新主体科技成果转化

企业、高校与科研机构是"三足鼎立"的三大创新的主体。本书将从这三大主体出发，检验数字普惠金融的影响。由于 R&D 机构和高校基本上不直接生产产品，创新产出主要包括专利、论文和出版专著等，后两者的理论性较强，专利代表一种技术，如果能被转让和许可，这很大程度上说明这种技术会被生产中使用，实现科技成果转化。借鉴何彬和范硕（2013）的做法，研究与开发机构创新成果转化（*Ytr*）和高等学校创新成果转化（*Gtr*）用其专利所有权转让及许可收入自然对数表示，企业的数据用规模以上工业企业新产品销售收入（*Tr*）表示。具体变量定义、说明与数据来源，如表 9−1 所示。

表 9−1   **变量定义、说明与数据来源**

变量类型	变量名称	变量符号	变量定义	数据来源
被解释变量	科技成果转化	*Tr*	新产品销售收入自然对数值	科技部、国家统计局（由 EPS 全球统计数据库整理）

续表

变量类型	变量名称	变量符号	变量定义	数据来源
中介变量	创新参与度	Rd	规模以上工业企业有 R&D 活动企业数/规模以上工业企业企业总数	科技部、国家统计局（由 EPS 全球统计数据库整理）
	创新产出能力	$Apat$	专利申请受理数的自然对数值	科技部、国家统计局（由 EPS 全球统计数据库整理）
解释变量	数字普惠金融发展	Dif	数字普惠金融综合指数除以100	北京大学数字普惠金融指数（2011—2020）
	国际产业转移	FDI	外商投资企业投资总额的自然对数值	国家统计局（由 EPS 全球统计数据库整理）
	国内产业转移	IR	计算见第三章，不取对数	国家统计局（由 EPS 全球统计数据库整理）
	国外技术转移	FB	国外技术引进合同金额的自然对数值	科技部、国家统计局（由 EPS 全球统计数据库整理）
	国内技术转移	DB	技术市场成交额的自然对数值	科技部、国家统计局（由 EPS 全球统计数据库整理）
异质性创新主体	企业新产品销售收入	Tr	规模以上工业企业新产品销售收入自然对数值	科技部、国家统计局（由 EPS 全球统计数据库整理）
	研究与开发机构产业创新成果转化	Ytr	专利所有权转让及许可收入自然对数	科技部、国家统计局（由 EPS 全球统计数据库整理）
	高等学校产业创新成果转化	Gtr	专利所有权转让及许可收入自然对数	科技部、国家统计局（由 EPS 全球统计数据库整理）

三、数据来源

根据数据的科学性、合理性与可得性，本书使用的面板数据为 2011 ~ 2019 年中国 31 个省份的数据（不包括港澳台地区）。数字普惠金融指数来自《北京大学数字普惠金融指数（2011—2020）》，其他数据来自国家统计局、

科技部、教育部、EPS 全球统计数据库等。为了保证数据的可比性，本书用
2011 年作为基期平减货币计量变量的数据。

根据表 9 - 2，样本中各个变量的平均值基本上大于标准差，这表示所有
变量的数据波动性较小，数据比较的平稳。Dif 的最大值为 4. 3193，最低值
为 0. 1622，这说明数字普惠金融水平存在较大地区差异。

表 9 - 2 **变量的描述性统计**

变量	均值	标准差	最小值	最大值	样本容量
Tr	16. 7074	1. 8925	9. 7829	19. 9094	310
Rd	0. 1770	0. 1076	0. 0331	0. 5937	310
$Apat$	10. 5728	1. 5902	5. 1358	13. 7822	310
Dif	2. 1624	0. 9703	0. 1622	4. 3193	310
FDI	11. 1588	1. 5341	14. 8253	11. 1588	310
IR	0. 0000	382. 7586	− 2500. 8230	1406. 3840	310
FB	9. 6897	2. 8987	0. 0000	13. 7864	310
DB	4. 5556	2. 0167	− 3. 2189	8. 7509	310

第三节 实证分析

一、基准回归模型实证结果分析

表 9 - 3 给出了基准回归模型的双向固定效应估计结果。模型（1）只考
虑数字普惠金融的影响，模型（2）只考虑国内外产业转移的影响，模型
（3）只考虑国内外技术转移的影响，模型（4）考虑所有变量的影响。

表9-3　　　　　　　　　　　　　　　　　基准回归结果

变量	模型（1）	模型（2）	模型（3）	模型（4）
常数项	16.09 *** (356.78)	12.24 *** (30.76)	16.54 *** (70.44)	16.68 *** (28.18)
Dif	0.297 *** (15.56)			0.335 *** (9.60)
FDI		0.402 *** (11.29)		0.0212 ** (2.37)
IR		0.0000383 (0.65)		0.0000279 (0.56)
FB			-0.0690 *** (-3.77)	-0.0473 *** (-3.23)
DB			0.188 *** (6.67)	0.0993 *** (3.04)
μ	是	是	是	是
λ	是	是	是	是
样本数	310	310	310	310
R^2	0.4663	0.3162	0.1946	0.5035
F 统计量	241.97 ***	63.82 ***	33.34 ***	55.37 ***

注：括号内为 t 统计量；***、**、* 分别表示在1%、5%、10%的水平上显著。

根据表9-3可知，数字普惠金融、FDI、国内技术转移都有利于我国科技成果转化，但是国外技术引进不利于我国科技成果转化，国内产业转移的影响不显著。

二、中介效应分析

由表9-4中可知，模型（1）中数字普惠金融对创新参与度的影响为0.0929，且在1%的显著性水平下通过了显著性检验，这表示数字普惠金融有利于提高市场主体的创新参与度。在模型（2）中，数字普惠金融与创新参与度对科技成果转化的影响也显著为正,说明创新参与度的中介效应存在。由模型(3)和模型(4)中可知,数字普惠金融与创新产出能力的影响系数均显著为正,说明数字普惠金融可以通过提高地区创新产出能力进而促进地区科技成果转化。

表9-4　　　　　　　　　　　中介效应估计结果

变量	创新参与度		创新产出能力	
	模型(1)	模型(2)	模型(3)	模型(4)
	Rd	Tr	Apat	Tr
常数项	31.2127 ***	-177.6000	21.0568	-192.8000 **
	(2.73)	(-1.29)	(0.21)	(-2.20)
Dif	0.0929 ***	0.4320 *	0.0747	0.490 ***
	(5.28)	(1.98)	(0.48)	(3.63)
Rd		0.2030		
		(0.30)		
Apat				1.025 ***
				(20.45)
FDI	0.0223 ***	-0.716 ***	-0.6082 ***	0.0970 *
	(3.92)	(10.34)	(12.12)	(1.82)
IR	0.000025 **	0.000133	0.0001115	0.0000238
	(2.34)	(1.04)	(1.18)	(0.29)
FB	0.000226	0.1760 ***	0.0680 ***	0.1060 ***
	(0.09)	(5.93)	(3.09)	(5.45)
DB	0.0073 **	0.163 ***	0.2522 ***	-0.0945 ***
	(2.28)	(4.27)	(8.98)	(-3.44)
μ	是	是	是	是
λ	是	是	是	是
样本数	310	310	310	310
R^2	0.5727	0.7983	0.8426	0.9157
F统计量	57.62 ***	148.38 ***	230.27 ***	407.49 ***

注:括号内为t统计量;***、**、*分别表示在1%、5%、10%的水平上显著。

综合表9-4数据，数字普惠金融可以通过提高创新参与度和创新产出能力进而促进地区科技成果转化，假说2得到验证。

三、异质性分析

（一）空间异质性分析

为了反映不同区域的影响，将我国划分为东部、中部、西部三大区域进行分析。具体划分情况同本书第七章。

根据表9-5，对于东部、中部与西部地区来说，数字普惠金融发展积极显著地提升了科技成果转化水平，而且对中部地区和西部地区的积极作用大于东部地区，这说明数字普惠金融在东部、中部与西部地区尤其是中、西部地区有助于提高对创新的支持效率。在东部地区，各种要素禀赋条件较好，金融市场发展得比较成熟，服务效率较高，企业进行创新成果转化面临的资金约束较小，而且东部地区的居民消费空间与企业创新潜力得到了充分挖掘，于是数字普惠金融对该区域科技成果转化的边际作用较小。而中、西部地区相反，要素禀赋相对较差，传统金融覆盖不足，创新主体进行创新活动需要大量的资金支持，数字普惠金融的发展极大地提高了金融资源配置效率。而且中、西部地区居民消费需求增长空间大，企业创新潜力大，后发优势明显，数字普惠金融为中西部地区科技成果转化注入了新活力，于是数字普惠金融对中西部的影响更大（徐子尧等，2020）。

表9-5   区位异质性分析结果

变量	东部地区	中部地区	西部地区
常数项	15. 88 *** (18. 75)	17. 06 *** (13. 39)	14. 16 *** (12. 78)
Dif	0. 106 *** (2. 98)	0. 391 *** (5. 53)	0. 334 *** (4. 18)

续表

变量	东部地区	中部地区	西部地区
FDI	− 0.00155 （− 0.03）	− 0.0192 （− 0.15）	0.159 （1.25）
IR	0.0000825 * （1.85）	0.0000606 （0.93）	0.0000636 （0.33）
FB	0.104 *** （2.96）	− 0.0244 （− 0.62）	− 0.0592 *** （− 2.84）
DB	0.0966 ** （1.99）	− 0.0494 （− 0.66）	− 0.170 *** （− 3.35）
μ	是	是	是
λ	是	是	是
样本数	110	80	120
R^2	0.5782	0.6477	0.5469
F 统计量	25.77 ***	24.64 ***	24.62 ***

注：括号内为 t 统计量；*** 、** 、* 分别表示在1%、5%、10%的水平上显著。

FDI 显著地促进了西部地区科技成果转化，不利于东部地区和中部地区科技成果转化。国内产业转移、国外技术引进、国内技术转移促进了东部科技成果转化。

（二）时间异质性分析

我国数字普惠金融一般以余额宝开张作为起点（黄益平和黄卓，2018）。余额宝是 2013 年 6 月推出的，本书以下一年作为分界点。2017 年，首个数字普惠金融国际公约《G20 数字普惠金融高级原则》诞生，使得数字普惠金融迅速发展。因此，为了比较数字普惠金融发展前后，中国各地区数字普惠金融对科技成果转化的影响，本章将研究期限分为三个阶段分析：数字普惠金融发展前阶段（2011 ~ 2013 年）、数字普惠金融发展初期（2014 ~ 2016 年）、数字普惠金融发展进展期（2017 ~ 2020 年）。

表 9 - 6 给出了数字普惠金融发展不同阶段的估计结果。在数字普惠金融

发展前阶段，数字普惠金融对科技成果转化产生的当期影响有一定的促进作用，其他变量的影响不是负影响就是不显著。在数字普惠金融发展初期，数字普惠金融和 FDI 对科技成果转化的影响显著为正。在数字普惠金融发展进展期时，数字普惠金融、FDI 和国内技术转移对科技成果转化的影响显著为正，其他变量的影响不显著，但是符号为正数。

表 9 - 6 时间异质性分析结果

变量	2011～2013 年	2014～2016 年	2017～2020 年
常数项	22.71 *** (10.23)	13.37 *** (7.88)	15.55 *** (24.23)
Dif	0.275 *** (5.16)	0.121 (0.84)	0.345 *** (3.36)
FDI	-0.638 *** (-3.03)	0.285 * (1.69)	0.0750 (1.24)
IR	-0.0000412 (-0.43)	0.0000439 (0.47)	0.00000469 (0.09)
FB	0.0197 (0.68)	-0.0269 (-0.82)	0.000464 (0.03)
DB	-0.0126 (-0.21)	0.0477 (0.55)	0.0944 * (1.95)
μ	是	是	是
λ	是	是	是
样本数	93	93	124
R^2	0.3579	0.2430	0.2030
F 统计量	6.35 ***	3.59 ***	4.48 **

注：括号内为 t 统计量；*** 、** 、* 分别表示在 1%、5%、10%的水平上显著。

（三）创新主体差异性

由于内蒙古、海南、西藏、青海、宁夏和新疆数据缺失较多，此部分不考虑。表 9 -7 给出了创新型主体异质性的分析结果。

表9-7   创新主体异质性分析结果

变量	企业（Tr）	高校（Gtr）	科研机构（Ytr）
常数项	16.06*** (25.73)	-2.091 (-0.89)	9.123* (1.72)
Dif	0.214*** (6.14)	0.169 (1.29)	0.397 (1.45)
FDI	0.0183** (2.31)	0.790*** (3.58)	-0.532 (-1.02)
IR	0.0000409 (1.09)	-0.0000737 (-0.52)	-0.000166 (-0.58)
FB	0.0322* (1.78)	-0.0203 (-0.30)	-0.0420 (-0.28)
DB	0.0563** (2.54)	0.00394 (0.03)	0.601** (2.16)
μ	是	是	是
λ	是	是	是
样本数	250	250	250
R^2	0.5775	0.3303	0.1438
F统计量	60.14***	21.70**	6.05***

注：括号内为 t 统计量；***、**、*分别表示在1%、5%、10%的水平上显著。

对于企业而言，数字普惠金融、FDI、国外技术引进和国内技术转移等对其科技成果转化有显著的积极影响；对高校而言，数字普惠金融对其科技成果转化影响不显著，只有 FDI 产生积极的作用，这可能与我国高校经费来源、高校体制有关；我国高校绝大部分都是公立学校，R&D 经费主要是来自学校、教育部门公费项目支持，金融支持少，但是校企（外企）合作的过程中促进了科技成果转化；对科研机构而言，数字普惠金融对其科技成果转化影响不显著，只有国内技术转移对其科技成果转化有显著的积极影响。由于中国高校与科研机构主要是从事基础研究创新，企业主要是应用研究创新主体，于是数字普惠融对应用研究的驱动效应明显强于基础研究。因此，数字普惠金融可以为增强应用研究成果转化助力。经以上不同类型的异质性分析，假说 3 得到验证。

四、进一步讨论：非线性效应分析

借鉴汉森（Hansen，1999）的方法，先进行面板门槛存在性检验，研究发现，数字普惠金融门槛变量和调节效应的门槛变量都显著通过了单一门槛检验。本章为了克服异方差，采用了稳健标准差检验法来估计本章的面板门槛回归模型，结果见 9 - 8。由模型（1）可知，在单一门槛模型下，数字普惠金融对科技成果转化的影响先负后正，这说明数字普惠金融对科技成果转化的影响存在显著动态非线性关系。当数字普惠金融低于门槛值 1.4635 时，数字普惠金融的估计系数为 - 0.134，且通过了显著性检验，说明在门槛值之前，数字普惠金融产生了阻碍效应；当数字普惠金融大于 1.4635 时，数字普惠金融估计系数变为 0.271，且通过了显著性检验，说明在该门槛值之后，数字普惠金融对科技成果转化产生了积极的效应。总之，随着数字普惠金融指数的提高，数字普惠金融对科技成果转化的效应存在门槛，在门槛值之前，存在阻碍作用，只有越过门槛值后才会呈现"边际效应"递增的非线性特征。

表 9 - 8 面板门槛模型回归结果

变量	动态效应	调节效应	
	模型（1）	模型（2）	模型（3）
	$Tr(Dif)$	$Tr(Apat)$	$Tr(Rd)$
门槛值	1.4635	5.5722	0.1033
常数项	15.80 *** (12.22)	16.82 *** (17.51)	16.06 *** (11.95)
Dif_1	- 0.134 * (- 1.80)	- 4.656 (- 14.28)	0.309 *** (3.27)
Dif_2	0.271 *** (3.29)	0.260 *** (4.55)	0.389 *** (4.95)

续表

变量	动态效应	调节效应	
	模型（1）	模型（2）	模型（3）
	$Tr(Dif)$	$Tr(Apat)$	$Tr(Rd)$
FDI	0.131 （1.05）	−0.00301 （−0.03）	0.0983 （0.77）
IR	0.00000799 （0.07）	0.0000339 （0.42）	0.00000959 （0.09）
FB	−0.0141 （−0.44）	−0.0613** （−2.57）	−0.0285 （−0.87）
DB	0.208*** （2.93）	−0.00544 （−0.10）	−0.221*** （−3.05）
μ	是	是	是
λ	是	是	是
样本数	310	310	310
R^2	0.2301	0.5772	0.2016
F 统计量	13.60***	62.11***	11.49***

注：①括号内为 t 统计量；***、**、*分别表示在1%、5%、10%的水平上显著。②$Tr(Dif)$、$Tr(Apat)$、$Tr(Rd)$ 括号前的字母表示被解释变量，括号中的字母表示门槛变量。③Dif_1、Dif_2 为不同门槛区间数字普惠金融的估计系数。

接下来分析调节变量的非线性作用。根据模型（2），创新产出能力对数字普惠金融影响下的非线性创新成果转化的调节效应也是先负后正。根据模型（3），创新参与度对数字普惠金融影响下的非线性创新成果转化的调节效应是积极且显著的，其调节效应逐渐增强。假说4得到验证。

五、内生性检验

借鉴韩先锋等（2019）等研究的方法，对模型的内生性问题作处理。

第一，对于直接效应模型和中介效应模型，本章采用 2SLS 法尝试缓解内生性问题。本章分别用数字普惠金融指数体系中的使用深度指数（$Duse$）与移动电话用户（*Mobile*）作为数字普惠金融指数的工具变量进行估计，结果如表 9 – 9 所示，与原结果基本一致。

表 9 – 9　　　　　　　　　　　　　2SLS 估计结果

变量	第一阶段 *Dif*	第二阶段 *Tr*
常数项	– 372. 6648 *** （ – 21. 02）	65. 2600 （0. 36）
Ⅳ：*Duse*	0. 4801821 *** （17. 63）	
Ⅳ：*Mobile*	0. 0000975 *** （6. 38）	
Dif		0. 0303 ** （2. 11）
FDI	0. 0231 * （1. 70）	0. 6910 *** （10. 08）
IR	0. 0000129 （0. 54）	0. 000136 （1. 08）
FB	0. 0114 ** （2. 07）	– 0. 1670 *** （ – 5. 63）
DB	0. 0122 * （1. 73）	0. 1590 *** （4. 25）
μ	是	是
λ	是	是
样本数	310	310
R^2	0. 9741	0. 7959

注：括号内为 t 统计量；*** 、** 、* 分别表示在 1%、5%、10% 的水平上显著。

第二，对于异质性模型，本章选取数字普惠金融滞后一期作为工具变量，再分别使用 FE-Ⅳ 和 White-Period 稳健方法重新进行了估计，结果发现，新估计结果与前文基本一致。限于篇幅，在此不显示结果。

第三，对于非线性门槛模型，借鉴卢凯蒂和帕隆巴（Lucchetti and Palomba，2009）的方法，将原来的面板门槛模型改为滞后期的做法再重新估计，估计结果与前文基本一致。限于篇幅，在此不显示结果。

六、稳健性检验

上文分区域回归的结果表明前文的结论基本上具有稳健性。为进一步提高结论可靠度，本章还进行了如下稳健性检验：第一，本章剔除科技成果转化、创新参与度和创新产出能力的极大值和极小值后，再对相应的面板模型进行估计，结果与前面的结果基本上一致，表明结论具有稳健性；第二，根据前文分析，我国数字普惠金融实施起点为 2013 年（黄益平和黄卓，2018），于是本章使用子样本 2013～2020 年的面板数据进行估计，结果与前面的结果基本上一致（见表 9－10），表明结论具有稳健性；第三，使用数字平台活跃度和互联网普及率替代核心解释变量再进行估计，结论基本一致；第四，变化被解释变量，本章使用地区新产品开发项目数（计数变量）替代原来的新产品销售收入，采用泊松法进行回归估计（见表 9－10），可以看出，估计结果与前文基本一致，说明原结论具有稳健性。限于篇幅，在此只显示子区间与泊松估计结果。

表 9－10 　　　　　　　　　　　　子区间与泊松估计

变量	子区间	Poisson
	Tr	Nitem
常数项	17.2700 *** （27.68）	4.897 *** （30.78）
Dif	0.4480 *** （8.33）	0.0901 *** （71.27）
FDI	0.0474 （0.77）	0.2440 *** （120.78）
IR	0.0000256 （0.48）	0.0000146 *** （14.12）

续表

变量	子区间	Poisson
	Tr	*Nitem*
FB	− 0. 0533 *** （ − 3. 49）	0. 0370 *** （41. 46）
DB	0. 1080 *** （2. 95）	0. 1820 *** （131. 57）
μ	是	是
λ	是	是
样本数	248	310
R²	0. 4432	
F 统计量	33. 59 ***	

注：括号内为 t 统计量；*** 、** 、* 分别表示在 1% 、5% 、10% 的水平上显著。

第十章

中国异质性大国区间技术追赶接力及其区域协调发展的建议

本书建立了系统的研究框架研究产业转移背景下中国技术转移的时空格局与空间效应。在研究的过程中，本书在相关理论的基础上，结合国外在我国产业转移和技术转移的时空格局以及国内三大区域间产业转移和技术转移的时空格局，分析了产业转移背景下技术转移促进区域协调发展的机制；再结合耦合协调理论探究技术转移机会窗口敏捷甄别与技术追赶空间定位、节点"无缝"衔接；并构建技术转移体系，分析技术转移体系的协同演化状态，构建协同运行机制；还从理论和实证两个方面深入分析了产业转移背景下技术转移的多重空间效应分析等。本书得到的主要研究结论与建议如下。

第一节　主要研究结论

一、产业转移和技术转移规模呈现上升趋势，但是区间分布不平衡

无论是 FDI、进口还是中间产品出口，中国的规模都是位居世界前列，而且全国总体和三大区域获取的国际产业转移基本上呈现上升趋势。中国承接国际产业转移以东部地区为主，东部地区获取国际产业转移的规模远远高于中、西部地区，中部地区次之，西部地区最少。区域内各省之间差距也很明显。以 FDI 为例，在东部地区 11 个省份中，广东省获取的国际产业转移最多，其次是江苏省和上海市，这三个地区近十年（2011～2020 年）吸收的FDI 将近占了东部的一半多；在中部地区，各省之间的差别相比东部地区较小，FDI 流入最多的是安徽省，其次是湖北省，最少的是吉林省；在西部地区 10 个省份，各省份流入的 FDI 差别也较大，四川省获取的 FDI 遥遥领先，其次是重庆市和广西壮族自治区。

我国国内产业主要是由东部地区向中、西部地区转移。在产业转移的空间模式上，整体来看，中国制造业转移呈现出"点上集中与面上扩散"空间布局的特征，制造业向京津冀都市圈、长三角城市群与珠三角城市群等发达城市群边缘的主要城市显著集中转移，同时有些产业又向中、西部地区进行大幅扩散。虽然东部地区是主要的国内产业转出区域，但是各省之间、不同年份之间是有区别的。东部地区的主要转出省是广东省、上海市、浙江省等，中部地区安徽省等是主要的国内产业转移承接，西部地区大部分省都是国际产业转移承接地，以贵州省、重庆市等为主。

中国国外技术引进合同金额呈现曲折循环变化。东部地区是国外技术引进的主要区域，中部地区和西部地区相差不大。东部地区引进国外技术的主要省份是广东省，其次是上海市和江苏省，海南省最少；中部地区，湖北省

是引进国外技术的最主要省份，安徽省、湖南省和黑龙江省也较多；西部地区，重庆市引进国外技术金额规模占绝对地位，其次是四川省。

中国国内技术转移呈现迅速上升趋势。我国的技术市场主要集中在东部地区，其次是中部地区，西部地区最少，中、西部地区合起来只有东部地区的一半。在东部地区，北京市技术市场成交额占有绝对优势，其次是广东省；在中部地区，湖北省技术市场成交额规模最大，远远高于其他省份；在西部地区，陕西省是主体，其次是四川省。

二、产业转移、技术转移与区域经济协调发展的协调度高，但是耦合协调程度不高

2011～2020年，我国产业转移、技术转移和区域经济协调发展的耦合协调度基本上处于中度失调和轻度失调之间。但是耦合协调度呈上升趋势，说明耦合协调度虽然低，但是呈现改善趋势。分解来看，我国各系统之间的相互配合程度即关联程度（协调度）还是非常高的，只是作为一个整体共同促进作用还没有发挥很大的作用。根据三大区域横向对比，东部地区三大系统的耦合协调度最高，但是也是属于第五级濒临失调，中部地区和西部地区是属于第三级，即中度失调。这说明2011～2020年，我国三大系统还没有真正耦合协调。虽然三大区域的耦合协调度不高，但是都呈现增长趋势。

两两系统比较发现，技术转移与区域经济协调发展的耦合协调度略高于产业转移和区域经济协调发展，产业转移和技术转移系统的耦合协调度最低。3个二类系统耦合协调度呈现增长趋势，但是基本上处于中度失调状态。在3个二类系统，耦合协调度基本上是东部 > 中部 > 西部，也都基本上呈现上升趋势。

三、我国技术转移系统的协同度较低，主要薄弱环节还是技术应用

总体来看，从2011～2020年，中国技术转移各子系统序参量有序度基本

上呈现上升趋势。

从各子系统序参量有序度来看，在技术开发子系统和技术传播子系统，各序参量差别不大。在技术应用子系统，规模以上工业企业新产品销售收入、规模以上工业企业技术改造经费支出对其的贡献最大。在辅助子系统，国家财政性教育经费的贡献最大。

从子系统有序度及系统协同演化水平来看，从 2011～2020 年，技术应用系统的有序度变化不大，而且较低，其余三大子系统的有序度基本上在上升。总体来看，辅助系统的有序度是最高的，技术传播子系统的有序度最低，但是技术传播子系统的有序度上升最快。我国技术转移系统的协同度仍旧比较低。目前，我国技术转移系统的主要薄弱环节还是技术应用，尤其是规模以上工业企业引进技术消化吸收经费支出和技术改造经费支出。

四、产业转移背景下技术转移对我国产生了多重效应

国际产业转移背景下技术转移对技术创新的影响研究发现：R&D 投入、FDI、贸易开放、技术引进与高技术产业技术创新能力之间存在长期均衡稳定关系。R&D 投入包括 R&D 资本投入和 R&D 人员投入，以及 FDI、贸易开放、技术引进都对高技术产业技术创新具有显著的正向效应。高技术产业的技术创新主要依靠自主创新，而 FDI、贸易开放、技术引进对其也有较强的促进作用。基于区域间的比较，R&D 资本投入和 FDI、贸易开放、技术引进对东部地区高技术产业技术创新的促进作用大于中、西部地区，而 R&D 人员投入对中、西部地区的推动作用更大。

国内产业转移背景下技术转移对技术创新的影响发现：第一，高技术产业 R&D 经费投入和 R&D 人员投入对其专利申请和新产品销售收入都产生了显著的积极影响，而且 R&D 人员的作用大于 R&D 经费投入的作用，国内技术转移有利于高技术产业专利申请，不利于其新产品销售收入，国内产业转移对高技术产业专利申请和新产品销售收入都产生了积极的影响。第二，按区域分组检验，无论是以高技术企业专利申请为被解释变量还是高技术企业新产品销售收入为被解释变量，各个变量的影响符号基本一致，影响大小不

同。创新 R&D 经费投入和 R&D 人员投入都对三大区域两个被解释变量产生了积极影响，而且这两个变量的影响基本上呈现出由东部至西部逐步减少的形式，技术市场成交合同金额同样产生了积极效应，对中部地区的影响最大，产业转移对中部地区的影响不显著，对中、西部地区尤其是西部地区产生了积极的正影响。从各个变量的系数比对来看，无论是东部地区还是中、西部地区，创新 R&D 经费投入和 R&D 人员投入仍旧是高技术企业专利申请增加的最主要因素。第三，进一步对各个解释变量对高技术产业差异化创新的影响进行对比分析，无论是对发明专利还是实用新型和外观设计申请而言，创新经费和创新投入、国内技术购买都有利于其增加，R&D 人员的作用高于经费的作用，国内产业转移对的影响不显著。

国内外产业转移背景下技术转移对人力资本的多维影响发现：第一，人力资本投资水平对劳动者而言具有累积性和传承性的特点；国内自主 R&D、FDI 溢出、出口溢出、OFDI 溢出、国内技术转移都有利于中国人力资本水平增加，而国外技术引进和进口技术溢出反而不利于中国人力资本增加，国内产业转移的影响很小。对于高技术人力资本而言，除了 FDI 技术溢出和 OFDI 技术溢出变量的系数发生变化外，其余的变量系数未变，但是部分变量的系数没有通过显著性检验。对于低技术人力资本而言，与研究高技术人力资本时各变量的影响符号相比，除了 OFDI 溢出、国际技术转移、国内产业转移变量的符号相同，其余变量符号相反。第二，无论是对外资企业通用性人力资本或专业性人力资本，还是对非外资企业通用性人力资本或专业性人力资本，大部分技术进步渠道都产生了积极影响，无论是同类型企业异质性人力资本比较还是同类人力资本不同类型企业比较，技术进步对非外资企业通用性人力资本和外资企业专业性人力资本的影响更大。第三，分区域而言，国外技术引进、FDI 溢出、OFDI 溢出和国内技术转移基本上都有利于各区域人力资本水平增加，但是对于高技术人力资本和低技术人力资本而言，各变量的影响在不同区域存在差异性。

五、考虑空间关联性后国内外技术转移存在多种空间效应

借鉴空间杜宾模型、Moran's I 指数等方法，实证分析技术转移对人力资

本、TFP 和 GDP 的空间效应分析。研究发现国内外技术转移、人力资本、TFP 和 GDP 在空间邻接权重矩阵、地理距离权重矩阵、地理经济距离权重矩阵下都存在空间关联。

技术转移对人力资本的空间效应分析研究发现：第一，对总人力资本水平而言，各个技术进步变量的三类效用基本上显著且稳健，省内空间效应基本上大于省间效应。具体来看，FDI 和出口技术溢出对我国总人力资本投资的三类效用均正向显著，出口技术溢出的积极作用总体上大于 FDI 技术溢出；我国 OFDI 和进口技术溢出的三类效应都不利于我国人力资本投资，且进口技术溢出的负作用更大；高、低技能劳动者就业之比对总人力资本投资水平影响的直接效应显著为负，但间接效应为正；自主 R&D 投入、国外技术引进、国内技术转移等对人力资本投资影响的三类效应基本上为正；国内产业转移对人力资本的影响很小，主要表现为直接效应和总效用不显著；地区人口数量对人力资本投资影响的三类效应为负。第二，对于高技术人力资本来说，国内技术转移、FDI 与进口的逆向技术溢出、人口数量对高技术人力资本产生了空间负效应，但是国内产业转移的影响不显著，其余的变量基本上产生了空间正效应。第三，对于低技术人力资本来说，除了 R&D 投入和国外技术引进对低技术人力资本的空间效应为负数外，国内产业转移的影响不显著，国内技术转移在空间邻接权重、地理距离矩阵的影响为负数，在地理经济距离矩阵下的影响为正，其余的变量影响都为正数。而且间接效应基本上大于直接效应。第四，分权重来看，地理经济距离矩阵下各个技术进步渠道对三类人力资本投资水平的影响比空间邻接权重、地理距离矩阵的影响大，对人力资本空间溢出效应越明显，也意味着这些省份可以更好协同发展。第五，分区域来看，对于总人力资本而言，内生技术进步、国外技术引进、国内技术转移在三大区域都有利于人力资本水平提升；FDI 只有利于西部地区人力资本水平提升；产业转移并没有提高三大区域的人力资本水平；各个变量对中部地区的影响略大于东部地区和西部地区。对于高技术人力资本而言，东部地区主要是自主 R&D 投入和国内技术转移促进其提高，中部地区类似，而西部地区是自主 R&D 投入和国内产业转移促进其提高。对于低技术人力资本而言，自主 R&D 投入能够促进三大区域人力资本水平提高；FDI 溢出只能促进中部地区低技术人力资本水平提高；国外技术引进只能促进东部地区低技术人力资本水平提高；国内技术转移和产业转移能促进三大区域低技术人力资本水平提高。第六，比较分析了考虑产业转移因素和忽视产业转移两种情况下技术转移对人力资本的影响差异。发现不考虑产业转移时，国内外技术转移对三类人力资本的影响减少。

技术转移对 TFP 的空间效应分析发现：第一，在三种不同的空间权重矩阵下，各个解释变量对 TFP 的直接效应、间接效应和总效用基本上通过了显著性检验且表现稳健。自主 R&D 投入对 TFP 影响的直接效应、间接效应和总效应显著为正。表明自主研发投入有效促进了地区内和地区间 TFP 的提高。FDI 技术溢出对我国 TFP 的直接效应为正、间接效应和总效用均负向显著，表明 FDI 技术溢出并没有提高我国 TFP。同时，FDI 技术溢出的直接效应小于间接效应，说明这 FDI 渠道产生的技术溢出有利于促进各省内 TFP 提升，但不利于促进各省之间 TFP 提升，而且省份间的作用更明显。出口渠道产生的逆向技术溢出对我国 TFP 的影响与 FDI 技术溢出类似。我国 OFDI 技术溢出的三类效应都有利于我国 TFP 水平的提高，表明我国 OFDI 产生了正向的逆向技术溢出，而且间接效应大于直接效应。进口渠道产生的技术溢出三类效应都有利于我国 TFP 水平的提高，表明我国进口产生了正向的逆向技术溢出，而且直接效应基本上大于间接效应。国外技术引进对地区内 TFP 的直接效应显著为负，间接效应与总效应均为正。国内技术转移的三类效应为正，间接效应大于直接效应；国内产业转移对 TFP 的影响很小，三类效应基本上为正。人力资本对 TFP 的三类效应也为正，但直接效应大于间接效应。第二，分权重来看，地理经济距离矩阵下各个变量对 TFP 的影响基本上比空间邻接权重、地理距离矩阵的影响大，说明在地理与经济的综合空间关联下（地理距离越近，经济距离越小），各变量对于 TFP 空间溢出效应就越明显，也意味着这些省份可以更好协同提高其技术进步率水平。第三，对于我国承接国际产业转移和国内主要产业转出地的东部而言，国内 R&D 投入、FDI、OFDI、国外技术引进、国内技术转移和人力资本是促进 TFP 提升的主要变量。对于国内产业主要承接地的中部地区而言，国内 R&D 投入、出口、OF-DI、进口、国外技术引进和人力资本是促进 TFP 提升的主要变量。对于国内产业主要承接地的西部而言，除了进口产生了负作用，其余变量都产生了积极作用。总体而言，各变量对中部地区的影响大于东部地区和西部地区。第四，比较分析考虑产业转移因素和忽视产业转移两种情况下技术转移对 TFP 的影响差异。不考虑产业转移时，国外技术转移对 TFP 的影响增加，但是国内技术转移对 TFP 产生了负影响。

技术转移对 GDP 的空间效应分析发现：第一，国内 R&D 投入对 GDP 的直接效应为正，间接效应为负数，直接效应大于间接效应，总效用为正数。FDI、OFDI、国内技术转移、劳动力对 GDP 的三类效应为正数。出口对 GDP 的直接效应和总效用为正数，间接效应为负数。进口对 GDP 的直接效应为负数，间接效应为正数，国外技术引进对 GDP 的直接效应为正，间接效应和总效用为负数。国内产业转移对 GDP 的直接效应显著，间接效应和总效用不显著。资本对 GDP 的直接效应为正，间接效应为负数。分权重来看，地理经济距离矩阵下各个变量对 TFP 的影响基本上比空间邻接权重、地理距离矩阵的影响大，说明在地理与经济的综合空间关联下（地理距离越近，经济距离越小），各变量对于 GDP 空间溢出效应就越明显，也意味着这些省份可以更好协同提高其技术进步率水平。第二，对于我国承接国际产业转移和国内主要产业转出地的东部而言，除了进口以外，其余变量都促进 GDP 的增加。对于国内产业主要承接地的中部而言，FDI、OFDI、进口、国内技术转移、国内产业转移、资本和劳动力都是促进 GDP 增长的主要变量。对于国内产业主要承接地的西部而言，除了 FDI 和 OFDI 产生了负作用，其余变量都产生了积极作用。总体而言，各变量对东部地区的影响大于中、西部地区。第三，比较分析考虑产业转移因素和忽视产业转移两种情况下技术转移对 GDP 的影响差异。不考虑产业转移时，国外技术转移对 GDP 的负影响减少，国内技术转移对 TFP 的正影响增加。

六、利用数字普惠金融、产业转移与技术转移可以推动区域科技成果转化

第一，数字普惠金融、FDI、国内技术转移都有利于我国科技成果转化，

但是国外技术引进不利于我国科技成果转化，国内产业转移的影响不显著。第二，中介分析表明数字普惠金融可以通过提高创新参与度和创新产出能力进而促进地区科技成果转化。第三，区域异质性分析发现，对于东部、中部与西部地区来说，数字普惠金融发展积极显著地提升了科技成果转化水平，而且对中部地区和西部地区的积极作用大于东部地区，这说明数字普惠金融在东部、中部与西部地区尤其是中部、西部地区有助于提高对创新的支持效率。FDI 显著地促进了西部地区科技成果转化，不利于东部地区和中部地区科技成果转化。国内产业转移、国外技术引进、国内技术转移。促进了东部地区科技成果转化。第四，时间异质性表明：在数字普惠金融发展前阶段，数字普惠金融对科技成果转化产生的当期影响有一定的促进作用，其他变量的影响不是负影响就是不显著；在数字普惠金融发展初期，数字普惠金融和 FDI 对科技成果转化的影响显著为正；在数字普惠金融发展进展期时，数字普惠金融、FDI 和国内技术转移对科技成果转化的影响显著为正，其他变量的影响不显著，但是符号为正数。第五，创新主体的异质性分析表明：对于企业而言，数字普惠金融、FDI、国外技术引进和国内技术转移等对其科技成果转化有显著的积极影响；对高校而言，数字普惠金融对其科技成果转化影响不显著，只有 FDI 产生积极的作用；对科研机构而言，数字普惠金融对其科技成果转化影响不显著，只有国内技术转移对其科技成果转化有显著的积极影响。第六，在单一门槛模型下，数字普惠金融对科技成果转化的影响先负后正，这说明数字普惠金融对科技成果转化的影响存在显著动态非线性关系；创新产出能力对数字普惠金融影响下的非线性创新成果转化的调节效应也是先负后正；创新参与度对数字普惠金融影响下的非线性创新成果转化的调节效应是积极且显著的，其调节效应逐渐增强。

第二节　对 策 建 议

中国区域之间经济、科技、人才等存在发展不平衡。产业跨国和跨区域进行转移的过程中，也会将其科技信息、技术成果等移植或推广到产业链节点企业，这便给承接地带来了产品示范与模仿、技术交流与技术合作等机会。如加以正确引导，实现产业链和创新链的高效对接与共赢互动，并构筑起不同区域的适配性创新机制和跨区域技术追赶接力模式，就会成为推动区域协调发展与建设创新型国家的重要动力。根据前文的结论，我们提出如下建议：

一、东、中、西部地区加快发展与合作

东、中、西部地区都应充分发挥自主 R&D 对技术创新的促进作用，持续加大各区域的 R&D 投入，包括 R&D 资本投入和 R&D 人员投入。在引进和学习国外先进技术的同时更加注重自身创新能力的培养，主要依靠自主 R&D 推动技术创新，从而实现经济的可持续增长。其中，R&D 资本投入对东部地区的高技术产业尤为重要，能对创新产出发挥极大的正向作用，已成为推动该地区技术创新的首要因素。R&D 资本投入对中、西部地区同样重要，但人才流失的困局和人才引进的难题一直都困扰着中、西部地区。虽然国家为了支持中、西部地区的发展实施了中部崛起战略和西部大开发战略，中、西部地区的经济近年来也得到了稳定快速的发展，但经济总量、科技水平等与东部地区相比仍存在较大的差距，人才瓶颈问题一直难以突破。因此，对于中、西部地区，尤其是人才储备原本就不足的西部地区，应该更加积极主动地制定和加强实施人才引进计划，以更优厚的待遇、更完善的培育管理和发展提升计划引进人才，留住人才，进一步提高 R&D 人员投入对技术创新的促进作用。

不管对东部地区还是中、西部地区，国内外技术转移都有利于各地区高技术产业的技术创新，因此在"一带一路"这个不仅跨区域，而且跨国别的战略机遇下，各地区都应该抓住机遇，积极主动地参与到"一带一路"的建设当中。不但要加强与周边沿线国家之间的合作，提升我国整体的开放型经济水平，也在新一轮的对外开放中，不断推进"带"的西进战略，向西开放，"路"的东进战略，向东开放。还要加强国内东、中、西部地区的互动与合作，以东部地区引领中、西部地区共同发展，更多地带动中、西部地区经济的发展，为中、西部地区带来更大的收益。各地区在"一带一路"中要

充分发挥各自的区位、资源等比较优势，在"引进来"的同时"走出去"，充分利用 FDI 和国际贸易对高技术产业的技术溢出效应，提高自身的生产效率和产品的技术含量，增强各自产品的国内及国际竞争力。特别地，"一带一路"对西部地区是极大的发展机遇，不仅能推进西部地区开放的步伐，还能帮助西部地区经济实现转型升级，进一步提高西部地区的竞争力。

二、提高产业转移、技术转移与区域经济协调发展的耦合协调程度，尤其是发展程度

目前产业转移、技术转移与区域经济协调发展的耦合协调程度较低，尤其是发展程度较低。其中，三类二元系统比较发现，产业转移和技术转移系统的耦合协调度最低。发展则强调系统本身作为一个整体，由低级到高级、由无序到有序的演进过程。因此，一方面，我们要提高产业转移和技术转移的耦合协调度，例如，创造更好的营商环境与公共基础设施，鼓励高科技企业在本地落户，加强本地产业融合发展，使得引进的技术与产业协调发展；另一方面，促进三大系统低级到高级、由无序到有序的演进过程，如更应该关注创新效率的提升、创新环境的改善，提高科技创新服务本地经济发展的水平，为未来实施创新赶超战略提供坚实基础。

三、提高我国技术转移系统的协同度，加强技术应用

技术转移方和技术接收方协作正确引导产业空间扩散引致企业跨区域转移，建立产业链空间离散化过程中生产要素空间流动与企业进行适应性创新效率改进的长效机制。

技术接收方应该采取相应适配性政策，从而促进工业空间布局"效率－公平"模式的转变。例如，推进高校、企业、科研机构与政府等主体之间进行深入合作，进一步推动各项科技成果在接收方转化，实现项目孵化；完善各类技术转让法律法规，促进科技中介机构的发展，推进技术传播；借鉴先进地区或国家产学研的合作模式，采取措施促进高校与科研机构的技术成果

与市场充分结合；进一步完善政府与金融机构等辅助子系统的职能，促进整个技术转移系统的高效运转。此外，技术转移体系高效运转需要各个子系统协调发展，对薄弱环节应积极改善，巩固好的环节，使得整个技术转移体系协调发展。

四、发挥产业链上在位优势，扩大技术转移的各类积极效应

（一）高度重视自主创新的作用，持续加大 R&D 经费和 R&D 人员投入，提高国际竞争力

中国应该更加注重自主研发对技术创新的影响，积极加大 R&D 投入，包括资本投入和人员投入，培养相关的 R&D 人才，不断提高自主创新能力。主要依靠自主创新来促进高技术产业的技术创新，由此推动经济的可持续发展。同时，重点发展高技术产业，推动产业结构优化升级。并进一步加强体制改革，为行业竞争营造公平有效的市场环境，为企业提供相应的政策支持。鼓励和帮助企业进行技术创新，不但要积极引进和学习国外的先进技术。而且还要高度重视对技术的消化、吸收以及再创新，在合作与竞争中，努力增强企业的自主研发能力，提高自身的创新产出，实现新产品市场化，最终推动中国的长远发展。

（二）坚持对外开放，并加快建设"一带一路"

实践证明对外开放包括贸易开放和投资开放、技术引进是有利于高技术产业技术创新的。因此在"一带一路"倡议下，中国应该坚持对外开放，而且要不断扩大和深化对外开放，借助中国与相关国家已有的双多边机制和区域合作平台，主动与亚欧非及世界各国建立起经济合作伙伴关系，加强各国的经济合作与技术交流，共建"一带一路"。使生产要素如资本、劳动等能够在各国自由流动，资源实现高效配置，各国市场深度融合，从而达到和平发展，互利共赢。作为一个发展中国家，中国还要充分利用外商投资和国际贸易对技术进步的正向溢出效应，如竞争效应、示范效应、产业关联效应等，

不断提高中国高技术产品的生产效率和附加值，增强中国产品在国内及国际市场的竞争力，从而使其对中国高技术产业的技术创新以及长远发展作出更大的贡献。

（三）构架大国区间雁阵模式促进中国区域间产业合理转移

中国近三十年的高速增长，创造了中国的经济奇迹。但是，伴随中国经济高速增长，特别是面对全球金融危机的影响，"大国难题"也随之而来。因此"大国难题"的解决需要一个高度智慧的"大国发展模式"。"雁阵模式"的产业转移产生于比较优势的动态变化。很多学者的研究发现我国区域间产业转移呈现大小和方向相互继起的"大国雁阵模式（蔡昉等，2009）"，可通过产业集聚与扩散的动态循环来推进雁阵模式实现产业升级，还有利于实现区域协调发展（唐根年等，2015）。本书构架中国大国内部追赶接力雁阵发展模式，促进区域间产业合理转移。这是一种超越行政区划、强化区域协作性和整体化的制度设计。本书提出如下建议：

第一，由于我国东部地区与中、西部地区产业发展水平差距较大，各地区的比较优势不同，东部地区可以发挥"领头雁"，利用技术与人才优势研发或引进高技术产业或者新产品，中、西部地区来承接产业转移，东部和中、西部地区联动发展，前后呈现"雁阵模式"。

第二，地区间合理分工，利用"雁阵模式"实现产业升级。例如，东部地区继续利用人力资本、技术与对外开放度高等优势，发展高技术产业，实现产业结构向技术密集型升级；中、西部地区完善市场机制与运输条件等，利用其比较优势承接转移的部分劳动密集型产业，使得东部地区吸纳的劳动力规模稳定下来，新增的农村转移劳动力留在中、西部地区，这也是中、西部地区产业结构的升级。

第三，中央与地方政府考虑承接地的制约因素，科学选择扶持和调控模式，还要坚持绿色发展理念。

第四，建立统一商品市场。这不仅有利于发挥价格机制的作用，还有利于商品流通，最终利用实现区域协调发展。

（四）加强空间关联，各区域协同发展

第一，我们应根据地区比较优势差异，构建跨区域的资源共享平台和人才交流平台等，发挥创新网络跨地区的效应，实现优势互补。

第二，促进人力资本自由流动，发挥异质性人力资本的空间溢出效应。一方面，各省份可以在人力资本投资领域尤其是高技术人力资本投资领域多开展技术交流活动，如培训、咨询活动等，互通有无，发挥人力资本的示范效应和竞争效应，促进人力资本正向空间溢出效应发生；另一方面，各省份尤其是邻接省份，可以在人力资本投资政策、投资过程、人才信息等方面整合资源，减少不对称，重视联系，协同发展，以实现区域均衡发展。

第三，加强省份间合作，减少区域间贸易、投资往来障碍，资源共享，促进省份间空间溢出效应，实现整体空间效应最大化。

第四，进一步加强各省份的技术交流与协作，对地理距离相近但是经济差距较大的省份，发挥经济水平高的省份对经济水平低的省份的空间溢出作用，促进空间溢出在更广范围和更高水平扩散，提高技术进步对其人力资本的拉动作用。

（五）利用数字金融促进科技成果转化，落实创新驱动战略

推动数字普惠金融与科技成果转化的深度融合。一是合理引导和规范数字普惠金融发展，让其多支持创新主体，进而促进科技成果转化；二是充分拓展各地区数字普惠金融的服务边界，让更多企业参与到科技创新活动中，提升科技成果转化主体的创新参与度和创新产出能力；三是科技成果转化的主体要牢牢把握数字化时代带来的创新机遇，利用数字普惠金融提供的数字技术和数字化信息了解市场创新导向，以此优化供需衔接，保障转化的创新产品有足够的市场需求。

参 考 文 献

[1] 安同良，刘伟伟，田莉娜. 中国长江三角洲地区技术转移的渠道分析 [J]. 南京大学学报（哲学·人文科学·社会科学版），2011，48（4）：61－71，158.

[2] 白俊红，卞元超. 政府支持是否促进了产学研协同创新 [J]. 统计研究，2015，32（11）：43－50.

[3] 白俊红，蒋伏心. 协同创新、空间关联与区域创新绩效 [J]. 经济研究，2015，50（7）：174－187.

[4] 包群，邵敏. 外商投资与东道国工资差异：基于中国工业行业的经验研究 [J]. 管理世界，2008（5）：46－54.

[5] 蔡昉，王德文，曲玥. 中国产业升级的大国雁阵模型分析 [J]. 经济研究，2009，44（9）：4－14.

[6] 蔡宁，吴结兵. 产业集群的网络式创新能力及其集体学习机制 [J]. 科研管理，2005（4）：22－28，21.

[7] 陈斌开，林毅夫. 金融抑制、产业结构与收入分配 [J]. 世界经济，2012，35（1）：3－23.

[8] 陈建军. 长江三角洲地区产业结构与空间结构的演变 [J]. 浙江大学学报（人文社会科学版），2007（2）：88－98.

[9] 陈建军. 中国现阶段产业区域转移的实证研究——结合浙江105家企业的问卷调查报告的分析 [J]. 管理世界，2002（6）：64－74.

[10] 陈利，王天鹏，吴玉梅，谢家智．政府补助、数字普惠金融与企业创新——基于信息制造类上市公司的实证分析［J］．当代经济研究，2022（1）：107-117．

[11] 陈柳，刘志彪．本土创新能力、FDI 技术外溢与经济增长［J］．南开经济研究，2006（3）：90-101．

[12] 陈思佳．环渤海地区城市间技术转移网络时空演化及影响因素研究［D］．长春：东北师范大学，2021．

[13] 陈维涛，王永进，李坤望．地区出口企业生产率、二元劳动力市场与中国的人力资本积累［J］．经济研究，2014（1）：83-96．

[14] 陈昭，胡晓丹．内生创新努力、贸易开放与高技术产业技术进步：基于中国三大区域面板分布滞后模型的实证［J］．财经理论研究，2016（5）：1-10．

[15] 陈昭，胡晓丹．内生创新努力、贸易开放与高技术产业技术进步：基于中国省级面板数据 SUR 模型的实证分析［J］．广东外语外贸大学学报，2016，27（3）：15-23．

[16] 陈昭，刘巍，欧阳秋珍．计量经济学软件 EViews 9.0 简明操作教程［M］．北京：中国人民大学出版社，2017．

[17] 陈昭，张嘉欣．国际技术溢出、自主研发与绿色技术进步：基于异质性人力资本的调节效应分析［J］．晋阳学刊，2020（1）：84-96．

[18] 陈昭，周嘉懿，田超琼，许茂玲．中国区域经济协调发展机制研究［M］．北京：经济管理出版社，2021（2）．

[19] 程李梅，庄晋财，李楚，陈聪．产业链空间演化与西部承接产业转移的"陷阱"突破［J］．中国工业经济，2013（8）：135-147．

[20] 邓丽娜．FDI、国际技术溢出与中国制造业产业升级研究［M］．北京：经济科学出版社，2016．

[21] 董骥，田金方，李航．金融供给侧结构性改革是否改变了信贷歧视：基于中国 A 股上市公司的检验［J］．金融经济学研究，2020，35（5）：38-49．

[22] 董直庆，蔡啸，王林辉，技能溢价：基于技术进步方向的解释［J］．中

国社会科学，2014（10）：22-40.

[23] 董直庆，王芳玲，高庆昆．技能溢价源于技术进步偏向性吗？[J]．统计研究，2013（6）：37-44.

[24] 杜传忠，张远."新基建"背景下数字金融的区域创新效应[J]．财经科学，2020（5）：30-42.

[25] 范红忠．有效需求规模假说、研发投入与国家自主创新能力[J]．经济研究，2007（3）：33-44.

[26] 范小虎，王方华．基于资源观点的国际技术转移方式选择理论[J]．研究与发展管理，2001（5）：55-61.

[27] 冯锋，李天放．基于技术转移与产学研R&D投入 双重影响的区域经济增效实证研究[J]．科学学与科学技术管理，2011（6）：97-102.

[28] 冯林，刘华军，王家传．政府干预、政府竞争与县域金融发展[J]．中国农村经济，2016（1）：30-39.

[29] 冯南平，杨善林．产业转移对区域自主创新能力的影响分析：来自中国的经验证据[J]．经济学动态，2012（8）：70-74.

[30] 傅正华，林耕，李明亮．我国技术转移的理论与实践[M]．北京：中国经济出版社，2007（1）．

[31] 高春亮，李善同．人口流动、人力资本与城市规模差距[J]．中国人口科学，2019（3）：40-52，127.

[32] 关爱萍．区域产业转移技术创新溢出效应研究[M]．北京：中国社会科学出版社，2015.

[33] 郭峰，王靖一，王芳，等．测度中国数字普惠金融发展：指数编制与空间特征[J]．经济学季刊，2020，19（4）：1401-1418.

[34] 郭海霞．国际产业转移视角下资源型地区产业结构优化研究[D]．太原：山西财经大学，2017.

[35] 郭磊，曲进．赫克曼曲线与人力资本投资：加大学前公共投入的思想与借鉴[J]．经济学动态，2019（1）：116-130.

[36] 郭燕青．技术转移与区域经济发展[M]．北京：经济管理出版社，2004.

［37］韩佳伶．京津冀产业转移与技术转移协调发展评价［D］．石家庄：河北师范大学，2021．

［38］韩晶．本土技术转移与国际技术转移效应的比较：基于省际数据的空间计量分析［J］．经济社会体制比较，2012（1）：195 – 202，210．

［39］韩先锋，宋文飞，李勃昕．互联网能成为中国区域创新效率提升的新动能吗［J］．中国工业经济，2019（7）：119 – 136．

［40］何彬，范硕．中国大学科技成果转化效率演变与影响因素：基于 Boot-strap-DEA 方法和面板 Tobit 模型的分析［J］．科学学与科学技术管理，2013，34（10）：85 – 94．

［41］何兴强，欧燕，史卫，等．FDI 技术溢出与中国吸收能力门槛研究［J］．世界经济，2014（10）：52 – 76．

［42］何瑛，于文蕾，戴逸驰，等．高管职业经历与企业创新［J］．管理世界，2019（11）：174 – 192．

［43］和金生，白瑶．基于知识特性的技术转移研究［J］．大连理工大学学报（社会科学版），2005（3）：15 – 18．

［44］胡晓丹．R&D 投入、贸易开放对高技术产业技术创新能力的影响研究［D］．广州：广东外语外贸大学，2017．

［45］黄灿．垂直专业化贸易对中国就业人才结构的影响：基于省际面板数据的分析［J］．南开经济研究，2014（4）：64 – 77．

［46］黄益平，黄卓．中国的数字金融发展：现在与未来［J］．经济学（季刊），2018，17（4）：1489 – 1502．

［47］江小涓，冯远．合意性、一致性与政策作用空间：外商投资高新技术企业的行为分析［J］．管理世界，2000（3）：46 – 63．

［48］蒋殿春，夏良科．外商直接投资对中国高技术产业技术创新作用的经验分析［J］．世界经济，2005（8）：3 – 10．

［49］金春雨，王伟强．FDI 对我国高技术产业技术溢出的非线性效应：基于13 个细分行业内资企业和外资企业面板数据的实证检验［J］．产经评论，2016（5）：41 – 50．

［50］靳宗振，刘海波，曹俐莉．新时期我国技术转移体系发展思考与建议

[J]. 软科学, 2021, 35 (5): 50-55.

[51] 郎香香, 张朦朦, 王佳宁. 数字普惠金融、融资约束与中小企业创新: 基于新三板企业数据的研究 [J]. 南方金融, 2021 (11): 13-25.

[52] 李斌, 李倩, 祁源. FDI 技术溢出对高技术产业技术进步的门槛效应研究: 基于吸收能力与金融发展视角的门限模型检验 [J]. 国际商务 (对外经济贸易大学学报), 2016 (3): 74-84.

[53] 李春涛, 闫续文, 宋敏, 等. 金融科技与企业创新: 新三板上市公司的证据 [J]. 中国工业经济, 2020 (1): 81-98.

[54] 李海峥. 中国人力资本报告 2020 [R]. 中央财经大学中国人力资本与劳动经济研究中心, 2020.

[55] 李静, 楠玉, 刘霞辉. 中国经济稳增长难题: 人力资本错配及其解决途径 [J]. 经济研究, 2017 (3): 18-31.

[56] 李坤望, 陈维涛, 王永进. 对外贸易、劳动力市场分割与中国人力资本投资 [J]. 世界经济, 2014 (3): 56-79.

[57] 李晓龙, 冉光和. 数字金融发展如何影响技术创新质量? [J]. 现代经济探讨, 2021 (9): 69-77.

[58] 李晓钟, 何建莹. FDI 对我国高新技术产业技术溢出效应分析 [J]. 国际贸易问题, 2012 (7): 87-95.

[59] 李志男, 夏勇其, 王苏舰. 技术转移理论与实践探索 [M]. 北京: 兵器工业出版社, 2009.

[60] 梁榜, 张建华. 数字普惠金融发展能激励创新吗?: 来自中国城市和中小企业的证据 [J]. 当代经济科学, 2019, 41 (5): 74-86.

[61] 梁华, 张宗益. 我国本土高技术企业技术创新渠道源研究 [J]. 科研管理, 2011, 32 (6): 26-35.

[62] 林涛, 陈昭. 研发资本投入、技术吸收与技术进步: 基于中国省级面板数据的实证研究 [J]. 山东工商学院学报, 2018, 32 (2): 54-61, 106.

[63] 林毅夫, 张鹏飞. 后发优势、技术引进和落后国家的经济增长 [J]. 经济学 (季刊), 2005 (4): 53-74.

[64] 刘红光, 刘卫东, 刘志高. 区域间产业转移定量测度研究: 基于区域间投入产出表分析 [J]. 中国工业经济, 2011 (6): 79 – 88.

[65] 刘小鲁. 知识产权保护、自主研发比重与后发国家的技术进步 [J]. 管理世界, 2011 (10): 11 – 19.

[66] 刘友金. 技术创新集群效应: 国外相关的理论研究及其启示 [J]. 湘潭工学院学报 (社会科学版), 2002 (1): 1 – 4.

[67] 刘友金, 王冰. 基于中心 – 外围模型的产业转移滞缓成因及对策研究 [J]. 湖南科技大学学报 (社会科学版), 2013, 16 (4): 46 – 49.

[68] 刘玉海, 张默涵. 贸易技术含量、偏向型技术进步与中国就业结构 [J]. 国际贸易问题, 2017 (7): 74 – 84.

[69] 刘志迎, 谭敏. 纵向视角下中国技术转移系统演变的协同度研究: 基于复合系统协同度模型的测度 [J]. 科学学研究, 2012, 30 (4): 534 – 542, 533.

[70] 柳卸林. 二代创新与自主创新: 建设创新型国家, 我们需要改变什么 [J]. 工业技术经济, 2012, 31 (9): 6 – 8.

[71] 逯进, 郭志仪. 中国省域人口迁移与经济增长耦合关系的演进 [J]. 人口研究, 2014, 38 (6): 40 – 56.

[72] 罗来军, 蒋承, 王亚章. 融资歧视、市场扭曲与利润迷失: 兼议虚拟经济对实体经济的影响 [J]. 经济研究, 2016, 51 (4): 74 – 88.

[73] 罗思平, 于永达. 技术转移、"海归"与企业技术创新: 基于中国光伏产业的实证研究 [J]. 管理世界, 2012 (11): 124 – 132.

[74] 马晶梅, 贾红宇. 局部均衡条件下我国外包企业技术优势及溢出效应研究: 基于技术复杂度视角 [J]. 世界经济研究, 2016 (2): 58 – 68, 136.

[75] 马香品. 数字经济时代的居民消费变革: 趋势、特征、机理与模式 [J]. 财经科学, 2020 (1): 120 – 132.

[76] 孟庆松, 韩文秀. 复合系统协调度模型研究 [J]. 天津大学学报, 2000 (4): 444 – 446.

[77] 苗长虹, 魏也华, 吕拉昌. 新经济地理学 [M]. 北京: 科学出版社,

2011.

[78] 倪晓觎. 技术差距与跨国公司的技术转移: 基于我国制造业行业面板数据的实证研究 [J]. 国际贸易问题, 2008 (7): 72 - 76.

[79] 欧阳秋珍, 陈银霞. 武陵山片区获取 FDI 技术溢出的影响因素分析 [J]. 产业与科技论坛, 2020, 19 (4): 118 - 119.

[80] 欧阳秋珍, 陈昭. 创新网络结构对我国高技术产业创新绩效的影响与区域差异: 基于省级动态面板模型 SYS-GMM 方法的实证研究 [J]. 财经理论研究, 2016 (1): 44 - 49.

[81] 欧阳秋珍, 陈昭. 多渠道 R&D 溢出、全球生产网络与我国农业技术创新绩效 [J]. 江苏农业科学, 2016, 44 (10): 540 - 544.

[82] 欧阳秋珍, 陈昭. 多维技术进步对我国人力资本水平与结构的影响 [J]. 金融与经济, 2019 (8): 52 - 58.

[83] 欧阳秋珍, 陈昭. 技术溢出、自主创新与我国经济波动 [J]. 经济经纬, 2013 (5): 78 - 83.

[84] 欧阳秋珍, 陈昭, 卢德荣, 等. 我国金融发展水平的测算与影响因素分析 [M]. 北京: 经济科学出版社, 2019.

[85] 欧阳秋珍, 陈昭. 双渠道技术溢出、技术进步和我国经济增长绩效: 基于四因素脉冲响应函数分析 [J]. 财经论丛, 2011 (5): 3 - 8.

[86] 欧阳秋珍, 陈昭, 张建武, 等. 国际技术溢出与中国 "一带一路" 高技术产业技术进步 [M]. 北京: 科学出版社, 2018.

[87] 欧阳秋珍, 陈昭, 周迪. 技术进步对人力资本水平的空间效应分析 [J]. 统计与决策, 2022 (14): 179 - 183.

[88] 欧阳秋珍, 雷苏玲, 张敏. 中国技术转移时空特征与创新效应研究 [J]. 合作经济与科技, 2021 (3): 4 - 6.

[89] 欧阳秋珍, 苏静, 肖小勇, 陈昭. EViews 10.0 的应用与计量分析 [M]. 北京: 社会科学文献出版社, 2019.

[90] 欧阳秋珍, 王俊杰. 我国高技术产业自主创新能力主要影响因素分析 [J]. 现代商贸工业, 2016, 37 (22): 1 - 2.

[91] 欧阳秋珍, 张敏. 中国产业转移的空间特征、制约因素与大国区间雁

阵模式构架 [J]. 现代商贸工业，2020，41（5）：7-8.

[92] 欧阳峣，汤凌霄. 大国创新道路的经济学解析 [J]. 经济研究，2017，52（9）：11-23.

[93] 潘少奇，李亚婷，高尚，等. 产业转移技术溢出效应研究进展与展望 [J]. 地理科学进展，2015（5）：617-628.

[94] 潘莹，张华容. 贸易与个体人力资本投资：研究综述及展望 [J]. 北京工商大学学报（社会科学版），2018，33（6）：63-73.

[95] 彭峰，李燕萍. 本土技术转移对高技术产业创新效率的影响 [J]. 科技进步与对策，2015（12）：125-128.

[96] 秦德智，秦超，赵德森. 组织交互渠道、关系质量及学习意愿对中国-东盟跨国公司技术转移绩效的影响 [J]. 科技进步与对策，2018，35（2）：53-58.

[97] 任金玲. 我国产业转移与区域经济协调发展研究 [M]. 成都：西南财经大学出版社，2014.

[98] 沙文兵，李莹. OFDI逆向技术溢出、知识管理与区域创新能力 [J]. 世界经济研究，2018（7）：80-94，136.

[99] 沙文兵，孙君. 吸收能力、FDI知识溢出对中国高技术产业创新能力的影响：基于分行业数据的检验 [J]. 经济学家，2010（11）：75-79.

[100] 沙文兵. 吸收能力、FDI知识溢出与内资企业创新能力：基于我国高技术产业的实证检验 [J]. 国际商务（对外经济贸易大学学报），2013（1）：104-112.

[101] 尚涛，郑良海. 国际代工生产中的技术转移、技术积累与产业链升级研究 [J]. 经济学家，2013（7）：63-68.

[102] 邵敏，刘重力. 出口贸易、技术进步的偏向性与中国工资不平等 [J]. 经济评论，2010（4）：73-81.

[103] 石敏俊，杨晶，龙文，等. 中国制造业分布的地理变迁与驱动因素 [J]. 地理研究，2013，32（9）：1708-1720.

[104] 宋雅静. 科技金融投入、技术转移与区域产业升级 [D]. 上海：上海师范大学，2020.

[105] 隋俊，等．制造业绿色创新系统创新绩效影响因素：基于跨国公司技术转移视角的研究［J］．科学学研究，2015（3）：440－448.

[106] 唐保庆，陈志和，杨继军．服务贸易进口是否带来国外 R&D 溢出效应［J］．数量经济技术经济研究，2011（5）：94－109.

[107] 唐春晖，唐要家．技术模式与中国产业技术追赶［J］．中国软科学，2006（4）：59－65.

[108] 唐根年，许紫岳，张杰．产业转移、空间效率改进与中国异质性大国区间"雁阵模式"［J］．经济学家，2015（7）：97－104.

[109] 唐松，伍旭川，祝佳．数字金融与企业技术创新：结构特征、机制识别与金融监管下的效应差异［J］．管理世界，2020，36（5）：52－66，9.

[110] 陶长琪，陈文华，林龙辉．我国产业组织演变协同度的实证分析：以企业融合背景下的我国 IT 产业为例［J］．管理世界，2007（12）：67－72.

[111] 陶新宇，靳涛，杨伊婧．"东亚模式"的启迪与中国经济增长"结构之谜"的揭示［J］．经济研究，2017，52（11）：43－58.

[112] 汪建成．产业集聚、FDI 溢出及其互动对企业创新升级的作用：基于中国汽车产业的实证研究［J］．中山大学学报（社会科学版），2017（1）：191－120.

[113] 汪良兵，洪进，赵定涛．中国技术转移体系的演化状态及协同机制研究［J］．科研管理，2014，35（5）：1－8.

[114] 王碧珺．被误读的官方数据：揭示真实的中国对外直接投资模式［J］．国际经济评论，2013（1）：61－74.

[115] 王先柱，成祖讼，王传斌．产业转移、技术转移和自主创新耦合：以皖江城市带为例［J］．当代经济管理，2013，35（1）：61－66.

[116] 王子先．中国需要有自己的全球价值链战略［J］．国际贸易，2014（7）：4－12.

[117] 魏下海．人力资本，空间集聚与省际全要素生产率增长：基于三种空间权重测度的实证检验［J］．财经研究，2010，36（1）：94－104.

[118] 温忠麟，叶宝娟．中介效应分析：方法和模型发展［J］．心理科学进展，2014，22（5）：731－745.

［119］文豪，陈中峰．知识产权和国内技术转移对区域创新的影响：基于吸收国际技术转移的视角［J］．经济经纬，2017，34（4）：31－36.

［120］吴文恒，牛叔文．甘肃省人口与资源环境耦合的演进分析［J］．中国人口科学，2006，20（2）：81－86.

［121］吴新辉．我国中部地区利用 FDI 承接国际产业转移研究［M］．哈尔滨：哈尔滨工业大学出版社，2014.

［122］郗英，胡剑芬．企业生存系统的协调模型研究［J］．工业工程，2005（2）：30－33.

［123］肖文，林高榜．海外研发资本对中国技术进步的知识溢出［J］．世界经济，2011（1）：37－51.

［124］肖小勇，欧阳秋珍．技术创新、扩散与模仿对我国大中型工业企业的技术进步效应：基于三因素的 OLS 回归和 IRF 分析［J］．工业技术经济，2013（6）：117－125.

［125］谢建国．外商直接投资对中国的技术溢出［J］．经济学（季刊），2006（7）：1110－1128.

［126］谢里，张敬斌．中国制造业集聚的空间技术溢出效应：引入制度环境差异的研究［J］．地理研究，2016，35（5）：909－928.

［127］谢绚丽，沈艳，张皓星，郭峰．数字金融能促进创业吗?：来自中国的证据［J］．经济学（季刊），2018，17（4）：1557－1580.

［128］邢飞飞，辛金颖．基于技术需求的高校技术转移系统探究［J］．中国高校科技，2018（Z1）：117－118.

［129］邢斐，宋毅.FDI 纵向一体化、技术转移与东道国产业发展财经研究［J］．财经研究，2015（5）：123－133.

［130］熊曦，关忠诚，杨国梁，等．嵌套并联结构两阶段 DEA 下科技创新效率测度与分解［J］．中国管理科学，2019，27（3）：206－216.

［131］徐常建，黄铁苗．劳动者报酬、异质性人力资本与经济增长［J］．贵州社会科学，2019（2）：135－142.

［132］徐维祥，彭霞，张荣．跨区域群体投资模式研究［J］．中国工业经济，2005（2）：37－43.

[133] 徐维祥，朱恒福．外商群体投资（FGI）、外向配套与地方经济发展：以浙江省为例［J］．经济地理，2010，30（4）：614-618.

[134] 徐耀宗．谈技术转移［J］．科学学研究，1991（2）：76-86.

[135] 徐晖，陶长琪，丁晖．区域产业创新与产业升级耦合的实证研究：以珠三角地区为例［J］．科研管理，2015，36（4）：109-117.

[136] 徐子尧，张莉沙，刘益志．数字普惠金融提升了区域创新能力吗［J］．财经科学，2020（11）：17-28.

[137] 许和连，吴钢．人文差异与外商直接投资的区位选择偏好［J］．财经研究，2013，39（1）：122-133.

[138] 许和连，张萌，吴钢．文化差异、地理距离与主要投资国在我国的FDI空间分布格局［J］．经济地理，2012，32（8）：31-35.

[139] 许云，李家洲．技术转移与产业化研究以中关村地区为例［M］．北京：人民出版社，2015.

[140] 许云，刘云，贺艳．北京高校和科研机构跨区域技术转移模式及政策启示［J］．科研管理，2017，38（S1）：444-452.

[141] 严伟涛，盛丹．贸易开放、技术进步与中国的人力资本投资［J］．国际贸易问题，2014（6）：51-60.

[142] 易信，刘凤良．金融发展、技术创新与产业结构转型：多部门内生增长理论分析框架［J］．管理世界，2015（10）：24-39，90.

[143] 余泳泽．FDI技术外溢是否存在"门槛条件"：来自我国高技术产业的面板门限回归分析［J］．数量经济技术经济研究，2012（8）：49-63.

[144] 余元春，顾新，陈一君．产学研技术转移"黑箱"解构及效率评价［J］．科研管理，2017（4）：28-37.

[145] 虞义华，赵奇锋，鞠晓生．发明家高管与企业创新［J］．中国工业经济，2018（3）：136-154.

[146] 喻平，豆俊霞．数字普惠金融、企业异质性与中小微企业创新［J］．当代经济管理，2020，42（12）：79-87.

[147] 张竣喃，逯进，周惠民．技术创新、产业结构与金融发展的耦合效应研究：基于中国省域数据的实证分析［J］．管理评论，2020，32

（11）：112－127.

[148] 张倩肖，冯根福．三种 R&D 溢出与本地企业技术创新 [J]．中国工业经济，2007（11）：64－72.

[149] 张士运．技术转移体系建设理论与实践 [M]．北京：中国经济出版社，2014.

[150] 张世珍．技术寻求型对外直接投资对我国自主创新能力的影响 [D]．广州：广东外语外贸大学，2017.

[151] 张跃．区际制造业转移特征及其影响因素研究 [D]．重庆：西南大学，2018.

[152] 赵冰．高技术产业 FDI 技术溢出的门槛效应研究 [D]．北京：北京交通大学，2018.

[153] 赵国庆，张中元．FDI 会促进中国高技术产业的技术进步吗：基于动态面板模型的实证检验 [J]．金融评论，2010（4）：18－28.

[154] 赵莎莎．R&D 资本、异质型人力资本与全要素生产率：基于空间相关性和区域异质性的实证分析 [J]．现代经济探讨，2019（3）：44－56.

[155] 赵志耘，杨朝峰．转型时期中国高技术产业创新能力实证研究 [J]．中国软科学，2013（1）：32－42.

[156] 郑雅心．数字普惠金融是否可以提高区域创新产出？：基于我国省际面板数据的实证研究 [J]．经济问题，2020（10）：53－61.

[157] 中国经济增长与宏观稳定课题组．劳动力供给效应与中国经济增长路径转换 [J]．经济研究，2007，42（10）：4－16.

[158] 钟鸣长，郑慕强．FDI 技术外溢效应的实证研究：基于高新技术产业与传统工业的比较 [J]．科技管理研究，2009（11）：268－279.

[159] 钟学义，陈平．技术进步规律性研究 [M]．北京：方志出版社．2008.

[160] 周惠民，逯进．金融发展与经济增长的时空耦合度测度：以长三角城市群为例 [J]．城市问题，2017，36（3）：59－66.

[161] 周少甫，王伟，董登新．人力资本与产业结构转化对经济增长的效应分析：来自中国省级面板数据的经验证据 [J]．数量经济技术经济研究，2013（8）：65－77.

[162] 朱平芳, 徐伟民. 政府的科技激励政策对大中型工业企业 R&D 投入及其专利产出的影响: 上海市的实证研究 [J]. 经济研究, 2003 (6): 45 – 53.

[163] 庄旭东, 王仁曾. 数字金融能促进产业创新成果转化吗 [J]. 现代经济探讨, 2021 (6): 58 – 67.

[164] 邹新月, 王旺. 数字普惠金融对居民消费的影响研究: 基于空间计量模型的实证分析 [J]. 金融经济学研究, 2020, 35 (4): 133 – 145.

[165] Acemoglu D. Patterns of Skill Premia [J]. The Review of Economic Studies, 2003, 70 (2): 199 – 230.

[166] Aitken B J, Harrison A E. Do Domestic Firms Benefit from Direct Foreign Investment? Evidence from Venezuela [J]. American Economic Review, 1999, 89 (3): 605 – 618.

[167] Allen F, Qian J, Qian M J. Law, Finance, and Economic Growth in China [J]. Journal of Financial Economics, 2005, 77 (1): 57 – 116.

[168] Amesse F, Cohendet P. Technology Transfer Revisited from the Perspective of the Knowledge-Based Economy [J]. Research Policy, 2001, 30 (9): 1459 – 1478.

[169] Apergis N, Lyroudi K, Vamvakidis T. The Relationship between Foreign Direct Investment and Economic Growth: Evidence from Transition Countries [J]. Transition Studies Review, 2008, 15 (1): 37 – 51.

[170] Arrow K J. The Economic Implications of Learning by Doing [J]. Review of Economic Studies, 1962 (29): 155 – 173.

[171] Atricia H. The Impact of International Trade and FDI on Economic Growth and Technological Change [M]. Publisher: Springer-Verlag Berlin Heidelberg, 2013: 29 – 168.

[172] Balasubramanyam V N. The MAI and Foreign Direct Investment in Developing Countries [R]. Discussion Paper of Lancaster University, 1998, 98 (12).

[173] Baldwin R, Martin P, Ottaviano G. Global Income Divergence, Trade and

Industrialization: The Geography of Growth Take-Off [J]. Journal of Economic Growth, 2001 (6): 5 – 37.

[174] Baron R M, Kenny D A. The Moderator-Mediator Variable Distinction in Social Psychological Research: Conceptual, Strategic, and Statistical Considerations [J]. Journal of Personality and Social Psychology, 1987, 51 (6): 1173 – 1182.

[175] Barro R J, Lee J. International Data on Educational Attainment: Updates and Implications [R]. CID Working Paper, No. 42, 2000.

[176] Baumol W J. The transactions Demand for Cash: An Inventory Theoretic Approach [J]. Quarterly Journal of Economica, 1952 (9): 66.

[177] Blomstrm M, Kokko A. Regional Integration and, Foreign NBER Direct Investment [R]. Working Paper, No. 6019, 1997.

[178] Blomström M, Persoon H. Foreign Direct Investment and Spillover Efficiency in Underdevelopment Economy: Evidence from the Mexican Manufacturing Sector [J]. World Development, 1983, 11 (6): 493 – 501.

[179] Blomström M, Wolff E N. Multinational Corporations and Productivity Convergence in Mexico [J]. National Bureau of Economic Research, 1994, 3141 (11).

[180] Borensztein E, De Gregorio J, Lee J W. How Does Foreign Direct Investment Affect Economic Growth? [J]. Journal of International Economics, 1998, 45 (1): 115 – 135.

[181] Caves E. Multinational Firms, Competition and Productivity in Host-Country Markets [J]. Economica, 1974 (41): 176 – 219.

[182] Cheung K Y, Lin P. Spillover Effects of FDI on Innovation in China: Evidence from Provincial Data [J]. China Economic Review, 2004 (15): 25 – 44.

[183] Coe D T, Helpman E. International R&D Spillovers [J]. European Economic Review, 1995, 39 (5): 859 – 887.

[184] Cumings B. The Two Koreas. Foreign Policy Association Headline Series

[R]. Foreign Policy Association, No. 269, 1984.

[185] Demertzis M, Merler S, Wolff G B. Capital Market Union and the Fintech Opportunity [J]. Journal of Financial Regulation, 2018 (4): 157 – 165.

[186] Dimelis S, Louri H. Foreign Direct Investment and Efficiency Benefits: A Conditional Quantile Analysis [J]. Oxford Economic Papers, 2002 (54): 449 – 469.

[187] Djankov S, Hoekman B. Foreign Investment and Productivity Growth in Czech Enterprises [J]. World Bank Economic Review, 2000 (14): 49 – 64.

[188] Duarte J, Siegel S, Young L. Trust and Credit: The Role of Appearance In Peer-To-Peer Lending [J]. Review of Financial Studies, 2012, 25 (8): 2455 – 2483.

[189] Duranton G, Puga D. Micro-Foundations of Urban Agglomeration Economies [M]//Henderson V, Thisse J F. Handbook of Regional and Urban Economics. Amsterdam: North-Holland, 2004.

[190] Duranton G, Puga D. Nursery Cities: Urban Diversity, Process Innovation, and the Life Cycle of Products [J]. American Economic Review, 2001, 91 (5): 1454 – 1477.

[191] Dutta N, Sobel R S. Entrepreneurship and Human Capital: The Role of Financial Development [J]. International Review of Economics and Finance, 2018, 57 (9): 319 – 332.

[192] Eaton J, Kortum S. Trade in Ideas: Patenting and Productivity in the OECD [J]. Journal of International Economics, 1996, 40 (3/4): 251 – 278.

[193] Fajnzylber P, Fernandes M. International Economic Activities and Skilled Labor Demand: Evidence from Brazil and China [J]. Applied Economics, 2009, 41 (5): 563 – 577.

[194] Falvey R, Greenaway D, Silva J. Trade Liberalisation and Human Capital Adjustment [J]. Journal of International Economics, 2010, 81 (2): 230 – 239.

[195] Findlay R, Kierzkowski H. International Trade and Human Capital: A Simple General Equilibrium Mode [J]. Journal of Political Economy, 1983, 91 (6): 957 – 978.

[196] Fleisher B, Li H, Min Q Z. Human Capital, Economic Growth, and Regional Inequality in China [J]. Journal of Development Economics, 2010, 92 (2): 215 – 231.

[197] Frauke Urban. China's Rise: Challenging the North-South Technology Transfer Paradigm for Climate Change Mitigation and Low Carbon Energy [J]. Energy Policy, 2018 (113): 320 – 330.

[198] Girma S. Absorptive Capacity and Productivity Spillovers from FDI: A Threshold Regression Analysis [J]. Oxford Bulletin of Economics and Statistics, 2005, 67 (3): 218 – 306.

[199] Goldsmith R W. A Perpetual Inventory of National Wealth [J]. Studies in Income and Wealth: National Bureau of Economic Research, 1951 (14): 5 – 61.

[200] Greenland A, Lopresti J. Import Exposure and Human Capital Adjustment: Evidence from the U. S. [J]. Journal of International Economics, 2016, 100 (2): 50 – 60.

[201] Grossman G, Helpman E. Quality Ladders in the Theory of Growth [J]. Review of Economic Studies, 1991 (58): 43 – 61.

[202] Grossman G M, Helpman E. Trade, Knowledge Spillovers, and Growth [J]. European Economic Review, 1991, 35 (23): 517 – 526.

[203] Hall B. The Financing of Research and Development [J]. Oxford Review of Economic Policy, 2002, 18 (1): 35 – 51.

[204] Hansen B E. Threshold Effect in Non-Dynamic Panels: Estimation, Testing, and Inference [J]. Journal of Econometrics, 1999, 93 (2): 345 – 368.

[205] Harris R, Robinson C. Productivity Impacts and Spillovers from Foreign Ownership in the United Kingdom [J]. National Institute Economic Re-

view, 2004 (187): 58 – 75.

[206] Hofmann P. The Impact of International Trade and FDI on Economic Growth and Technological Change [M]. Publisher: Springer-Verlag Berlin Heidelberg, 2013: 29 – 168.

[207] Huang Y, Lin C, Sheng Z, Wei L. FinTech Credit and Service Quality [R]. Working Paper of the University of HongKong, 2018.

[208] James R, Brown, Gustav Martinsson, et al. Do Financing Constraints Matter for R&D? [J]. European Economic Review, 2012 (8): 1512 – 1529.

[209] Kavita M. Regional Innovations and the Economic Competitiveness in India [J]. The International Handbook on Innovation, 2003 (12): 904 – 911.

[210] Kokko A. Productivity Spillovers from Competition between Local Firms and Foreign Affiliates [J]. Journal of International Development, 1996 (8): 517 – 530.

[211] Kokko A. Technology, Market Characteristics and Spillovers [J]. Journal of Development Economics, 1994, 43 (2): 279 – 293.

[212] Konings J. The Effects of Foreign Direct Investment on Domestic Firms: Evidence from Firm Level Panel Data in Emerging Economies [J]. Economics of Transition, 2001, 9 (3): 619 – 633.

[213] Krugman P R. Front matter, Trade with Japan. Has the Door Opened Wider? [M]. University of Chicago Press, 1991.

[214] Lepak D P, Snell S A. The Human Resource Architecture: Todward a Theory of Human Capital Allocation and Development [J]. Academy of Management Review, 1999, 24 (1): 31 – 48.

[215] LeSage J, Pace R K. Introduction to Spatial Econometrics [J]. Spatial Demography, 2009, 1 (1): 143 – 145.

[216] Lichtenberg F, van Pottelsberghe B. International R&D Spillovers: A Comment [J]. European Economic Review, 1998, 42 (8): 1843 – 1891.

[217] Li J, Wu Y, Xiao J J. The Impact of Digital Finance on Household Consumption: Evidence from China [J]. Economic Modelling, 2020 (86):

317 – 326.

[218] Lucas R E, Jr. On the Mechanics of Economic Development [J]. Journal of Monetary Economics, 1988 (22): 3 – 42.

[219] Lucchetti R, Palomba G. Nonlinear Adjustment in US Bond Yields: An Empirical Model with Conditional Heteroscedasticity [J]. Economic Modelling, 2009, 26 (3): 659 – 667.

[220] Murphy K M, Craig R, Romer P. Wages, Skills, and Technology in the United States and Canada [R]. NBER Working Paper, No. 6638, 1998.

[221] Murphy K M, Topel R H. Human Capital Investment, Inequality, and Economic Growth [J]. Journal of Labor Economics, 2016, 34 (2): 99 – 127.

[222] Ozawa T, Castello S. Toward an 'International Business' Paradigm of Endogenous Growth: Multinationals and Governments as Co-Endogenisers [J]. International Journal of the Economics of Business, 2001, 8 (2): 211 – 228.

[223] Ozawa T. Foreign Direct Investment and Structural Transformation: Japan as a Recycler of Market and Industry [J]. Business and Contemporary World, 1993 (2): 129 – 150.

[224] Phene A, et al. Knowledge Transfer within the Multinational Firm: What Drives the Speed of Transfer [J]. Management International Review, 2005 (45): 5 – 74.

[225] Pissarides C A. Learning by Trading and Returns to Human Capital in Developing Countries [J]. World Bank Economic Review, 1997, 11 (1): 17 – 32.

[226] Romer P. Increasing Returns and Long-Run Growth [J]. Journal of Political Economy, 1986 (94): 1002 – 1037.

[227] Romer P M. Are Non-Convexities Important for Understanding Growth [J]. Am. Econ. Growth, 1990 (80): 97 – 103.

[228] Romer P M. Endogenous Technological Change [J]. Journal of Political

Economy, 1990, 98 (5): 71 –102.

[229] Sadik A T, Bolbol A A. Capital Flows, FDI and Technology Spillovers: Evidence from Arab Countries [J]. World Development, 2001, 29 (12): 2111 –2125.

[230] Sarach L. Analysis of Cooperative Relationship in Industrial Cluster [J]. Procedia-Social and Behavioral Sciences, 2015.

后　　记

　　本书是教育部人文社会科学研究青年基金项目"产业链离散背景下中国技术转移的时空格局、协同机制与空间效应研究"（20YJCZH123）的最终研究成果。感谢湖南省教育厅资助科研项目优秀青年项目"产业链离散化背景下技术溢出的时空格局、演化机制与我国区域协调发展路径研究"（19B387）、白马湖优秀出版物出版、应用经济学应用特色学科（湘教通〔2018〕469号）的资助。

　　本书在写作过程中，参考和借鉴了一些国内外学者的研究成果，在此表示诚挚的谢意。虽然参考文献中基本上列出了，但难免会有疏忽遗漏，欢迎批评指正。

　　在本书的写作期间，感谢广东外语外贸大学陈昭教授、暨南大学胡晓丹博士后给予的支持和帮助；感谢湖南文理学院经济与管理学院贾先文院长、祁飞教授的支持；感谢我的家人尤其是先生张敏给予的支持。

　　本书参与研究写作的人员除了欧阳秋珍、陈昭、胡晓丹以外，还有张敏、胡政杰等。具体分工如下：第一章、第五章、第六章，欧阳秋珍；第二章和第八章，欧阳秋珍、陈昭；第三章，欧阳秋珍、张敏、张嘉欣；第四章，欧阳秋珍、肖小勇；第七章，欧阳秋珍、陈昭、胡晓丹等；第九章，欧阳秋珍、陈昭、胡政杰；第十章，欧阳秋珍、陈昭、张敏、胡晓丹、张世珍、蔡紫霞等。本书最后由欧阳秋珍负责统稿。

　　产业转移背景下技术转移的效应是一个复杂的课题，其特点与规律还需要进一步深入研究。本书是研究产业转移背景下的技术转移的起点，课题组以湖南文理学院青年教师为主要研究力量，研究能力有限，在研究过程中可能存在一些不足的地方，希望得到专家学者的批评指正，我们也会继续探索和改进。路漫漫其修远兮，吾将上下而求索。

欧阳秋珍

2022 年 8 月